法人生保

Skill of the corporate life insurance contract

提案の技術

嶋田 雅嗣 著

SHIMADA Masatsugu

CFP®

1級ファイナンシャル・プランニング技能士

近代セールス社

はじめに

　拙著『プロがこっそり教える！　生命保険の新活用術』（2003（平成15）年）、『法人・富裕層への生命保険セールス術』（2013（平成25）年）、『同改訂新版』（2015（平成27）年）と、社会・環境の変化、税制改正などに対応した書籍を発刊してきました。

　既刊書と同様に、本書も、生命保険のセールスパーソン、保険代理店、ソリシターなどを想定し、法人生保を中心にした最新情報、ノウハウをできる限り分かりやすく解説しています。

　法人生保販売では、節税（損金）プラン全盛の時代から、中小企業の社長が求めるニーズと提案プランの乖離に警鐘を鳴らしてきましたが、利益誘導、節税のみを強調した話法は、2019（令和元）年のいわゆるバレンタインショックで封印されるまで続きました。

　節税プランの基本的な考え方は、利益の平準化により将来の不測の事態に備えておくことにありました。しかし、節税プランへの相次ぐ課税強化、法人実効税率の引下げ、景気の後退と復調の兆し、そしてコロナ禍と、法人生保販売を取り巻く環境は大きく変化しています。

　今まで節税プランのセミナーを開催していた講師が、掌を返したように節税プランを否定する話法の伝授を始めたことに、強い違和感を覚えたセールスパーソンも多かったと思います。

　本来の保障売りに回帰とはいうものの、節税プランとして販売された既契約の対応はどうしたらよいのでしょうか。生保各社の研修資料、生保販売に関する新刊書からは、節税プランという言葉は消えています。

　保障の基本的な考え方に加え、節税プランの概要、既契約の保全、決算書と生命保険の関係、特定マーケットへのアプローチなど、今求められている内容をまとめました。ご一読いただければ幸いです。

2022（令和4）年4月　嶋田雅嗣

CONTENTS ━━━━━━━━━━━━━━━━━━

はじめに

ご注意いただきたいこと

PART-1 ●中小企業のニーズと提案の基礎知識

PART-2 ●法人契約の税務と決算書の活用

1．保険契約の課税関係

2．節税プラン（損金話法）による提案

3．含み資産話法による提案

4．生命保険の提案と決算書

5．金融機関の決算書の見方

PART-3 ●商品選定と提案のポイント

PART-4 ●マーケット別の提案ポイント

1．ドクターへの提案

2．宗教法人への提案

3．社会福祉法人への提案

4．農業法人への提案

■ご注意いただきたいこと■

①法令等の遵守について

　本書では、コンプライアンス（法令遵守）の観点から、生命保険募集にかかわる諸法令等には十分に配慮して執筆していますが、実際の生命保険募集活動にあたっては、読者の皆様が所属・委託する生命保険会社の指導に従ってください。

　生命保険募集活動においては、

・保険法

・保険業法、同施行令、同施行規則

・保険会社向けの総合的な監督指針

・組織販売処罰法　（＊マネーロンダリング）

・犯罪収益移転防止法　（＊マネーロンダリング）

・金融サービス法（旧名　金融商品販売法）（＊重要事項説明義務）

・金融商品取引法　（＊適合性の原則）

・消費者契約法　（＊クーリングオフ）

・個人情報保護法

・マイナンバー法

・外国口座税務コンプライアンス法（FATCA）

・実特法（租税条約等の実施に伴う所得税法、法人税法及び地方税法の特例等に関する法律）

・障害者差別解消法

・銀行法（信用金庫法）、同施行令、同施行規則

・各事務ガイドライン、法令解釈事例

などにおいて、お客様に的確な情報を正しく提供し、契約者保護を徹底することが要請されています。

　本書内の資料・図表等は、募集文書図画としては使用できません。また、本書の一部または全部をコピーその他の方法で、お客様に提示する

こともできません。本書はあくまでも、読者の皆様の理解を深めるために執筆・掲載しているものです。

募集活動にあたっては、所属・委託する生命保険会社が事前審査・登録を行った適正な募集文書図画のみを使用してください。

お客様に対する提案にあたっては、生命保険募集に関する禁止行為が定められた「保険業法300条1項」に抵触することのないようにお願いします。

同条に違反した場合は、

〔行政処分〕

　・業務改善命令（保険業法306条）

　・登録の取消し

　・業務停止命令（保険業法307条）

〔刑事処分〕

　・1年以下の懲役または100万円以下の罰金（併料）（保険業法317条の2）

を受けることになります。

金融機関代理店においては、融資先募集規制（タイミング規制、担当者分離規制、知りながら規制を含む）、小口規制、構成員契約規制など、特有の規制については、本部・委託生命保険会社の指示・指導を遵守してください。

②保険会社・商品等の例示について

本書は、特定の生命保険会社・商品を批判あるいは他との比較を目的としたものではありません。生命保険の商品特性をより深く理解していただくことを目的に、商品シミュレーションを例示しています。

シミュレーションは、代表的な商品例ですが、同一名称・種類であっても、生命保険会社・商品によって例示数値とは異なります。商品特性を理解するためのイメージとしてご理解ください。

また、標準利率の改定、標準生命表の改定（予定）により、保険料・

解約返戻金額（率）の変更がしばしば行われていることもお含みおきください。

③税制について

税制は、2022（令和4）年4月1日現在によります。実際の提案にあたっては、最新の税制、規定を必ずご確認ください。

PART-1

中小企業のニーズと
提案の基礎知識

1. 中小企業の実態と生命保険

（1）中小企業の現状

■中小企業の約8割が従業員9人以下

　日本には企業が約421万社あり、そのうちの99.7％が中小企業に分類されます。中小企業の定義は、【図表1-1】にあるように、製造業は資本金3億円以下または従業者数300人以下などと定義されています。日本の産業・経済は中小企業によって支えられているわけです。

【図表1-1】中小企業・小規模企業の定義

業　種	中小企業者 （下記のいずれかを満たすこと）		小規模企業者
	資本金の額 または 出資の総額	常時使用する 従業員の数	常時使用する 従業員の数
製造業、建設業、運輸業 その他	3億円以下	300人以下	20人以下
卸売業	1億円以下	100人以下	5人以下
小売業	5,000万円以下	50人以下	5人以下
サービス業	5,000万円以下	100人以下	5人以下

　企業の全従業員4,013万人のうち2,784万人、69％が中小企業に勤務しています。1～4人で60.5％、9人以下で79.1％となり、零細企業の割合の高さが目立ちます【図表1-2】。

　生命保険の提案というと、節税（損金）プランのみがクローズアップされてきましたが、これら中小・零細企業のリスクマネジメントにも注目する必要があります。

【図表1-2】従業員数別の企業割合

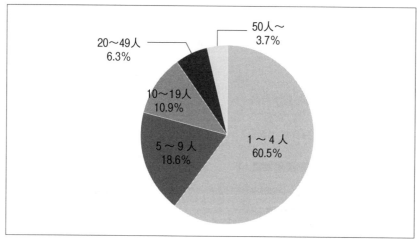

出典：総務省「令和元年　経済センサス―基礎調査」

■企業の資金繰りと社長の役員報酬月額

　国税庁「令和元年会社標本調査」によると、61.6％の企業が法人税等を支払っていません（欠損企業）。利益計上法人、いわゆる黒字決算法人は31.4％に留まり、この傾向はバブル経済崩壊前後から長期にわたって続いています。

　いわゆる赤字法人はなぜ倒産しないのでしょうか。企業が倒産するのは、運転資金が手当てできなくなったときです。資金不足のときには、社長が会社に運転資金を無利息・無担保で貸してしのいでいます。そのため、社長はイザというときに備えて、可能な限り多めに報酬を受け取るようにしています。勇退退職金の準備として、役員報酬を減らして生命保険料に充当するプランがありますが、社長の反応は芳しくありません。

　税務、企業経営に精通した税理士が全面バックアップした提案以外は控えた方がよいでしょう。

　社長の平均報酬月額は202万円、会長では143万円です【図表1-3】。平均値は、データを足し合わせ、データの個数で割った値で高い数値に引

きずられる傾向があります。中央値は、データを大きい順に並べて真ん中にくる値です。そのため、実態を探る場合には中央値を使います。したがって、中小企業の社長の報酬月額（中央値）は120万円程度と覚えておきましょう。

【図表1-3】社長・役員の報酬月額

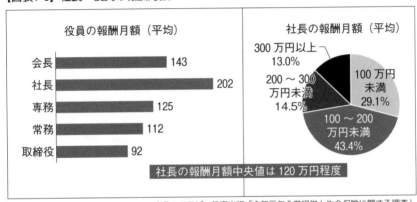

出典：エフピー教育出版「令和元年企業経営と生命保険に関する調査」

【図表1-4】中小企業社長の生活費

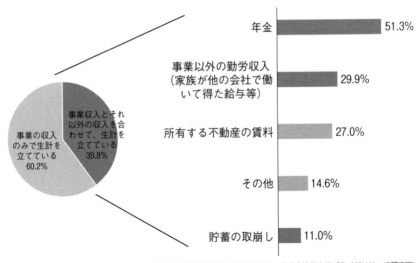

出典：中小企業庁委託「小規模事業者の事業活動の実態把握調査」(2015年1月、株式会社日本アプライドリサーチ研究所)

【図表1-5】中小企業社長の事業承継年齢

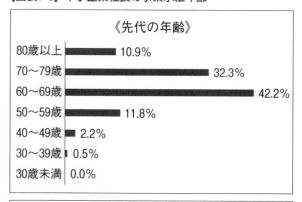

《先代の年齢》

80歳以上	10.9%
70〜79歳	32.3%
60〜69歳	42.2%
50〜59歳	11.8%
40〜49歳	2.2%
30〜39歳	0.5%
30歳未満	0.0%

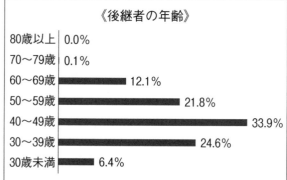

《後継者の年齢》

80歳以上	0.0%
70〜79歳	0.1%
60〜69歳	12.1%
50〜59歳	21.8%
40〜49歳	33.9%
30〜39歳	24.6%
30歳未満	6.4%

出典：中小企業庁委託「中小企業の事業承継に関するアンケート調査」
（2012年11月，㈱野村総合研究所）

■社長の収入と生活費

　次に中小企業の社長の生活費を見てみましょう。約6割の社長は、事業収入のみで生計を立てていますが、4割は家族が他の会社で働いて得た給与、年金、所有する不動産の賃料なども充当しています【図表1-4】。

　そのうち、所有する不動産とは、個人所有地に建てた法人名義の本社家屋、工場が建つ土地の地代、賃料を指します。個人事業主として事業を興し、安定した段階で法人名義の本社社屋を建てます。土地は個人名義のままで、会社が地代を払っているケースです。

　この底地は、社長が死亡すると相続財産に合算されます（p31参照）。

■社長の平均勇退年齢

　中小企業の社長の平均勇退年齢は70歳です。70歳の社長が長男などの親族に事業承継しますが、後継者の年齢は40〜55歳前後となります【図表1-5】。

■社長の勇退退職金の現状

　社長の勇退退職金の予定額は平均6,380万円です【図表1-6】。しかし詳細に見ると、3,000万円未満で45.0％、5,000万円未満までで66.5％です。思った以上に少額の中小企業が多いのが現状です。1億円以上を予定しているのは3社に1社に過ぎません。利益計上法人（黒字決算）は38.4％ですから、数値的にはほぼ同じ割合です。

　毎年、安定した収益を上げる優良法人の社長の勇退退職金は1億円以上ですが、赤字と黒字を繰り返す大半の"トビウオ決算会社"の社長は、勇退退職金の準備にも苦労しています。

【図表1-6】社長の退職慰労金予定額

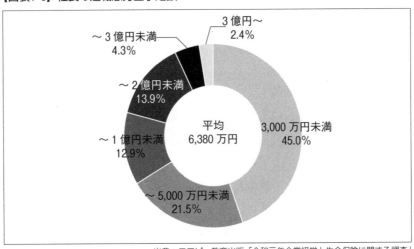

出典：エフピー教育出版「令和元年企業経営と生命保険に関する調査」

（2）中小企業の社長が加入する生命保険

■加入目的と保険種類

　生命保険の加入目的で一番多いのが、社長の死亡退職金・弔慰金の準備で74.3％、万一に備えた運転資金の確保が40.5％、社長の勇退退職金準備36.0％と続き、税負担軽減対策、いわゆる節税目的は15.8％に過ぎません。

【図表1-7】社長の生命保険への加入目的と種類

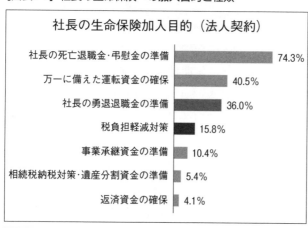

社長の生命保険加入目的（法人契約）

社長の死亡退職金・弔慰金の準備	74.3%
万一に備えた運転資金の確保	40.5%
社長の勇退退職金の準備	36.0%
税負担軽減対策	15.8%
事業承継資金の準備	10.4%
相続税納税対策・遺産分割資金の準備	5.4%
返済資金の確保	4.1%

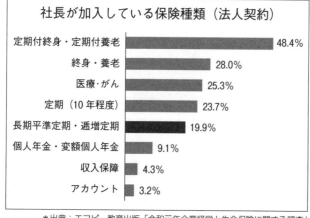

社長が加入している保険種類（法人契約）

定期付終身・定期付養老	48.4%
終身・養老	28.0%
医療・がん	25.3%
定期（10年程度）	23.7%
長期平準定期・逓増定期	19.9%
個人年金・変額個人年金	9.1%
収入保障	4.3%
アカウント	3.2%

＊出典：エフピー教育出版「令和元年企業経営と生命保険に関する調査」

【図表1-8】社長の加入している保険金額

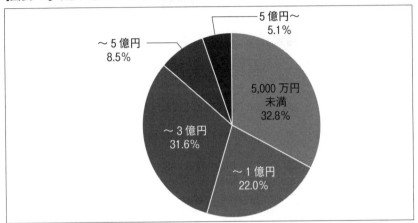

5億円〜
5.1%

〜5億円
8.5%

5,000万円
未満
32.8%

〜3億円
31.6%

〜1億円
22.0%

出典：エフピー教育出版「令和元年企業経営と生命保険に関する調査」

　加入している保険種類を見ると、定期付終身・定期付養老保険48.4%、定期保険（10年程度）23.7%などで、死亡退職金・弔慰金の手当には使えますが、勇退退職金の準備には不十分な商品が上位を占めています【図表1-7】。

　税負担軽減対策（節税目的）15.8%に対応する長期平準定期・逓増定期保険19.9%で、データ的にも数値が揃っています。勇退退職まで期間が短く、短期で積み立てたいので逓増定期保険に加入したというケースを除き、大半が節税目的で逓増定期保険に加入していることが分かります。

■加入している保険金額

　社長の加入している保険金額を見ると、全体では5,000万円未満32.8%、1億円未満までで54.8%、3億円未満までで86.4%となります【図表1-8】。

　中小企業の社長は平均1〜3億円の生命保険に入っていますが、当然に、企業規模と加入保険金額は正比例しています。社長自身にかけられた生命保険の年間支払保険料も平均250万円程度です。

■生命保険に加入した経緯

社長が生命保険への加入を誰に勧められたかを見ると、生命保険会社

【図表1-9】社長が生命保険の新規加入・見直しを誰から勧められたか（法人契約）

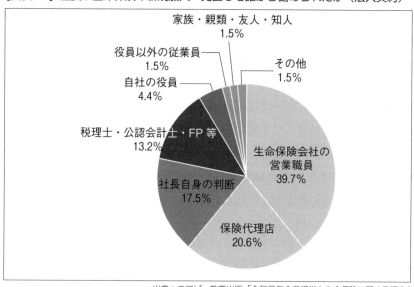

出典：エフピー教育出版「令和元年企業経営と生命保険に関する調査」

【図表1-10】社長の生命保険の今後の加入・見直しの意向（法人契約）

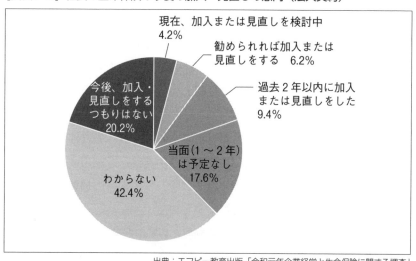

出典：エフピー教育出版「令和元年企業経営と生命保険に関する調査」

19

の営業職員39.7%、保険代理店20.6%、税理士・公認会計士・FP等13.2%となっており、税理士や公認会計士の割合は意外なほど少ないです【図表1-9】。

また、社長自身の判断が17.5%を占めています。事業の拡大期で新規に融資を受けたとき、同業他社との会合・セミナーなどをきっかけに、積極的に加入を自ら検討していることがうかがえます。随時、最新情報を提供し続けることが必要です。

生命保険の今後の加入・見直しの意向では、20.2%が今後、加入・見直しをするつもりはないと回答しています。言い換えれば、8割の社長は、きっかけがあれば加入・見直しを検討してくれます。

勧められれば加入または見直しをするが6.2%、過去2年以内に加入または見直しをした9.4%、当面（1～2年）は予定なしが17.6%となっています【図表1-10】。

2年経過すれば見直ししてくれる割合は33.2%です。わからないは、具体的な提案を受けていない場合などです。定期的な情報提供を最低2年は継続し、それからが本番と心得ましょう。

中小企業の社長の悩みは、どの統計を見ても人材不足が5割前後と突出しています。続いて後継者問題、業績向上、新入社員の採用などと続きます。この結果から、優秀な人材の採用と育成に腐心している姿が浮かびます。優秀な人材の採用では、会社の将来性・未来像が明確で明るいこと、業務内容、給与・福利厚生などの待遇面などが充実していることが重要です。

従業員の福利厚生としては、勇退退職金制度が真っ先に浮かびますが、多くの企業では中小企業退職金共済制度（中退共）を利用するのが一般的です。加えて、ハーフタックス養老保険、ガン保険の福利厚生プランなども、経営状態に応じて順次提案が必要です。

＊参照：『PART3-5 従業員の福利厚生制度としての提案』

２．中小企業が生命保険に加入する理由

（１）リスクヘッジの手段として活用

■バレンタインショックにより節税プランは封印

　中小企業が生命保険に加入する本来の目的は、「法人を取り巻く各種リスクに対して、法人が継続的に活動できるようにする＝保険をリスクヘッジの一手段として活用する」ことにあります。

　個人が事業を行う場合には、その人の死亡により事業の永続性が損なわれますが、法人が行う事業には“ゴーイングコンサーン”（Going Concern：会社が将来にわたって事業継続していく前提）として永続性と発展性のある事業展開が期待されています。そのために、想定されるリスクを生・損保、その他諸制度を活用してカバーします。

　個人事業主から法人成りして業績が安定すると、往々にして保険本来の目的を逸脱し、「生命保険を活用した（損金）節税プラン」を中心とした契約構成となる企業がありましたが、2019（令和元）年の“バレンタインショック”により節税プランが封印されました。節税プランと言いながら、実態は課税の繰り延べ、先送りに過ぎないことが明言され、実質返戻率などの業界用語の使用も禁止となりました。

■利益の平準化と従業員の福利厚生に活用

　節税プランが必ずしも悪いわけではありません。中小企業は毎年安定的に利益を出せるとは限らず、「税金を払うのはやぶさかではないが、安定的な収益を毎期確保したい。赤字決算期に利益を確保する手段として生命保険を活用したい」というのが、節税プラン加入の本来的な理由です。

　2019（令和元）年早々に発生したコロナ禍では、実質無利子・無担保

融資―いわゆるゼロゼロ融資が約131万件・約22兆円（2021《令和３》年３月末）実行され、多くの事業者の資金繰りに寄与しています。同時に節税プランの解約返戻金も、運転資金の確保などに利用されています。

欠損金が出た場合は相殺が認められますが、繰越欠損控除は、過去欠損（10年）に対するものです。将来必ず利益が出るとは限らないため、利益の平準化を図ることは、永続性と発展性のある企業経営には欠かすことのできないと思われますが、行き過ぎた節税プランに国税庁も堪忍袋の緒が切れたようです。

今後も、税制改正により提案した中小企業の社長からクレームが入らないような配慮が必要です。「今回の提案は〇年〇月現在の税制によります。税制は改正されることがありますので、最新の税制については所轄税務署に問い合わせてください」といったエクスキューズは最低限必要です。

中小企業への提案では、社長を被保険者にした提案が中心となりますが、従業員の満足度を高めることも重要です。近年、従業員の内部告発が急増しています。時間外割増賃金の不払いなどは労働基準監督署に告発されますし、インターネットの投稿サイトには、目を覆いたくなるような会社批判が氾濫しています。退職者が社内情報を持ち出すこともあります。企業としては、従業員の満足度を高めるために、就業規則を整備するとともに、福利厚生制度を整備しておく必要もあります。

ここではまず、中小企業の社長を被保険者とした契約について解説し、従業員の福利厚生制度については「ハーフタックス養老保険」「福利厚生型の医療・がん保険」「総合福祉団体定期保険」などで解説していきます。

（２）生命保険に加入する３つの理由

法人が社長を被保険者とする生命保険に加入する理由については、保険会社によって説明方法が異なりますが、ここでは、最終的な保険金受

取人を誰にするのかで3つに分類します。

①取引先への保障

契約形態	契約者　　　：法人 被保険者　　：社長 保険金受取人：法人
加入目的	運転資金の確保 借入金の返済原資確保
必要保障額	運転資金の確保：（流動負債―流動資産）×1/1−0.34 借入金の返済原資確保： ①短期借入金×1/1−0.34 ②（短期借入金＋長期借入金）×1/1−0.34
保険期間	借入期間相当
保険種類	定期保険（あるいは逓減定期保険、収入保障保険）

■保険金額を借入金の1.5〜1.6倍に設定

　法人が生命保険に加入する場合、最初に考えるのは「取引先への保障」です。「中小企業の信用＝社長の信用」といっても言い過ぎではありません。法人の"顔"である経営者、社長の死亡は取引先への信用力を低下させ、企業の資金繰り、運転資金の確保を著しく悪化させることが間々あります。

　金融機関は、融資先企業の社長が死亡した場合、財務状況、後継者の経営資質、取引先減少の可能性等から判断し、将来に不安があれば貸付条件変更、場合によっては借入金の早期返済を迫ってきます。

　社長が死亡しても、支払手形・買掛金等の営業債務の支払い、金融機関に対する返済がスムーズに行われれば、金融機関・取引先からの信頼感が高まり、その後の資金繰りや経営の安定につながります。

　法人が受け取った保険金は「雑収入」となり、34％（法人実効税率）が税金として徴収されます。「返済原資はあるが当面の資金繰り（キャッシュフロー）のみ考慮する」という場合を除き、通常は保険金額を借入

金の1.5～1.6倍とします。

借入金×（1／1－0.34）＝借入金×1.515

例えば、借入金が3,000万円の場合は以下のとおりです。

・必要保険金額　借入金×（1／1－0.34）＝3,000万円×1.515＝4,545
　　　　　　　　万円

・保険金額　　　借入金3,000万円×1.515＝4,545万円　⇒　4,600万円

・課税額　　　　保険金4,545万円×34％＝1,545.3万円

・残額　　　　　4,545万円－1,545.3万円＝2,997.7万円

　実際には、【図表1-11】のように、分かりやすくかつ整数となるように、借入金の1.6倍でシミュレーションを提示すればよいでしょう。法人の平均借入期間は7年程度ですから、できるだけ割安な保険料で大きな保障（借入金返済資金）を確保するために、5～10年の短期の定期保険に加入します。

【図表1-11】保険金額の設定

　「無解約返戻金型定期保険」は、保険料払込期間中の解約返戻金を0％とすることで保険料を低く抑えた商品です。借入金返済原資として加入する場合には検討してみましょう。

　中小企業の借入金が経過年数に応じて減少する点に注目し、提案されているのが「逓減定期保険」と「収入保障保険」です。保険期間はいずれも最低10年または20年、最長80歳または90歳というように、比較的長期となるため、中長期の借入金返済原資を確保する場合に適します。

　逓減定期保険では、契約当初の基本保険金額を借入金×1.6倍程度、収入保障保険は、当面の資金繰り（キャッシュフロー）を考慮しつつ毎月の返済金額をベースに契約金額を決定します。逓減定期は経過年数に応じて死亡保険金額が毎年減少していくため、保険期間を通じて死亡保険金額が一定の定期保険に比べると保険料は割安となります。

　収入保障保険は、被保険者（社長）が死亡した場合、毎月一定額が年金スタイルで死亡保険金受取人（法人）に支払われます。この年金を借入金返済原資に充てるほか、一括返済が必要な場合は、年金原価で割り戻した金額（年金受取総額よりも少なくなる）を一括で受け取ることも可能です。逓減定期の死亡保険金を年金スタイルで受け取るイメージであり、保険料も割安となります。

■返済原資の準備不足による夫人への影響

　法人が金融機関等から借入れをする場合、社長が連帯保証人となりますが、多くの中小企業では社長夫人も連帯保証人となります。社長が、借入金の返済原資として生命保険にしっかり加入すれば問題ありませんが（この場合は残された家族の生活費となる死亡退職金・弔慰金の準備について確認する）、借入金の返済ができない場合には、社長夫人が返済を求められることになります。

　「連帯保証債務」は社長夫人固有の債務ですから、「相続放棄」や「相続の限定承認」を選択したとしても返済債務は残ります。相続を放棄しても「生命保険金」を受け取ることはできますが、連帯保証人である以上、借入金の返済に充ててしまうことになりかねません。

　【図表1-12】は「連帯保証債務」の怖さとその対策をフローチャートにまとめたものです。社長は生命保険が嫌いで話をなかなか聞いてもらえない場合など、連帯保証人となっている社長夫人にこのフローチャートを見せながら解説すると効果的です。

　社長夫人経由で会社契約の生命保険証券を入手し、リスク診断を行う

こともできます。社長夫人経由で社長に生命保険加入を勧めてもらうことも多々あります。

【図表1-12】社長夫人の連帯保証債務

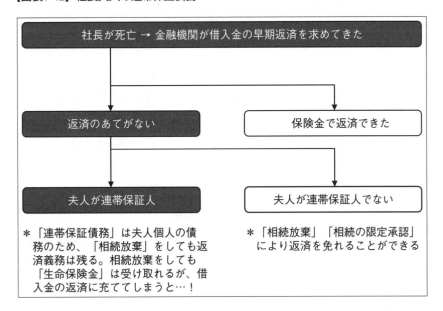

2014（平成26）年に「経営者保証に関するガイドライン」が中小企業庁と金融庁によって公表され、一定の要件を満たす企業については、経営者が連帯保証人になることが不要とされました。過度な連帯保証制度の弊害を排する趣旨ですが、金融機関が連帯保証人を求めない場合でも、信用保証協会を利用したマル保融資では、信用保証協会が連帯保証人の設置を求めてきますので、実態はほとんど変わりません。

連帯保証の怖さは、実態以上に大げさに伝わっているきらいがあります。確かに、リーマンショック後の貸しはがしなどショッキングな報道が相次ぎました。しかし、例えば地方銀行では、リレーションシップバンキング（地域密着型金融）のもと、融資先企業の経営計画を精査し適切なアドバイスを行ってきており、無慈悲な貸しはがしはしていません。

　信用金庫、信用組合は、インキュベーター（孵卵器）としての機能を重視しており、信用度が低い企業に代わってリスクを負担しています。その分、貸出金利は高めになっています。

　金融機関の融資では、信用格付け（金融機関格付け）が行われます。

　スコアリングシートを使って決算書を分析する定量分析、企業の経営環境等を勘案する定性分析（事業性評価）、社長の個人資産等を反映する潜在性分析の結果により、総合的に融資判断を行っています。メガバンクでは、定量分析のみで融資判断する傾向がありますが、地方銀行、信用金庫、信用組合では、事業性評価や社長の個人資産などを勘案してくれているからです。

　とはいえ、再生不能に陥った企業に対する姿勢は厳しくなります。ここで、連帯保証債務の怖さについて整理しておきましょう。

■「免責的債務引受」と「重畳的債務引受」

　連帯保証債務は原則として法定相続通りに分割されます。連帯保証債務は会社が返済をしている限りは保証債務が確定していないので、債務控除はできません。将来会社が返済に窮した際に初めて連帯保証人に請求されます。それまでは未確定の債務を負っているかたちとなり、不安感は募ります。

　連帯保証債務以外に、後継者のみが債務相続する「免責的債務引受」もありますが、融資する金融機関の承認が必要となります。

　連帯保証債務は、相続放棄しても残ります。実際には相続放棄は難しく、実施例は数えるほど少ないのが実態です。「重畳的債務引受」とは、特定の相続人が債務をすべて承継した場合でも、他の相続人にも連帯義務は残ったままとなるものです。

　例）A氏が1,000万円の債務を残して死亡

　妻：500万円、長男：250万円、長女：250万円の法定相続割合で債務を負います。

長男が妻、長女の債務を重畳的債務引受となった場合、長男は妻と長女の負担分についても返済の義務を負います。妻と長女もそれぞれの負担分を免責されておらず、長男が支払能力を失った場合には債務を返済する必要があります。また、債権者は妻、長女に対しても支払いを請求できます。

■金融機関の本音（資金使途に対する懸念）

　金融機関は基本的に、中小企業は「資金繰りに問題がなくても融資を受けようとする」と考えています。これは、イザというときに備えて月商の○倍までは、必要がなくても借り入れる傾向があるとみています。コロナ禍のゼロゼロ融資でも、3割以上は過剰融資（必要ないけど、とりあえず借りておこう）と言われています。

　融資にあたっては、新規の設備投資資金か増加運転資金かを徹底的に検証するのが鉄則です。一方で、優良企業へは当座貸越の設定と利用を持ちかけてきます。

　融資を受けるためには、「信用格付け」を高めるため、実態決算書をきれいな状態にしておく必要があります。例えば、債務償却年数を10年以内の正常先になるように、必要以上の損金プランには加入しないなど、経営計画をしっかり立てて業務運営することが重要です。

　営業利益、経常利益、純資産額などが特に重視されています。

＊参照：『PART2-5 金融機関の決算書の見方』

■融資と生命保険への質権設定

　信用保証協会（マル保）を利用した場合、連帯保証人を金融機関が求めなくても、信用保証協会が求めてきます。事業用団体信用生命保険は、上限1億円で、一般団信であり死亡・高度障害のみ返済免除となります。就業不能に備えた生活障害定期、就業不能型収入保障などとの比較、追加提案の余地が大いにあります。

　事業用融資では、不動産等の担保、連帯保証人に加えて返済を確実化させるため生命保険への加入と生命保険証券への質権設定を求めてくることがあります。生命保険証券への質権設定は、いわゆる街金、消費者金融には厳しいですが、金融機関の要請にはすんなりと応じています。

②社長と家族への保障

契約形態	契約者　　　　：法人 被保険者　　　：社長 保険金受取人：法人
加入目的	社長の死亡（勇退）退職金準備
必要保障額	役員退職金＋弔慰金（死亡退職の場合）＋社長からの借入金 ＝最終報酬月額×役員在任年数×功績倍率（3） 　　　　＋ 　最終報酬月額×36ヵ月（業務上死亡）or 6 ヵ月（業務外死亡） 　　　　＋ 　役員借入金（社長からの借入れ）
保険期間	長期平準定期保険（90歳超） 逓増定期保険（解約返戻率がピークになる時点＝勇退退職時期で設定）
保険種類	長期平準定期保険、逓増定期保険

■役員退職金を準備する

　家族にとっても大黒柱の喪失（死亡）は、ライフプランの劇的な変化を意味します。残された家族の生活保障や相続税の納税資金、遺産分割を円滑にするための資金、また役員退職金・弔慰金を生命保険によって準備します。

　役員勇退退職金はいくらでも支払うことができますが、過大な勇退退職金には課税されるため、税務当局に適切と認定してもらえる金額を支給するようにします。上記表中の必要保障額は、その目安とされる金額算定式です。

＊参照：『PART1-5 役員の死亡と勇退退職金』

■役員借入金の返済準備

　中小企業では、運転資金などが不足した場合、社長が個人で会社に貸し付ける（役員借入金）ことがよくあります【図表1-13】。それが常態化し、社長への返済がなされず、金融機関の信用格付けでは疑似資本金として評価されているケースもあります。

　この状態で社長が死亡した場合、社長からの借入金は個人の相続財産となります。役員借入金が返戻されないまま相続人が引き継いだ場合、相続財産として評価はされていますが、現金化される目途も立たず、そのままでは納税できなくなります。社長からの借入金を、（勇退）死亡退職時に、生命保険金・解約返戻金等を原資に返済し、精算するように提案します。

　既契約を精査するなかで、高額の解約返戻金が溜まっている契約（根雪）がある場合は、解約して役員借入金の精算に充てる提案も喜ばれます。

　役員借入金の解消方法としては、資本金振替、債務免除、役員報酬の代わりに返済などの方法もありますが、次のような勘案すべき事項があります。

○借入金を資本金に振り替える（DES／デッド・エクイティ・スワップ）
　－実質、債務免除と同じであり「債務消滅益」発生の可能性がある
○役員借入金を債務免除する（社長が債権放棄する）
　－債務免除により利益を上げることで欠損金が少なくなり、法人税等が増額となる
○役員報酬を減額して、役員借入金の返済に充てる
　－いったん減額した役員報酬の引上げは業績向上などの理由が必要
○法人で受け取った入院・手術給付金で返済する
　－いつ発生するのか分からない、運転資金の補填目的で契約していれば利用できない

したがって、顧問税理士への相談が必須です。逆に会社が役員に資金を融通している「役員貸付金」がある場合は、金融機関は融資を原則断りますので、早急な解消が必要です。

【図表1-13】役員借入金と役員貸付金

■役員借入金

・経営者から会社が借り入れる
・無利子で返済を求めないケースが多い
・経営者は役員報酬を多く取り運転資金不足時などに備えている

＊自己資本比率の低下となり「銀行格付け」が下がる
＊相続財産に合算される

・資金繰り表の「根雪」を解約する
・法人受取の「入院給付金」などと相殺する
・借入金を出資金に変える

■役員貸付金

・会社が経営者に会社資金を貸す

＊私的流用、粉飾決算等を疑い、銀行からの信用低下となる

・役員報酬から返済する
・個人で借入して会社に返済する
・貸倒処理する。債権放棄した金額が役員賞与となる。会社が計上する貸倒損失は損金不算入

相続が発生した場合
・相続財産に合算 ⇒ 返済時期が未定な債権を保有
　　　　　　　　　⇒ 法人に現預金がなければ買取請求に対応できない

■生命保険での準備
　役員借入金 × 1 ／(1 － 34％) ＝ 必要保険金額　（資産計上のない場合）

■相続の発生と底地の評価

個人の自宅の一角を事務所や工場として事業を興し、一定規模になった時点で法人成りします。事業が順調であれば、自宅の一部や個人で購入しておいた土地に法人名義で本社家屋、工場を建てます。待望の自社ビルの建立です。

中小企業の社長は、会社に土地を貸して地代を受け取ります。

相続が発生した場合、会社名義の家屋が建つ「底地」の評価は、「土地の評価額×（1－借地権割合)」となり、社長個人の相続財産に加算されます。

法人所有の家屋は第三者に譲渡することは難しく、遺族は会社に購入を依頼することになりますが、会社に買い取るだけの資金的余裕があるかが問題となります。

　底地を早い段階で会社が買い取っておけばよいのですが、相場より安いとはいえ定期的に入ってくる地代は魅力があり、買取りができないまま相続となる事例も多くあります。

　買取り資金を生命保険で準備する提案も必要になります【図表1-14】。

■給与支払原資を確保する

　会社の繁栄は優秀な従業員の確保が土台です。社長の死亡という企業経営にとって不測の事態が生じ、一時的に売上が減少しても、従業員への給与支払いが滞らないようにする必要があります。従業員への保障とは、給与支払原資確保のために生命保険に加入するというものです。

　もっとも、企業の信用力評価の最大のポイントである金融機関からの借入金返済をスムーズに行えれば、金融機関・取引先からの信頼感は高まり、その後の資金繰り、経営の安定につながることから、従業員の保障まで完璧に確保してあるケースは稀です。

　現実問題として、これら3つの保障をすべてカバーすると保険料が相当高額となり、零細企業では支払可能額を超えてしまうことがあります。生命保険会社によっては、付保基準として、「年商額あるいは社長の年収×20倍のいずれか低い額」と規定している場合もあります。企業の財務内容を把握して提案する必要があります。

　以上、①～③の保障を合わせて一般的には「社長3つの保障」と呼ばれています。税理士の先生方は企業外に流出する部分（取引先への支払原資）と内部留保部分に分ける考え方をよくされますが、保障に対する考え方・金額に大きな違いはありません。

　中小企業の社長に直接提案する場合には、「社長3つの保障」「加入すべき保障の順位」という説明の方が理解は早いようです。

【図表1-14】底地の相続税評価と生命保険による準備

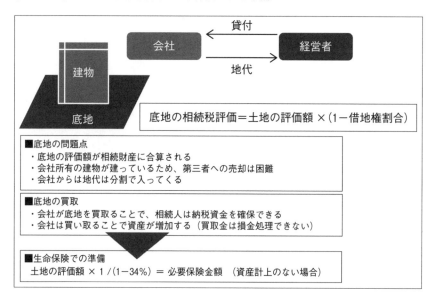

貸付

会社　→　経営者

地代

底地の相続税評価＝土地の評価額×（1－借地権割合）

建物

底地

■底地の問題点
・底地の評価額が相続財産に合算される
・会社所有の建物が建っているため、第三者への売却は困難
・会社からは地代は分割で入ってくる

■底地の買取
・会社が底地を買取ることで、相続人は納税資金を確保できる
・会社は買い取ることで資産が増加する（買取金は損金処理できない）

■生命保険での準備
　土地の評価額×1/（1－34%）＝必要保険金額　（資産計上のない場合）

③従業員への保障

契約形態	契約者　　　：法人 被保険者　　：社長 保険金受取人：法人
加入目的	従業員の給与確保
必要保障額	（年間給与手当÷12）×3～6ヵ月
保険期間	役員在職期間

　生命保険の法人契約というと年払保険料のイメージがあります。節税
プラン全盛の頃は、次のような理由で年払い契約が推奨されてきました。
　○解約返戻率が月払いより年払いの方が高くなる
　　－解約返戻金額は同じでも総支払保険料が少なくなる
　○決算直前でも年払保険料なら全額損金処理ができる
　　－短期前払費用として認められるのは年払い契約のみ（法人税基本

通達2-2-14)

　保険料の支払余力がある中小企業であれば年払いでも問題ありません
が、基本は毎月の固定費用として認識してもらえる無理のない月払い契
約を基本とします。

3．企業の成長に合わせた商品選択

（1）目的を明確にした契約の提案

　2019（令和元）年晩秋、中国武漢市から世界に拡散した新型コロナウイルス。世界の歴史において古来、複数回の世界的大流行が記録されているペストに比類する感染力で、世界経済を混乱させています。しかし、政府の主導による実質無利子、無担保のゼロゼロ融資、各種助成金により、中小企業の多くは持ちこたえてきました。

　過去においても、1965（昭和40）年の証券不況、1973（昭和48）年の第一次オイルショック、1978（昭和53）年の第二次オイルショック、1986（昭和61）年の円高不況、1991（平成3）年のバブル崩壊、2008（平成20）年のリーマンショック、2012（平成24）年の対中韓緊張、2020（令和2）年のコロナ禍と、景気循環を考えると5～8年ごとに不況に見舞われるものの、無事乗り越えてきています。

　景気後退の影響をもろに受ける中小企業も多いですが、想像以上に耐久力のあるのが中小企業です。

　中小企業が生命保険に加入する本来の目的は、「法人を取り巻く各種リスクに対して、法人が継続的に活動できるようにする＝保険をリスクヘッジの一手段として活用する」ことにあると、前項で述べました。

　生命保険を上手に活用し、不況を乗り切ってきた中小企業も多くあります。企業の成長に合わせ、目的を明確にしてムダのない契約を提案することが重要です。

　中小法人の生命保険契約では、次の①～③のような各企業のライフサイクルと経営実態に合わせて、適切な生命保険の種類と付保金額を設定しましょう。

①創業期

「小さな負担で"当面の保障"を確保するという考え方で保険商品を選択する」

創業間もない企業、あるいは「業績不振で多額の保険料は支払えないが、金融機関からの借入金返済原資として生命保険には入っておきたい」という企業には、「10年定期保険」を提案します。中小企業の平均借入期間が、7年前後となっているためです。保険金額は、「中小企業が生命保険に加入する理由」で解説したように、以下の備えを考慮して、債務×1.6倍（法人実効税率34％）が目安となります。

・短期債務（短期借入金＋支払手形＋買掛金）への備え
・長期債務（固定負債≒長期借入金：固定資産購入時の借入れなど）への備え

■10年定期の保険料は全額損金処理が可能

10年定期保険の保険料は、損益計算書（P/L）の『販売費および一般管理費』の「（生命）保険料」として全額が経費（損金）処理されます。

自動車・火災保険の保険料は、企業に損害が生じた場合、支払われた保険金によって、賠償あるいは再建し企業経営を継続するための必要経費として損金処理されています。中小企業の信用＝社長の信用であるため、経営主宰者の死亡により企業が受けるダメージをカバーする目的として、10年定期保険の保険料も全額の損金処理が可能となっています。

10年定期保険の代表例としては、次のようなものがあげられます。

・定期保険付終身保険（あるいはアカウント型）の10年定期保険特約
・法人会の「経営者大型総合保障制度」…大同生命の10年定期保険＋AIG損保の普通傷害保険
・TKC「企業防衛制度」…大同生命の10年定期保険
・10年定期保険

問題はいつまでこの保険に加入し続けるかという点です。10年定期保

険は、健康状態を問わず10年ごとに、最長80歳あるいは90歳まで契約を更新することが可能ですが、保険料は更新ごとにアップします。

　具体的な契約例で見てみましょう。月払保険料の推移は、【図表1-15】のとおりです。当初10年間は19,300円ですが、50歳で更新すると４万2,300円と２倍以上にアップします。中小企業の社長の平均勇退年齢は、65〜75歳で平均70歳といわれていますので、60歳時点でもう一度更新すると９万6,000円と約2.27倍にアップします。まさに倍々ゲームです。平均勇退年齢の70歳時点では、総払込保険料1,891万2,000円に対して、解約返戻金はありません。

【図表1-15】商品別の保険料

10年定期	小さい負担で「当面の保障」	
19,300円 (231,600円/年)	42,300円 (507,600円/年)	96,000円 (1,152,000円/年) 70歳

【70歳時点】

払込保険料累計	18,912,000円
解約返戻金額	0円
掛捨保険料	18,912,000円
月当保障コスト	52,534円

70歳定期	「在職中の保障」を重視
49,900円 (598,800円/年) 70歳	

【70歳時点】

払込保険料累計	17,964,000円
解約返戻金額	0円
掛捨保険料	17,964,000円
月当保障コスト	49,900円

100歳定期	「保障と退職金準備」を兼ねて
202,900円 (2,434,800円/年) 70歳　　100歳	

【70歳時点】

払込保険料累計	73,044,000円
解約返戻金額	60,070,000円
掛捨保険料	12,974,000円
月当保障コスト	36,039円

　企業業績が上向き経営も安定してきたので、そろそろ勇退退職金の準備も始めたいという場合、10年定期保険に加入したままでは全く効果のないことが分かります。

　中小企業の借入金は、経過年数に応じて減少していく点に注目し、提案されているのが逓減定期保険と収入保障保険です。これらの保険に加

入しているケースは、生命保険会社のセールスパーソン、税会計事務所のアドバイスによるものがほとんどです。合理的な加入方法ですが、「企業の成長、財務状況の変化に応じ、付保金額、保険（保障）期間が適切かどうかをチェックしてみましょう」と声かけします。契約時以来、全くチェックしていないという例もあります。

　10年定期保険は自動更新の度に募集手数料が入るため、そのまま継続させている税・会計士もいます。税・会計士から加入した生命保険は特別で、勝手に解約してはならない、と思い込んでいる社長もいます。

②成長期

「"在職中の保障"をメインに商品を選択する」

　創業後、5〜10年経過すると経営状態も安定し、一段の拡大を検討する時期に入ります。資金繰りも安定してきており、10年定期保険のように、途中で保険料が倍々に増えていく保険のデメリットも見えてきます。

　在職期間中をフルカバーし、かつ保険料が10年ごとにアップしない70歳定期保険を見てみましょう。月払保険料は10年定期保険の最初の更新時（50歳時点）の保険料4万2,300円に近い4万9,900円となります。40歳から70歳までの総払込保険料は1,796万4,000円と、94万8,000円少なくなります。しかし、勇退年齢の70歳時点での解約返戻金はなく、あくまで中小企業の社長の死亡にからむリスク、借入金返済、死亡退職金・弔慰金の準備を目的とした保険です。

　保険料は、最高解約返戻率が50％以下の場合は全額損金、50％超70％までは6割損金となります。

　最近では、次に紹介する長期平準定期保険のメリットを勘案し、70歳定期保険をジャンプして長期平準定期保険を契約する例が多くなっています。無理のない保険料の範囲で長期平準定期保険に加入し、不足する金額を10年定期保険などでカバーするという手法です。

　JAは組合員以外での共済契約は各JA単位で2割まで認められていま

す。収益構造の改善と業容拡大のために、中小企業に対して積極的に定期付終身共済（保険）を提案しています。

　JA共済の特徴は、10年更新型の定期保険特約と逓増定期保険を販売していない点です。終身共済（保険）に70歳満了定期共済（保険）をセットした商品をメインに提案しています。

③成熟期・事業承継準備時期

「“保障と退職金準備”を兼ねることができる商品を選択する」

　長期平準定期保険は次の準備をすることができます【図表1-16】。

・死亡保険金は、「死亡退職金・弔慰金」＋「借入金返済原資」
・解約返戻金は、「勇退退職金」

【図表1-16】長期平準定期保険の仕組み

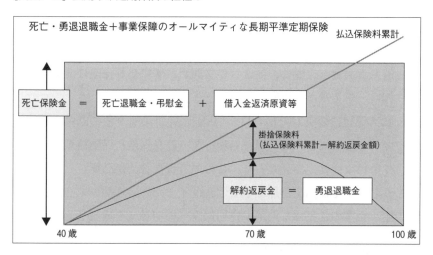

死亡・勇退退職金＋事業保障のオールマイティな長期平準定期保険

払込保険料累計

死亡保険金　＝　死亡退職金・弔慰金　＋　借入金返済原資等

掛捨保険料
（払込保険料累計－解約返戻金額）

解約返戻金　＝　勇退退職金

40歳　　　　70歳　　　　100歳

　長期間にわたって高い返戻率が維持されるため、解約返戻率のピークがピンポイントとなる逓増定期保険などのように、解約時期を神経質に気にする必要もありません。

　長期平準定期保険の場合、月払保険料は20万2,900円、70歳定期保険の4万9,900円に比べて約4.1倍も高くなりますが、70歳までの総払込保

険料7,304万4,000円に対して解約返戻金は6,070万円になり、単純返戻率は82.2%にもなります。

70歳時点の掛捨保険料（払込保険料総額 − 解約返戻金＝保障コスト）は、「7,304万4,000円 − 6,007万円 ＝ 1,297万4,000円」。保険期間は30年間ですから、月換算にすると36,039円で、1億円の保障を買ってきたことになります。【図表1-15】で明らかなように、10年定期の52,534円、70歳定期の49,900円よりも割安な保険料で保障を買うことができました。

保険料支払余力さえあれば、中小企業の社長が長期平準定期保険への加入に積極的になるのは当然です。保険期間が長くなることにより、毎年の保険料負担は大きくなりますが、長期平準定期保険のメリットをまとめると、以下のとおりです。

- ・高額の解約返戻金を勇退退職金に充当できる
- ・返戻率が高くなる
- ・返戻率が80％超などの高い返戻率期間が長期間にわたって続き、勇退時期の変更にフレキシブルに対応できる
- ・解約返戻金を原資に、健康状態を問われずに終身保険に変更でき、相続・事業承継の原資に活用できる
- ・払済保険に変更した場合に、（払済）定期保険のままで保険種類が変わらない場合には、経理処理不要（終身保険に保険種類が変わる生命保険会社・商品もあり、この場合は洗替えが必要）

どうしても全額損金処理できなければイヤだというケースを除き、大半の中小企業の社長は長期平準定期保険への切替えを検討しています。

（2）長期平準定期保険の魅力

■損金割合は最高解約返戻率による

バレンタインショック以前は、払込保険料は、2分の1を「（生命）保険料」として損金処理し、残りの2分の1は「前払保険料」として貸借対照表の固定資産・投資等で資産計上していました。バレンタイン

ショック以後は、最高解約返戻率に応じて損金算入割合が変わります。

- ・50％以下　　　　全額損金
- ・50％超〜70％　　6割損金
- ・70％超〜85％　　4割損金
- ・85％超　　　　　最高解約返戻率×0.9（資産計上期間の当初10年）
　　　　　　　　　　最高解約返戻率×0.7（資産計上期間の11年以降）

　節税プランという概念が否定され、対応する商品も基本的になくなった現在では、①実質的な掛捨保険料（保障コスト）と、②勇退退職金などの原資となる解約返戻金にセールスポイントが移っています。

　保険会社によっては、98歳定期保険・95歳定期保険を扱っていますが、90歳超であれば、100歳定期保険に比べて致命的な欠陥はありません。

　コンサルティングのポイントは、10年定期保険（特約）・70歳定期保険・長期平準定期保険との比較にあります。「従来の保険と比べものにならないほど、保障内容が良くなる」ことに感嘆した中小企業の社長の行動は素早いので、提案もテンポよく行いましょう。

　長期平準定期保険の優位性は十分理解できても、保険料の高さから加入をためらうケースがあります。この場合は、長期平準定期保険に10年定期保険あるいは70歳定期保険等をセットして加入を提案しましょう。10年定期保険・70歳定期保険はあくまでも「死亡保障を確保する掛け捨て保険」と機能を明確化させて提案します。

　10年以上継続している中小企業は、不況を経験しており、最悪の事態を想定しながらの慎重な経営を行っています。生命保険提案において、節税目的のみの商品はすぐに解約されますが、永続性と発展性のサポートを目的とした契約であれば、契約の継続のみならず、新規提案にも積極的に耳を傾けてくれます。

■長期平準定期保険と終身保険との比較

　バレンタインショック以後は、保障重視の提案が行われています。一

【図表1-17】 長期平準定期保険と終身保険の比較

経過年数	年齢	100歳定期 (100歳払込満了) / 1億円 a 払込保険料累計	b 解約返戻金	c 単純返戻率 b/a	d 掛捨保険料 (月あたり) (a−b)/月数	終身保険 (終身払) / 1億1,000万円 a 払込保険料累計	b 解約返戻金	c 単純返戻率 b/a
1	41	2,434,800	1,570,000	64.4	72,067	2,469,720	528,000	21.3
2	42	4,869,600	3,740,000	76.8	47,067	4,939,440	2,211,000	44.7
3	43	7,304,400	5,910,000	80.9	38,733	7,409,160	3,905,000	52.7
4	44	9,739,200	8,080,000	82.9	34,567	9,878,880	5,588,000	56.5
5	45	12,174,000	10,240,000	84.1	32,233	12,348,600	7,282,000	58.9
6	46	14,608,800	12,400,000	84.8	30,678	14,818,320	8,976,000	60.5
7	47	17,043,600	14,550,000	85.3	29,686	17,288,040	10,670,000	61.7
8	48	19,478,400	16,700,000	85.7	28,942	19,757,760	12,364,000	62.5
9	49	21,913,200	18,840,000	85.9	28,456	22,227,480	14,047,000	63.1
10	50	24,348,000	20,970,000	86.1	28,150	24,697,200	15,730,000	63.6
11	51	26,782,800	23,040,000	86.0	28,355	27,166,920	17,303,000	63.6
15	55	36,522,000	31,220,000	85.4	29,456	37,045,800	23,551,000	63.5
20	60	48,696,000	41,230,000	84.6	31,108	49,394,400	31,273,000	63.3
25	65	60,870,000	50,850,000	83.5	33,400	61,743,000	38,797,000	62.8
26	66	63,304,800	52,730,000	83.2	33,894	64,212,720	40,282,000	62.7
27	67	65,739,600	54,590,000	83.0	34,412	66,682,440	41,745,000	62.6
28	68	68,174,400	56,430,000	82.7	34,954	69,152,160	43,208,000	62.4
29	69	70,609,200	58,260,000	82.5	35,486	71,621,880	44,660,000	62.3
30	70	73,044,000	60,070,000	82.2	36,039	74,091,600	46,101,000	62.2
31	71	75,478,800	61,850,000	81.9	36,637	76,561,320	47,531,000	62.0
32	72	77,913,600	63,610,000	81.6	37,249	79,031,040	48,939,000	61.9
33	73	80,348,400	65,330,000	81.3	37,925	81,500,760	50,325,000	61.7
34	74	82,783,200	67,020,000	80.9	38,635	83,970,480	51,700,000	61.5
35	75	85,218,000	68,660,000	80.5	39,424	86,440,200	53,042,000	61.3
40	80	97,392,000	76,010,000	78.0	44,546	98,788,800	59,169,000	59.8
45	85	109,566,000	81,350,000	74.2	52,252	111,137,400	64,108,000	57.6
50	90	121,740,000	83,590,000	68.6	63,583	123,486,000	67,837,000	54.9
55	95	133,914,000	76,920,000	57.4	86,355	135,834,600	70,554,000	51.9
59	99	143,653,200	33,500,000	23.3	155,584	145,713,480	72,127,000	49.4
60	100	146,088,000	0	0.0	202,900			

■保険金額1億円あたりの掛捨保険料 (月あたり)

経過年数	年齢	100歳定期(100歳払い)	終身 (終身払)	終身 (70歳払)
5	45	32,233	76,767	102,600
10	50	28,150	67,934	92,600
15	55	29,456	68,156	91,434
20	60	31,108	68,642	90,018
25	65	33,400	69,534	88,234
30	70	36,039	70,684	85,462
35	75	39,424	72,291	2,562

d 掛捨保険料 (月あたり) (a−b)/月数	終身保険 (70歳払込満了)/7,500万円			
	a 払込保険料 累計	b 解約返戻金	c 単純 返戻率 b/a	d 掛捨保険料 (月あたり) (a−b)/月数
161,810	2,435,400	870,000	35.7	130,450
113,685	4,870,800	2,535,000	52.0	97,325
97,338	7,306,200	4,207,500	57.5	86,075
89,393	9,741,600	5,880,000	60.3	80,450
84,443	12,177,000	7,560,000	62.0	76,950
81,143	14,612,400	9,247,500	63.2	74,513
78,786	17,047,800	10,935,000	64.1	72,771
77,018	19,483,200	12,630,000	64.8	71,388
75,745	21,918,600	14,325,000	65.3	70,311
74,727	24,354,000	16,020,000	65.7	69,450
74,727	26,789,400	17,647,500	65.8	69,257
74,971	36,531,000	24,187,500	66.2	68,575
75,506	48,708,000	32,505,000	66.7	67,513
76,487	60,885,000	41,032,500	67.3	66,175
76,701	63,320,400	42,772,500	67.5	65,859
76,967	65,755,800	44,542,500	67.7	65,473
77,215	68,191,200	46,335,000	67.9	65,048
77,477	70,626,600	48,150,000	68.1	64,588
77,752	73,062,000	49,987,500	68.4	64,096
78,038	73,062,000	71,587,500	97.9	3,964
78,365	73,062,000	71,760,000	98.2	3,391
78,727	73,062,000	71,932,500	98.4	2,852
79,094	73,062,000	72,097,500	98.6	2,364
79,520	73,062,000	72,255,000	98.8	1,921
82,541	73,062,000	72,997,500	99.9	134
87,091	73,062,000	73,597,500	100.7	−992
92,748	73,062,000	74,055,000	101.3	−1,655
98,910	73,062,000	74,385,000	101.8	−2,005
103,936	73,062,000	74,572,500	102.0	−2,133

方で、勇退退職金準備として解約返戻金にも注目し、外貨建て終身保険、変額定期保険など従来とは一線を画した商品を積極的に提案する生命保険会社も増えてきました。

　中小企業の社長は投資妙味もあるからと、それら商品の魅力を感じる人がいる一方で、ハイリスク商品への投資には躊躇する人がいまだ多くを占めています。資産計上はいとわないが、必要保障額の確保と勇退退職金の原資となる解約返戻金のバランスを検討するのが最も提案しやすくなります。

　ここでは、長期平準定期（100歳払込満了）、終身保険（終身払）、終身保険（70歳払込満了）の３タイプで、保険金額・解約返戻率・掛捨保険料について比較してみましょう（42〜43ページの【図表1-17】参照）。

　同一保険料であれば、終身保険（終身払）が、一番高額の保険金額となります。解約返戻率、掛捨保険料は、65〜70歳は長期平準定期保険、71歳以上は終身保険（70歳払）となります。保険金額１億円の月あたりの掛捨て保険料を比較しても、保険料の支払いを終えた「終身保険（70歳払）」が71歳以降では最も保険料が割安となりますが、それ以前は長期平準定期（100歳払込満了）が一番割安となります。

　保障と勇退退職金準備（解約返戻金）を準備する場合、トータルでは長期平準定期保険が優位といえます。

　本例での長期平準定期保険の最高解約返戻率は85％超となり、資産計上割合が多くなりますが、勇退退職金は現預金または生命保険の解約返戻金が原資であり、資産計上を敬遠させないことが提案ポイントになります。終身保険は全額資産計上である点は、必ず説明します。

　バレンタインショック以後の保険設計書では、払込保険料・解約返戻金・単純返戻率の３要素が表示されるため、節税プランを想定させず、月当たりの掛捨保険料（《払込保険料累計−解約返戻金》÷経過月数）を算出し、大きな保障を結果的に割安な保険料で確保しているという提案がポイントとなります。

（3）資産計上商品の提案

　事業保障と社長の死亡・勇退退職金準備が、生命保険加入の主な理由です。勇退退職金の準備は、預貯金か生命保険の解約返戻金が原資となります。生命保険契約で解約返戻金が生じるためには、資産計上部分のあることが基本的には必要です。

　ここで、預金と生命保険を相似形として考えてみましょう。

　【図表1-18】にあるように、定期預金では、元本に利息が付与されて元利合計となります。課税対象は利息部分です。一方、生命保険では、資産計上部分に運用益を加味したものが解約返戻金と捉えてみましょう。

【図表1-18】預金と生命保険の課税対象

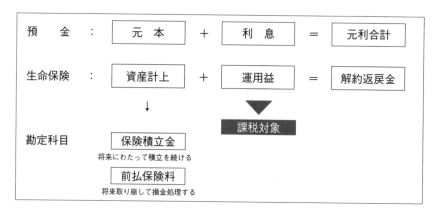

　預金で元利合計を大きくするためには、元本を300万円よりも500万円、1,000万円と金額を大きくする必要があります。同様に、生命保険で解約返戻金額を増やすためには、元本に相当する資産計上額を増やす必要があります。

　資産計上部分は、終身保険、養老保険は将来にわたって積立を続けるので勘定科目は「保険積立金」です。長期平準定期保険、逓増定期保険、災害保障期間付定期保険などは、契約前半は、支払った保険料のうち過

【図表1-19】預金と生命保険の比較

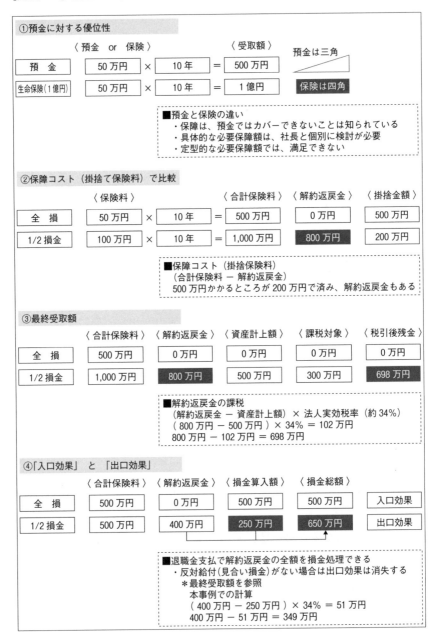

大となる部分を資産計上しておき、契約後半で取り崩して不足する保険料に充当するため勘定科目は「前払保険料」となります。

【図表1-19】を使いながら、預金と生命保険の比較、資産計上する生命保険を敬遠させないための説明ポイントを整理しておきます。

①預金に対する優位性

定期積立として年間50万円積み立てた場合、10年後には500万円になっています。一方、生命保険は1億円の保障に対して年間50万円を保険料として支払っており、10年後の支払保険料累計は500万円です。10年経過時点で被保険者が死亡すると、預金では500万円しか支払われませんが、生命保険では1億円が支払われます。

契約1年目に死亡した場合、預金では50万円しか支払われませんが、生命保険では支払保険料が50万円でも1億円が死亡保険金として支払われます。保障を買うには生命保険が有利であり、その保障のカタチを表す言葉として「預金は三角、保険は四角」が使われています。

②掛捨て保険料（保障コスト）で比較

保険料が全額損金処理できる生命保険と、2分の1損金の生命保険を比較してみましょう。

損金処理できる金額を50万円とした場合、両者とも10年経過時点での損金処理額は500万円となります。2分の1損金タイプの生命保険では、支払保険料累計は1,000万円で、500万円ずつが損金処理と資産計上が行われています。この時点での解約返戻金額が800万円だとすると、実質的な掛捨金額は「合計保険料－解約返戻金額」ですから「1,000万円－800万円」の200万円となります。

資金的余裕がある場合、全額損金タイプの生命保険よりも2分の1損金タイプの生命保険を選択する方が有利なことが分かります。

③最終受取額

　10年経過時点で解約したときの最終受取金額を見てみましょう。全額損金タイプでは解約返戻金がありませんから、受取額は0円です。2分の1損金タイプでは、「解約返戻金額－資産計上額」が課税対象ですから、「800万円－500万円」の300万円が課税対象となり、法人実効税率34％を乗じた102万円が課税され、最終受取金額は800万円－102万円＝698万円が最終受取金額となります。

　解約返戻金800万円を勇退退職金あるいは設備補修（設備投資は資産計上となります）などの資金として利用するなどの反対給付（見合い損金）があれば実質的に課税はありません。

　生命保険で死亡保障に加えて勇退退職金準備も兼ねた提案を行う場合、反対給付時期と解約時期を合わせる必要があるわけです。

④「入口効果」と「出口効果」

　支払保険料を同額として損金処理額を比較してみましょう。全額損金タイプでは、10年間の支払保険料総額500万円が損金処理となります。

　2分の1損金タイプでは、支払保険料のうち250万円が損金処理されますが、解約返戻金400万円を勇退退職金などの反対給付として処理した場合、400万円が損金処理できますから、支払保険料250万円との合計650万円が実質的に損金処理できたことになります。

　保険料支払時の損金処理を「入口効果」、解約返戻金の反対給付を考慮した損金処理を「出口効果」と呼びます。

4．ニーズ別の必要保障額

（1）保障の総合的な検証

　生命保険会社のパンフレットやニーズ喚起資料で、必要保障額をシミュレーションしていますが、中小企業の社長の感覚とはズレていると指摘する声が意外に多くあります。そこで順に説明していきます。

①借入金

　短期借入金／（1 -34％）と、短期借入金のみを計算対象とする生命保険会社のシミュレーションが多くありますが、中小企業社長夫人の多くは、社長である夫の死亡時には借入金の完済を希望しています。本人が会社を引き継ぐ場合もですが、子供に継がせる場合には借金のないきれいな会社として渡したいと考えます。負の遺産を引き継がせたくないという当然の親心です。長期借入金を含めて計算すべきです。

　短期借入れを繰り返しており、実質的には長期借入金となっている場合もあります。手形のジャンプを繰り返すなどがその例です。

　中小法人では、5,000万円を1本で借りるのではなく、2,000万円を2本、1,000万円を1本のように複数借り入れているのが普通です。決算書をきれいに見せるため、当該年度に満期を迎えて借り替える分を短期借入金として計上している例もあります。

　金融機関の融資における信用格付けでは、固定負債が少ない方が評価は上がりますが、金融機関の精査では簡単にチェックされます。

②運転資金

　流動負債額のみでシミュレーションしているパンフレットが多くありますが、実際には受取手形、売掛金などの入ってくるお金、流動資産分

を控除して計算する必要があります。

「売上債権（流動資産）＋棚卸資産（在庫）－買入債務（流動負債）
＝必要運転資金」

　ただし、サイトのズレによる資金繰りについては、「資金繰り表」を
使い、資金ショート（運転資金不足）を起こさないように経理担当は注
意しています。資金繰り表では、決算期に関係なく、毎月のお金の出入
りをシミュレーションします。

③死亡退職金・弔慰金

　「最終報酬月額×役員在任年数×功績倍率」で計算された金額をメド
に準備しましょうと提案しますが、これは税務署が過大な勇退退職金で
あるか否かを判定するに使われる計算式だからです。
　ここで注意したいのは功績倍率です。中小企業の社長の場合、3.0倍
を上限とするのは広く知られていますが、これは特別功労加算（最高で
30％）を加味した後の数値とします。功績倍率3.0×特別功労加算1.3倍
とすると3.9倍となってしまい、形式基準から見ても過大と税務署が判
断する可能性があります。
＊参照：『PART1-5 役員の死亡と勇退退職金』

④人件費

　従業員の給与を12ヵ月〜6ヵ月とする例が多いですが、会社が順調に
事業を続けている場合には過大です。トップセールスの社長の死亡によ
り売上が大幅に減少した場合、人件費等の固定費を賄えるかが問題とな
ります。
　12ヵ月もの人件費を生命保険金で賄わなければならないような状態で
は倒産しています。通常は3〜6ヵ月程度を準備します。

⑤既契約・他社契約

　中小企業が全くの新規で法人契約に加入することは稀で、すでに加入している既契約の内容を精査し、適切な契約は継続します。この契約金額を控除する必要があります。逓増定期保険などの解約を前提とした契約などは、その時期を把握しておく必要があります。

　【図表1-20】は、以上のような点を基に従来の必要保障額の算出と、資金繰り表、決算書、中小企業の社長夫妻とのヒアリングを基にしたシミュレーションの比較です。視点を変えただけで、必要保障額が大きく

【図表1-20】必要保障額のシミュレーション

		一般的な必要保障額	実務的な必要保障額	
短期借入金額	①	1,000	1,000	⇒短期借入金の金額は正確か。長期借入金は考慮しないのか
長期借入金額		考慮せず	2,000	・複数の借入れがあり、当該決算期に返済期限のものだけを短期借入としていないか
必要保障額（借入金/1−34%）	②	1,516	4,546	・短期借入を繰り返しており、実質長期借入となっていないか
流動負債（支払手形、買掛金）	③	8,000	8,000	・社長夫人は夫死亡時に借入金の全額返済を希望している ・役員借入金はないか
流動資産（受取手形、売掛金、在庫〈＊現金化の可否判断は必要〉）	④	考慮せず	6,500	⇒資金繰り（運転資金）の観点から計算する
必要運転資金補填額（③−④）	⑤	8,000	1,500	
必要保険金額（借入金/1−34%）	⑥	12,122	2,273	
死亡退職金（報酬月額×在任年数×功績倍率）	⑦	5,000	5,000	⇒功績倍率は特別功労加算分を加えても3.0倍以内とする
人件費（12ヵ月or6ヵ月）	⑧	3,600	1,800	⇒従業員給与は会社が順調に事業継続できれば3ヵ月程度あるいは不要となる
必要保険金額総合計（②+⑥+⑦+⑧）	⑨	22,238	13,619	
既加入保険金額（継続予定保険金額）	⑩	考慮せず	3,000	⇒既契約を全て解約するケースは少ない
最終必要保険金額総合計（⑨−⑩）	⑪	22,238	10,619	

異なることが分かります。パンフレットやニーズ喚起資料の必要保障額のシミュレーションは、あくまでドアノックのツールと考えましょう。

中小企業のほとんどは、大手生命保険会社の「定期付終身保険」に加入しています。最近では単品商品の組合せが多くなりましたが、そのパターンは定期付終身保険と同じです。

代表的なのは、終身保険1,000万円、定期保険特約9,000万円、70歳払込満了という契約です。中小企業の社長の平均勇退年齢は70歳ですが、この契約70歳時点で解約した場合、終身保険の解約返戻金額は650万円程度にしかなりません。

勇退退職金の準備提案も重要です。節税プランでは資産計上を忌避していましたが、勇退退職金準備プランでは、資産計上商品も積極的に提案します。預貯金、投資信託等との比較となりますが、死亡保障があり、勇退退職金の準備も可能、低利で契約者貸付を受けられ運転資金不足など一時的な資金需要にも対応できる生命保険の活用が、トータルに考えて有利です。

（2）相続・就業不能の事態に備える

「新・事業承継制度」の要件緩和もあり、事業承継対策がブームとなっていますが、長期的なサポートが求められ、実務を担うのは負担が大きいと本音を語る税理士や会計士が多いのが実情です。

実際に活用すべきかを検証するとともに、生命保険の活用を視野に入れておきましょう。制度を利用する場合でも利用しない場合でも、相続発生時には、生命保険金を活用する利便性が強く求められてきます。

「エースで、4番で、監督」とも称されるトップセールスの中小企業の社長が就業不能状態に陥った場合、その影響は死亡時よりも大きいものがあります【図表1-21】。

中小企業の社長が死亡した場合には、通常は死亡保険金で借入金の返済や、人件費等の固定費の不測分を補うことができます。

【図表1-21】社長の就業不能に備える

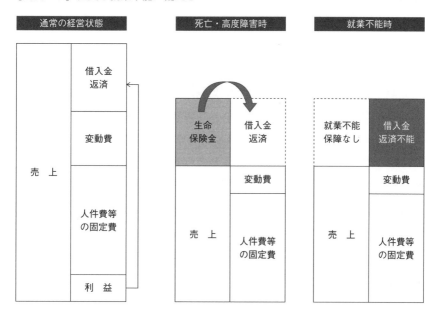

　しかし、トップセールスの社長が就業不能状態になり売上が大幅に減少した場合、保険金・給付金の支払いがないと借入金の返済はできず、固定費を賄うこともできなくなります。

　数年来、就業不能保険がブームになっていますが、法人での加入割合はまだまだ低いようです。法人契約としてのデータはありませんが、生命保険文化センター「2021（令和3）年度　生命保険に関する全国実態調査」によれば、2021（令和3）年の世帯主加入率　15.9％（2018年調査　10.1％）です。

　就業不能状態になれば、社長交代も必要となります。社長個人としても、生活介助が必要となり、出費が増大します。死亡保障、勇退退職金準備は問題なしと言下に断られた中小企業でも、就業不能には対応していないケースが多い点に着目し、就業不能を切り口とする提案もしましょう。

　就業不能に備えた事業保障、就業不能で勇退を余儀なくされた場合の

勇退退職金の準備は、法人契約とともに個人契約でも準備する必要があります。就業不能の発生率は死亡率よりもかなり高くなっている点は、意外に知られていません。

【図表1-22】のデータは、顧客への説明に利用しやすいでしょう。

中小企業では、会社と個人の資産を峻別していないことが間々あります。法人の経費負担にしたいと、収入保障保険、10年定期保険など死亡保険を全て法人契約とし、個人契約のない社長もあります。

再起がほとんど困難な疾病に罹患した社長が、保険金の生前給付請求をしたくても、法人契約のリビング・ニーズ特約を、そのまま個人では利用できません。個人契約もバランスよく契約しておくことは重要です。

保険料の高額割引に魅かれて1契約とせず、2あるいは3契約に分割することで、解約、払済（契約の一部を払済にすることはできません）、期間短縮などの保全がしやすくしておきましょう。

【図表1-22】年齢別、傷病手当受給者数と死亡者数（10万人あたり）

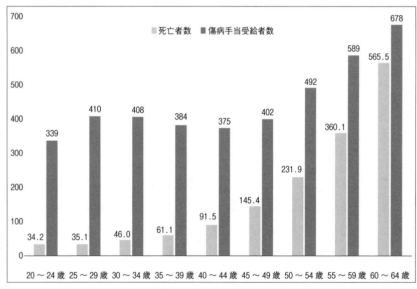

出典：全国健康保険協会「現金給付受給者状況調査」（令和元年）、厚生労働省「人口動態統計」（令和元年）

5．役員の死亡と勇退退職金

（1）死亡・勇退退職金の準備

中小企業の社長が、死亡・勇退退職金を主に生命保険で準備しておく必要性はどこにあるのでしょうか。

死亡退職では、遺された家族の生活費、勇退退職では、本人と家族の老後生活費準備をメインに、相続税納税資金（含む非課税枠の有効活用）、"争族"対策も検討します。事業保障として、事業継続対策、事業精算費用も念頭に入れて検討する必要もあります。

①遺された家族の生活費（本人・家族の老後生活費）

中小企業の社長は、従業員に比べて退職金制度は脆弱です。いきおい、生命保険などの諸制度を利用して準備することになります【図表1-23】。

人生100年時代です。社長が早期に死亡した場合、遺された妻や子供の生活費はしっかり準備しておく必要があります。いつ発生するか分からない死亡は、当然に生命保険で備えることが必須です。個人の生命保険でも準備しておくのが鉄則ですが、一部を法人契約から受け取る死亡保険金で代替するプランを提案します。

勇退退職であれば、中長期計画で勇退退職金の準備が行えます。

【図表1-23】退職金の準備と制度活用の可否

	確定給付企業年金 （DB）	確定拠出年金 （DC）	中小企業 退職金共済	特定退職金 共済	小規模 企業共済
役　員	△ 各企業の規約による	△ 各企業の規約による	×	×	○
従業員	○	○	○	○	×

個人の所得から掛金を支払う↲

②相続税納税資金（含む非課税枠の有効活用）

　相続が発生すると10ヵ月以内に遺産分割協議書をまとめ、相続税を納税する必要があります。相続でもっとも苦心するのは遺産分割ですが、同時に納税資金の確保が課題となります。中小企業の社長の財産の大半が経営していた企業の株式という例が多くあります。これでは、遺産分割でもめるうえに、納税資金確保に奔走することになります。

　相続税法では次の額が非課税として規定されています。中小企業の社長であれば、両規定を活用することが可能です。

・死亡保険金　500万円×法定相続人の数　（相続税法12条5項）
・死亡退職金　500万円×法定相続人の数　（相続税法12条6項）

③争族対策

　2018（平成30）年の死亡者数は約136.2万人に対し、遺産分割事件（調停＋審判）は15,842件と約1.2％あります。遺産分割事件のうち、1,000万円以下が32.1％、5,000万円以下で75.5％を占めており、争族は富裕層特有の事例ではありません。

　中小企業の社長の場合は、自社株式と不動産が遺産の大半を占めることになり、遺産分割もままなりません。代償分割交付金、納税資金準備を考えると、一定額以上の死亡退職金、勇退退職金で現金を用意しておく必要があります。

　2019（令和元）年7月より、遺留分を請求された場合、不動産などの現物の持分ではなく、遺留分相当の現金支払いが原則となりました。この遺留分侵害額請求権（旧遺留分減殺請求）にも注意が必要です。

■勇退退職金支払の「忌避3原則」

　社長の勇退退職金支払いでは、行ってはいけない「忌避3原則」があります。①赤字決算としない、②運転資金を流用しない、③借入金で支払わない、の3つです。

　ゴーイングコンサーンとしては、経営基盤の安定と耐久性を考えれば赤字決算をできるだけ避けたいのは当然です。節税プランに走り財務体質を脆弱化させた結果、倒産に至った企業もあります。

　赤字が続いても企業はなかなか倒産しません。社長が会社に不足する運転資金を無利子・無担保で貸し付けてしのいでいるからです。その資金供給が止まり運転資金が枯渇すると倒産します。運転資金を勇退退職金に流用するのはご法度です。

　まして、勇退退職金支払いのために金融機関から借入れをするのは、退職する社長はいいとしても、後継者に負の遺産を押し付けることになります。忌避3原則を厳守するためには、本業への影響を与えないように中長期で計画的に準備を行います。

　勇退退職の平均年齢は70歳ですから、計画が立てやすいですが、死亡退職はいつ起こるか分かりません。死亡と勇退の両方を兼ねた資金準備としては、貯蓄性（解約返戻金）のある生命保険を中心に準備するのが最適です。

〈役員退職慰労金〉

　社長の勇退退職金の算出方法には、いくつかの方法がありますが、

勇退退職：「最終報酬月額×在任年数×功績倍率」

死亡退職：「最終報酬月額×在任年数×功績倍率」＋弔慰金「最終報酬
　　　　　月額×6ヵ月（業務上死亡の場合は36ヵ月）」

とする会社が最も多くなっています。

　役員退職金は、いくら支払ってもいいのですが、損金処理できる上限額を、税務署が上記の算式でシミュレーションしているからです。

　この計算式で算出された金額の支払いは困難となることもあります。この場合には、上限金額を3,000万円、4,000万円と定めておけばよいでしょう。この計算式は、比較的よく知られていますが、いくつか注意が必要な点もあります。

〈最終報酬月額〉

勇退前に役員報酬を引き上げるのは、勇退退職金の算定額、損金算入額の引上げを狙ったものと税務当局に判断されますから、ご法度です。逆に、社長から会長になった時点では勇退退職金を受け取らず、会長を退く時点で勇退退職金を受け取る事例もあります。この場合、会長に就任した時点で役員報酬を下げていると、上記計算式では勇退退職金算定額が少なくなります。

　このような場合には「役員在任期間中の最高役員報酬月額で算定する」「役位ごとに算出した金額を合算する」などの工夫が必要でしょう。

〈在任年数〉

　創業社長の場合、個人で事業を始めた「創業年」ではなく、法人成りした「設立年」を起算として計算します。後継者などは（平）取締役就任年を起算とします。

〈功績倍率〉

　社長の場合、かつて「3倍」とする企業が多かったのは、税務署が損金処理できる上限額を計算する際に、功績倍率は3倍を上限としていると言われていたためです。最近では「2.5倍」前後に設定する企業が増えています。この背景には、バブル期のような景気の良い会社が減ったこと、特別功労加算を加えた倍率が3倍を超えた場合、過大と認定された事例が散見されたことがあります。

　「特別功労加算」とは、創業社長や中興の祖と言われるような、特に社業に顕著な功績を残した場合に、その功に報いるという考え方です。算出金額に30％を上限として加算可能と一般的に認知されています。

　「3.0×1.3＝3.9」この倍率が妥当であるか否かが議論されますが、適用を容認する特段の事由に創業社長などは該当させない事例が主流です。

　死亡・勇退金額が適正かどうかは、支給規定に基づいているかという「形式基準」と、近隣の同業他社に比べて高額すぎないかという「客観基準」の2点から判断されています。

　功績倍率が4倍、5倍という数値でなければ、形式基準がクリアされ

ているとして容認される、看過されることも間々あります。

　逆に、功績倍率が2倍であっても否認されたケースもあるようです。勇退直前に役員報酬を大幅にアップしたのが、役員退職金が過大とされた直接の原因のようですが。

　特別功労加算は適用するもしないのも自由です。柔軟な対応ができる退職慰労金規程を作成しておくとよいでしょう。

■役員退職金の支払手続き

　死亡・勇退などの支給事由が発生した場合、取締役会で支給について株主総会への上程を決議します。通常の株主総会の開催まで相当の期間がある場合は、臨時株主総会を開催します【図表1-24】。

　株主総会では、死亡・勇退退職金の支給を決議します。役員退職金の支給は利益処分的要素があるため、株主の承認が必要だからです。

　事前に「役員退職金規程」が制定されている場合は、株主総会で金額・支給方法を取締役会に一任する旨の決議を行います。取締役会では、規程に基づき支給することを決議し、支給となります。

　「役員退職金規程」が事前に制定されていない場合は、株主総会にて金額・支給方法を決議する必要があります。株式の一部を親戚縁者が保有している場合では、支給金額の多寡について紛糾することもあります。役員退職金規程は事前に制定しておくようにアドバイスします。

■役員退職金規程の制定手続き

　役員退職金規程は、取締役会で制定を決議し株主総会に付議します。株主総会では、制定を承認し詳細は取締役会に一任します。取締役会で規定を制定します。

　こうした一連の流れ、規程のサンプルなどは、生命保険による死亡・勇退退職金準備提案の際には提示できるように準備しておきます。規程のサンプルは各生命保険会社に用意されています。

【図表1-24】役員退職金支給と役員退職慰労金規程制定のフロー

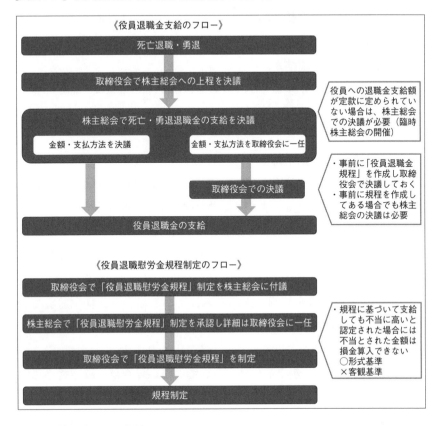

（2）退職金の優位性

　退職金受取りでは、①退職所得控除、②２分の１課税、③分離課税、④社会保険料の対象外、と４つのメリットがあります。

　具体的な事例で検証してみましょう【図表1-25】。

〈前提条件〉

・勇退予定年齢　70歳、役員就任年齢　30歳（役員在任年数　40年）

・勇退退職金　4,000万円

〈最終手取額の計算〉

・退職所得控除：（40年－20年）×70万円＋800万円　＝　2,200万円

【図表1-25】退職金に対する課税と手取額

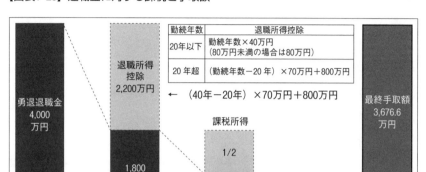

勤続年数	退職所得控除
20年以下	勤続年数×40万円 （80万円未満の場合は80万円）
20 年超	（勤続年数－20 年）×70万円＋800万円

- ・課税所得　　　：（4,000万円－2,200万円）×1／2　　＝　　900万円
- ・所得税　　　　：900万円×33％－63.6万円　　　　　＝　233.4万円
- ・住民税　　　　：900万円×10％　　　　　　　　　　＝　　90万円
- ・最終手取額　　：4,000万円－（233.4万円＋90万円）＝3,676.6万円

となります（なお、本計算では復興税率、住民税の均等割額は考慮していません）。

〈退職所得控除〉

通常の所得税・住民税の計算では、次のように退職所得控除が差し引かれます。

勤続年数20年以下：勤続年数×40万円（80万円未満の場合は80万円）

勤続年数20年超　：（勤続年数－20年）×70万円＋800万円

〈2分の1課税〉

さらに、退職所得控除を差し引いた金額の2分の1が課税所得となります。ただし、勤続年数が5年以下（端数となる月は切り上げ）の場合は、「特定役員退職手当等」となり、収入金額－退職所得控除額が退職所得の金額となり、退職所得控除後の残額を2分の1にする軽減措置が適用されません。

〈分離課税〉

通常の所得税の計算では、当該年度の1月1日から12月31日までの所得を合算して所得税・住民税を計算します。退職金を合算すると累進課税制度により高い税率が適用される可能性があります。その懸念を排除するために、他の所得とは合算せず退職金のみで税額を計算します。

〈社会保険料の対象外〉

社会保険料の算定では、標準報酬月額をベースとしますが、見舞金、退職手当、出張旅費、交際費、慶弔費、傷病手当金、労災保険の休業補償給付などとともに、解雇予告手当、退職手当は計算に含めません。

また、年3回以下の賞与は標準賞与額の対象になりますが、こちらにも含まれません。

（3）生命保険で退職金を準備する

社長の退職金準備については、一般的に次のように商品を選択します。

・退職まで15年以上　：　長期平準定期保険
・退職まで15年以下　：　逓増定期保険
・健康状態が不安　：　災害保障期間付定期保険

社長以外に、金融機関等から受け入れた経理担当役員・部課長職や重要取引先・大株主からの天下り役員など、短期間で勇退退職金を準備する必要がある場合も、逓増定期保険の活用が適しています。

社長の健康状態に不安があり医的診査が通らない場合には「災害保障期間付定期保険」を利用することも可能です。「がん」は経過観察中、「糖尿病」はインスリン投与がない場合は、加入できる簡易告知となっています。また、10年経過した場合、終身保険への無選択移行が可能となる商品・生命保険会社が多くあります。

社長などの勇退退職金は、老後生活資金の準備だけではなく、相続・事業承継対策として活用することもできますので、終身保険への無選択（健康状態を問わず）での移行、解約と同時に終身保険に加入できるか

なども確認しておきます。

　乗合代理店では、死亡・勇退退職金の準備として解約返戻率を元に提案商品を選択する傾向にありますが、高額の保険料を長期にわたって支払ってもらうわけですから、保全面での対応可否も商品選択では重要です。

＊参照：『PART3-3 契約後のサポート（1）契約者貸付の活用』

6. 社葬費用プラン

（1）社葬実施の理由と種類

　会長、社長、相談役など、会社の経営に深く携わった者に対し、社葬、お別れの会を行うのは一般的な慣習となっています。中小企業でも社葬は幅広く実施されています。

　社葬を実施する主な理由は次の通りです。

〈故人を追悼する〉

－社会の発展に貢献した個人を偲び、功績を讃える厳かな儀式

〈社外への広報〉

－すべての関係者および一般社会に会社の組織力を広く伝える。新体制・方針を知らせる

〈社内の結束力を高める〉

－儀式を協力して行うことで、社員の結束・一体感を高める。

　また、社葬には次の3種類があります。

■合同葬

　　－親族で執り行う「密葬」と「社葬」の合体型

■社葬

　　－「密葬」の後に「社葬」を執り行う分離型

■お別れの会

　　－「密葬」終了後、宗教色を排した偲ぶ会を実施

　親族による密葬のあと、日を改めてホテル等でお別れの会を実施することが規模の大きな会社を中心に増えています。一方で、地域に密着した中小企業の場合は、合同葬を行うのが大半です。

（2）社葬の費用と経費処理

　社葬、お別れの会の費用は、その規模により大きく異なりますが、中小企業が実施する場合、社葬300万円〜2,000万円、お別れの会500万円〜2,000万円程度となっています。

項　目	内　容
式場使用料	寺院、公益会館、ホテルなどの使用料 （会社の講堂、本社社屋内、工場内で執り行うケースもある）等
設備費	音響設備、照明設備、仮設ステージ設営、テント、椅子、ストーブ、スポットクーラー、その他必要な用品
企画費	運営全般におけるアドバイス、映像編集、遺品などの展示や略歴紹介写真展示など、メモリアルコーナーのディレクションおよび制作費用
運営費	式進行管理、施工管理、人件費など
祭壇	装飾の提案から設営の費用 コンセプト・デザイン・3次元CG、舞台設営、生花装飾など
食事	参列者の人数、開催時刻により変動
印刷費用	ご案内状など
車両費用	親族、役員、宗教関係者用など
広告費用	新聞などの死亡広告

　また、社葬が社会通念上妥当とされる場合、福利厚生費として損金処理が認められています。なお、社葬の実施にあたり取締役会の決議を行っておきます。

　●法人税基本通達9-7-19
　法人がその役員または使用人が死亡したため社葬を行い、その費用を負担した場合において、その社葬を行うことが社会通念上相当と認められる部分の金額は、その支出した日の属する事業年度の損金の額に算入できるものとする。

　具体的には、福利厚生費として損金処理できる費用、できない費用を確認しておきましょう。

〈損金処理できる費用〉

・式場開設費	・式場使用料	・生花・祭壇費
・新聞広告	・飾付考案料	・お布施（読経料/仏式の場合）
・屋外設備一式	・会葬礼状・返礼品	・その他葬儀式セット料金
・会場での飲食代	・タクシー代	・アルバイト日当など

〈損金処理できない費用〉

・密葬の費用	・戒名料	・本葬以外の読経料
・仏壇購入費用	・墓地購入費用	・初七日・四十九日費用
・香典返し等の返礼に要した費用		・納骨の費用　など

　社葬費用とは、社葬を執り行う際に必要な費用であり、それ以外は遺族が負担します。合同葬では特に混同しますので、注意が必要です。

　損金処理できない費用を法人が支払った場合は、遺族が役員のときは「役員賞与」、遺族が会社関係者以外のときは「寄付金」として処理します。

（3）社葬費用の準備

　契約者：法人、被保険者：社長など将来社葬を執り行う者、受取人：法人として、終身保険、長期平準定期保険などを契約します。一般的には、一部でも保険料が損金算入できる長期平準定期保険が利用されています。

　社葬費用の準備という切り口での提案はほとんどされていないため、既契約法人、新規提案法人ともに有効な提案となります。

PART-2

法人契約の税務と
決算書の活用

1. 保険契約の課税関係

（1）定期保険は全額損金が基本

　生命保険の法人契約への課税については、1962（昭和37）年に集団定期保険について保険料の全額損金を認める通達（直審《法》35）で初めて発遣されています。1971（昭和46）年に法人会の「経営者大型保障制度」について全額損金を容認する通達が発遣されたことで、法人に定期保険が積極的に提案されるようになりました。

　以後、1980（昭和55）年に『法人税基本通達』が発遣されるまでは、個別商品ごとに通達が発遣されてきました。

　自動車保険や火災保険など損害保険の法人契約では、保険料の全額損金が当然だと思われています。損害や損害賠償責任が発生した場合に備える契約であり、会社を維持管理する必要経費として販売一般管理費に仕分けされています。

　生命保険の法人契約では、被保険者を中小企業の社長にするのが一般的です。「エースで、4番で、監督」とも称されるトップセールスが、死亡した場合などの損失を保障するために契約します。損害保険と同じように会社を維持管理するために必要な契約として、損金処理は容認されるという考え方に基づいています。

　この場合の契約は、当然に10年定期保険などの解約返戻金が全くないかあってもごくわずかな契約であることが前提となっています。国税庁は定期保険とは「危険（死亡）保険料と付加保険料のみで構成された生命保険」と定義しているからです。

　ＡＦＬＡＣ（現アフラック生命）が日本に進出したのは1974（昭和

49）年ですが、翌年にはがん保険の法人契約も全額損金が認められています。

　1980（昭和55）年、個別通達の発遣が煩雑となったため、統一基準として「法人税基本通達」を発遣しています（次ページの【図表2-1】参照）。この時点で定期保険は全額損金（基本通達9-3-5）、福利厚生プランの養老保険は2分の1損金（基本通達9-3-4）の扱いが確立しました。

　国税庁は、中小企業の育成、保護なくして健全な税徴収はありえないと、法人を取り巻くリスクに備える保険料は、必要経費として全額の損金算入を幅広く容認していたのです。

（2）長期平準定期保険の2分の1損金ルール

　1973（昭和48）年に外資系生保第1号として営業開始したアリコ・ジャパン（現メットライフ生命）が、「LT70」「LT80」の愛称（Level Term：平準定期保険）で70・80歳満了定期保険を販売します。従来主力の10年定期に比べ保険期間が長く平準保険料方式を採用し、保険期間の前半では高額の前払保険料を徴収し、後半の保険料不足に備える仕組みです。

　保険期間満了まで契約を継続すれば、前払保険料はすべて費消され解約返戻金は生じませんが、途中で解約した場合は、未使用の前払保険料が解約返戻金として契約者に返還されます。全額損金でありながら高額・高率の解約返戻金が生じる、夢のような節税プランの誕生です。

　1981（昭和56）年に営業開始したソニー・プルデンシャル生命（現ソニー生命）も、法人向けに80歳満了定期保険を積極的に販売します。

　静観していた国税庁は、1982（昭和62）年に基本通達の個別改正として、（直法2-2）によって新たに「長期平準定期保険」を定義するとともに、2分の1損金ルールを定めます。いわゆる「105ルール」です。

【図表2-1】 保険商品と法人税基本通達の歴史

■定期系

	保険種類	改定概要	根拠
1980 (昭和55)年	—	法人契約の保険料取扱を明確化	直法2-15 (昭和55年12月25日) 法人税基本通達9-3-4
	養老保険	福利厚生プラン (1/2TAX養老)	
	定期保険	保険料は原則全額損金	法人税基本通達9-3-5
	傷害特約等	災害疾病関係特約の保険料は全額損金	法人税基本通達9-3-6
1987 (昭和62)年	長期平準 定期保険	長期平準定期保険を定義 —前払期間(当初6割)は1/2損金	直法2-2(昭和62年6月16日) ＊昭和62年7月1日以降適用 (既・新契約とも)
1996 (平成8)年	逓増定期保険	逓増定期保険を定義 —全損・1/2・1/3・1/4損金	課法2-3(平成8年7月4日) ＊平成8年9月1日以降適用 (既・新契約とも)
2001 (平成13)年	無解約返戻金型 定期保険	全額損金	法人税基本通達9-3-5
2002 (平成14)年	逓増定期保険	払済保険へ変更した場合の取扱を明確化 —払済変更時の原則洗替え (解約と同一処理)	課法2-1(平成14年2月15日) 法人税基本通達9-3-7の2
2008 (平成20)年	逓増定期保険	全損・1/2・1/3・1/4 損金の要件を厳格化	課法2-3　課審5-18 (平成20年2月28日) ＊平成20年2月28日以降の新契約
2006 (平成18)年	長期傷害保険 (終身保障型)	前払期間(当初7割)は1/4損金	生命保険協会からの質問に見解を回答
2019 (平成31)年	定期、 第三分野商品	最高解約返戻率により損金割合を決定	法人税基本通達9-3-5 法人税基本通達9-3-5の2
2021 (令和3)年	低解返型逓増定期の名義変更	CV＜資産計上額×70%の場合、資産計上額で評価する	所得税基本通達36-37 ＊令和元年7月8日以降の契約

遡及適用

■第三分野

1975 (昭和50)年	がん保険	保険料は全額損金	直審4-76 (昭和50年10月6日)
2001 (平成13)年	がん・医療保険 (終身保障型)	原則全額損金	課法4-100(平成13年8月10日) ＊平成13年9月1日以降適用 ＊直審4-76廃止(既・新契約とも)
2012 (平成24)年	がん保険 (終身型)	前払期間(当初5割)は1/2損金	課法2-5，課審5-6 ＊平成24年4月27日以降の新契約
2013 (平成25)年	医療保険 (無解約返戻金型)	全額損金	生命保険会社、各社個別に口頭確認 ＊平成25年3月21日以降の新契約
2019 (平成31)年	定期、第三分野商品	最高解約返戻率により損金割合を決定	法人税基本通達9-3-5 法人税基本通達9-3-5の2

（3）逓増定期保険の登場と損金（節税）プラン

　1991（平成3）年、ナショナル・ライフ保険（現エヌエヌ生命）が、税会計士事務所をメインチャネルとして「逓増定期保険特約付終身保険」の販売を開始します。

　逓増定期保険に関する通達がないため、保険期間に応じて定期保険（全額損金）あるいは長期平準定期保険（2分の1損金）とみなしての販売です。長期平準定期保険以上の解約返戻率であったため追随する生命保険会社が相次ぎ、節税プランといえば逓増定期保険を指すまでになりました。

　1996（平成8）年、国税庁は個別通達で逓増定期保険を定義し、全額損金、2分の1損金、3分の1損金、4分の1損金を規定しています。

　全額損金タイプの逓増定期保険は解約返戻率のピーク到達が早く6年から9年程度です。そもそも節税プランは業績好調な中小企業の契約が多いため、勇退退職金の支払いなどの反対給付（見合い損金）がなく、解約しようにもできないケースが多発していました。

　逓増定期保険特約付終身保険は、払済保険に変更した場合、主契約が終身保険のため払済保険は一時払終身保険となります。払済保険の規定は養老保険しかないため、この規定を「洗替えの必要なし、資産計上不要」とするやや強引な類推解釈が横行しました。全額損金処理してきた契約を解約返戻率のピーク時に払済保険に変更すれば、反対給付（見合い損金）で相殺する必要もなく、解約返戻金が増加し続ける終身保険に変更できるという究極の保全プランです。

　養老保険は保険料を全額資産計上するため洗替えの必要はありませんが、逓増定期保険とは根本的に保険構造が異なります。個別の税務署では否認された事例はあるものの、統一見解が必要だということで、2002（平成14）年の個別通達以後は洗替えにより解約と同様の経理処理が必要となりました。

国税庁と生命保険業界の暗黙の了解として『全額損金は最高解約返戻率80％以下（70％説もある）で平均寿命時点での解約返戻率50％以下で容認』とされていました。2007（平成19）年、某生命保険会社から単純返戻率が100％を超える逓増定期保険が販売されました。これが国税庁の逆鱗に触れ、生命保険商品への全面的な課税強化に舵を切らせた遠因と言われています。

　2008（平成20）年、逓増定期保険は再度、課税強化が行われました。この時点で逓増定期保険の全額損金プランはほぼ封印されますが、いったん火のついた解約返戻率競争に歯止めはかけられず、「長期傷害保険」「生活障害保険」「重度疾病保障定期保険」などが相次いで販売されます。

　節税商品の開発競争に明け暮れる生命保険業界の動向を冷徹に分析し、全面改定した2019（令和元）年の新通達（基本通達9-3-5の2）、通称バレンタインショックでは、全額損金は最高解約返戻50％以下とされており国税庁の怒りの度合いがうかがえます。

　逓増定期保険への課税強化の陰で、「がん保険の節税プラン」も積極的に販売されていました。従業員の福利厚生という名目ですが、がん入院日額4万円などのプランが提案されました。全額損金で高返戻率、従業員の全員加入も必要としないことがアピールされましたが、2012（平成24）年に、2分の1損金へと課税強化されています。

（4）バレンタインショックの内容

　2008（平成20）年の逓増定期保険への課税強化前に駆け込みで行われた契約の解約返戻率がピークを迎えている2017（平成29）年、日本生命が「プラチナフェニックス」の愛称で「災害保障期間付定期保険」を販売します。

・全額損金契約が可能

・がんは経過観察中、糖尿病はインスリン投与がなければ契約可能など

　引受基準が緩い

・逓増定期保険以上の解約返戻率となる

・10年経過後は無選択で終身保険に移行できる

　これらにより、全額損金タイプの節税プランとして、逓増定期保険の解約時の受け皿として、健康状態が不安な被保険者への提案として、爆発的な販売記録を達成します。ネオファースト生命（第一生命の子会社）、マニュライフ生命などが相次いで参入し、再び熾烈な解約返戻率競争となります。

　商品認可上の問題はありませんが、解約返戻率を高めるために付加保険料の徴収方法を調整するなど、行き過ぎた点を金融庁が問題視します。該当する一部の生命保険会社が2018（平成30）年11月末で販売停止するなど大騒ぎとなりました。

　解約返戻率競争に一定の歯止めがかかったと安堵していた矢先、2019（平成31）年2月13日、生命保険協会内の拡大税制研究会にて国税庁が「従来、保険商品・保険期間に応じて損金割合を決めていたが、最高解約返戻率で損金割合を一律規定する」すると発表します。翌14日に報道され業界内外を巻き込む騒ぎとなる「バレンタインショック」です。

　基本方針として国税庁は次の3点をあげています。

①課税上の不公平を是正することを目的として保険商品全般を対象とした単一的かつ普遍的なルールとする「前払費用は資産計上する」という一般に公正妥当と認められる会計処理の基準に従ったものとして定着している従来の個別通達の考え方を、商品グループにかかわらず同一の基準で適用する。

②透明性や完全性に配慮し契約者が把握可能な仕様に基づくシンプルなルールとする。

③課税上弊害がないと考えられる商品は全額損金算入という現行の取扱いを維持する。

（5）バレンタインショック以後の経理処理

①法人契約仕訳の基本

　まず次ページの【図表2-2】を見て基本的な考え方を整理しておきましょう。

　養老保険と終身保険は、保険料構成に「貯蓄保険料」が含まれているために、全額資産計上が慣習として定着しており、通達等に具体的な規定はありません。従業員の福利厚生制度として活用されている、いわゆるハーフタックス養老保険では2分の1損金算入が「基本通達9-3-4」で規定されています。

　貯蓄保険料のない定期保険と第三分野商品も、基本的には全額損金算入が原則です（基本通達9-3-5）。

　しかし、行き過ぎた節税話法、解約返戻率競争に歯止めをかけるために発遣された新通達（基本通達9-3-5の2）では「定期保険、第三分野商品（医療・がん保険、傷害保険）の保険料に相当多額の前払部分の保険料が含まれる場合の取扱い」が規定されています。

　新通達では最高解約返戻率に応じて取扱いが4区分されています。

〈特例措置〉

　ただし特例措置として、

Ⅰ．基本通達9-3-5（注2）

　　①無解約返戻金型あるいは些少な解約返戻金しかない定期保険（短期払の都度損金。当該事業年度支払保険料30万円以下）

　　②無解約返戻金型あるいは些少な解約返戻金しかない第三分野商品（短期払の都度損金。当該事業年度支払保険料30万円以下）

Ⅱ．基本通達9-3-5の2

　　③最高解約返戻率が50％超から70％までの定期保険、第三分野商品（年払換算保険料が30万円以下）

については、他社通算で1被保険者について全額損金扱いが認められて

【図表2-2】法人税基本通達の例外規定

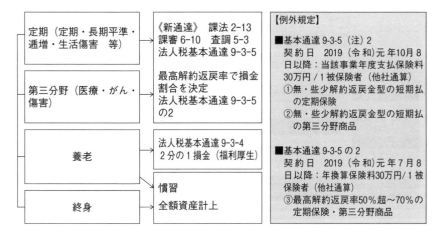

います。

　①②は、契約日が2019（令和元）年10月8日以降、③は契約日が2019
（令和元）年7月8日以降の契約が適用され、それ以前の契約との保険
料通算はありません。

　また、これら3特例は、それぞれの適用（重複利用）が容認されてい
ます。

　新通達の発遣により、従来認められていた無解約返戻金型あるいは些
少な解約返戻金しかない医療・がん保険は、経過措置を経て、現在では
期間按分して「前払保険料」として資産計上しなければなりません。第
三分野商品の終身型については日本アクチュアリー会が作成した「第三
分野標準生命表2018（男）」における最終年齢に基づき116歳を計算上の
保険期間としています。既契約については、税制の遡及はないことから、
契約時の税制が契約終了まで適用されることになります。

②新通達（基本通達9-3-5の2）による保険料仕訳

　新通達で規定されたAからDの4区分の取扱いについて【図表2-3】
を参照しながら確認しましょう。

【図表2-3】 新通達における４区分の取扱い

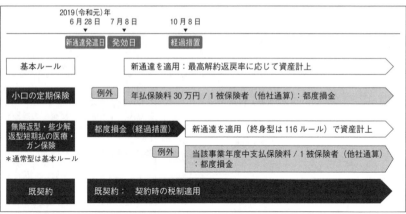

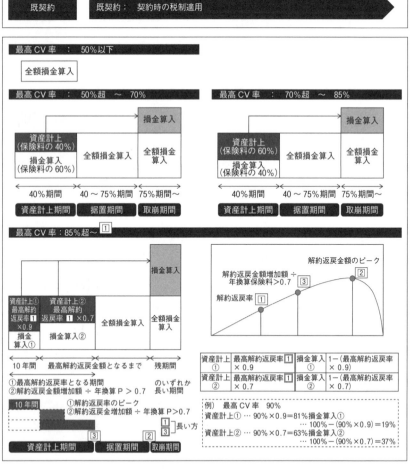

■A．最高解約返戻率50％以下の場合

従来どおり全額損金処理が可能です。

注意したいのは、これまで長期平準定期保険に該当せず全額損金処理していた定期保険であっても、今後は最高解約返戻率が50％超となる場合には全額損金処理は認められない点です。

法人契約の定期保険は会社を管理するための必要経費という位置付けから、基本的には全額損金が認められています。

資産計上を要する場合には、従来の「資産計上期間」「取崩期間」の2期間から「資産計上期間」「据置期間」「取崩し期間」の3期間となっています。

■B．最高解約返戻率50％超から70％の場合

・資産計上期間

：保険開始～保険期間の40％にあたる期間（以下40％期間）

－保険料の6割を損金算入する（4割資産計上）

・据置期間：

：40％期間～75％期間

－保険料全額を損金算入する

・取崩期間

：75％期間～保険期間満了

－保険料全額を損金算入し、かつ資産計上額を期間按分して損金に算入する

■C．最高解約返戻率70％超から85％の場合

・資産計上期間保険

：保険開始から40％期間

－保険料の4割を損金算入する（6割資産計上）

・据置期間

：40％期間～75％期間

－保険料全額を損金算入する

・取崩期間

：75％期間～保険期間満了

－保険料全額を損金算入し、かつ資産計上額を期間按分して損金に算
　入する

　規定どおり解説すると混乱するため、まず契約者が理解しやすいよう
に説明します。このあとの規定解説も確認してください。

■D．最高解約返戻率85％超の場合（実務説明）

Ⅰ期間の分類

1）資産計上割合の確認

：最高解約返戻率を確認し、85％超である　　①

2）取崩期間

：解約返戻金額が減少する時点以降　　②

－資産計上期間で蓄積した前払保険料（資産計上）を保険料（損金算
　入）に振り替えることで、平準保険料では不足する自然保険料分を
　調整する。

3）据置期間

：開始…①（当年の解約返戻金額－前年の解約返戻金額）÷年換算保
　　　　　　険料＞70％③

　　　　②最高解約返戻率①

　　　　①と②のいずれか長い方

　終了…取崩期間の開始まで②

Ⅱ仕訳

4）資産計上期間の資産計上割合

：資産計上期間の当初10年…最高解約返戻率①×0.9

・資産計上期間の11年以降…最高解約返戻率①×0.7

－平準保険料と自然保険料の差額である前払保険料部分は、契約当初
　が特に高い割合となるため、当初10年は0.9を乗じ、11年以降は0.7
　を乗じる。

5）据置期間

：支払保険料の全額を損金算入する。

－資産計上期間に仕訳した前払保険料は、そのまま据え置く

6）取崩期間の仕訳

：（資産計上額累計÷取崩期間）＋保険料

－前払保険料（資産計上）を保険料（損金算入）に振り替えるととも
　に、支払保険料の全額を損金算入する

　最高解約返戻率については、配当金を除いて計算します。配当金が未
確定であること、配当金の支払通知があるたびに全額資産計上する必要
がある点には留意しておきます。

　変額保険を提案した場合、基本保険金額を算出する予定利率に基づく
最高解約返戻率を適用します。

　Ｄタイプでは、例えば最高解約返戻率が90％の場合、当初10年間の資
産計上割合が90％×0.9＝81％となる点もネックとなるのでしょうが、
p40で比較したように、全額資産計上の終身保険よりも保険金額が高額
となり、保障と資産運用を兼ねた提案としては検討に値します。

　生命保険数理の考え方に忠実な仕訳であり、一度理解してしまえば、
説明できない他のセールスパーソンと大きな差をつけることができます。
とはいえ、事業保障に勇退退職金準備を変えた提案となると、経理処理
も比較的容易に説明できます。

・Ａタイプ：全額損金（最高解約返戻率50％以下）

・Ｃタイプ：4割損金（最高解約返戻率85％以下）

・Ｂの特例：1被保険者・他社通算で年換算保険料30万円以下は全額
　　　　　　損金算入

この3パターンを積極的に推進する生命保険会社が多くなっています。

規定では、以下のように解説されています。

■最高解約返戻率85％超の場合（規定解説）

・資産計上期間

：以下、ア）、イ）のうち、いずれか長い期間までとする。

ア）最高解約返戻率となる期間

イ）ア）時間経過後において「解約返戻金相当額の増加額÷年換算保険料相当額」が70％を超える期間

（注）ア）、イ）のうちいずれか長い期間が５年未満となる場合は、５年間とする。保険期間が10年未満の場合は、保険期間の50％相当期間。

資産計上期のうち、保険開始から10年間は「当期分支払保険料×最高解約返戻率×90％」を資産計上し、残額を損金算入する。

保険期間の経過11年目以降は、「当期分支払保険料×最高解約返戻率×70％」を資産計上し、残額を損金算入する。

・据置期間

：資産期間経過後で、解約返戻金額が最高額となるまでの期間は、保険料全額を損金算入する。

・取崩期間

：据置期間経過後、保険期間満了までは、支払保険料の全額を損金算入し、かつ資産計上期間で計上した分を期間按分して損金算入する。

③節税プランの否定

契約にあたっては、「法人向け保険商品のご検討に際してご留意いただきたいこと」を配布し、支払保険料を損金算入しても課税の繰延べに過ぎず節税にはならないことを確認のうえ、署名を契約者に求めることになりました。実質保険料、実質返戻率などの用語の使用も禁止されています。知識として理解しておくことは重要ですが、新提案では使用しないように留意しましょう。

　払済保険への移行と経理処理については、原則として、払済保険への移行（変更）時における解約返戻金相当額とその保険契約の資産計上額との差額を、益金または雑損処理します。

　従来は、養老保険、終身保険、年金保険では保険料の全額が資産計上されているため、払済保険に移行した場合も経理処理は不要とされていました。

　今回の税制改正では、定期保険、第三分野保険が追加されました。養老保険、終身保険、定期保険、第三分野保険および年金保険（特約が付加されていないものに限る）から同種類の払済保険に変更した場合には、経理処理が不要（既往の資産計上額を保険事故の発生または解約失効等により契約が終了するまで計上する）とすることも可能となりました。

　逓増定期保険は払済保険に移行すると、保険種類は終身保険に変わりますから、洗替えが必要です。

　長期平準定期保険では、払済保険に移行すると、生命保険会社・商品によって定期保険あるいは終身保険となります。終身保険となる生命保険会社が多いですが、大同生命、ソニー生命、オリックス生命、SOMPOひまわり生命、三井住友海上あいおい生命などは、定期保険のままであり、洗替えが不要となります。

　また、メットライフ生命の「介護定期保険」など、災害保障期間付定期保険でも保険種類が変わらず洗替えが不要な商品も発売されてきました。

　払済保険は、移行時の解約返戻金を一時払保険料に充当しますから、移行後しばらくは解約返戻金が増加します。終身保険ではそのまま増加し続け、定期保険では逓増したのち、やがて減少し、満了時にはゼロとなります。

　払済保険が定期保険の契約であれば、保険料支払に余裕のあるときに長期平準定期保険をメインに契約し、保険料支払が厳しくなった時点で払済保険（定期保険）に移行し、不足した保障額を10年定期保険でカバーするといった提案も可能となります。

＊参照：『PART3-3 契約後のサポート ⑵払済保険、終身保障コンバージョン』

④第三分野の保険の変遷

■医療・がん保険の税務はどう変わったか

　法人契約の医療・がん保険は、税務の変遷が分かりにくいので、今一度整理しておきます【図表2-4】。

【図表2-4】医療保険・がん保険の取扱い

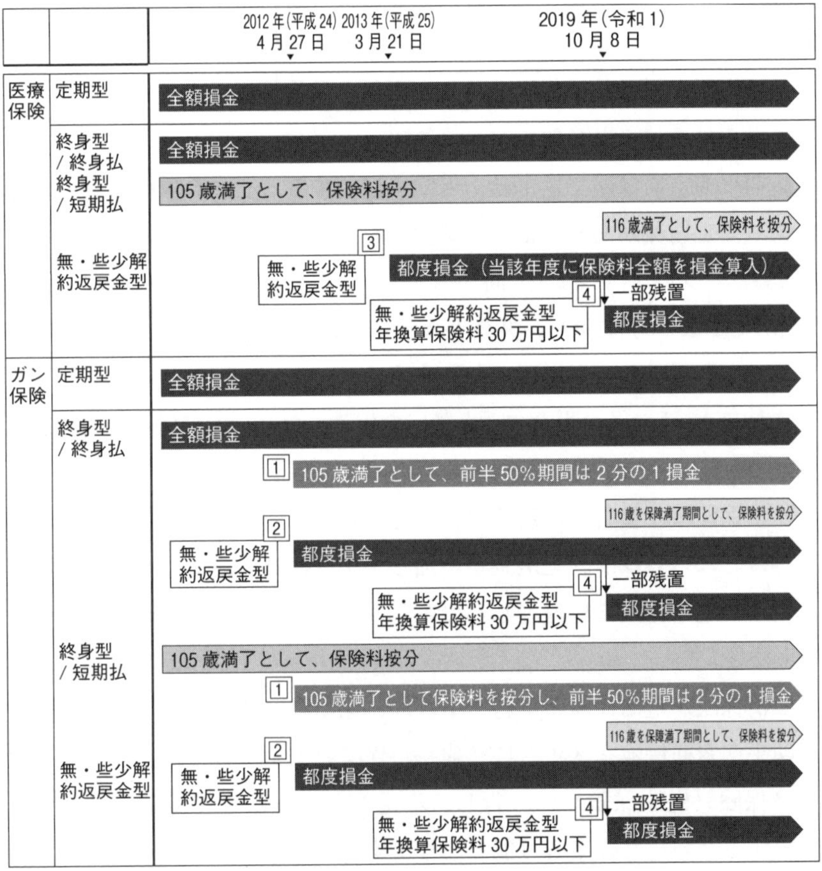

　生命保険の保険料は、保険期間に対して保険料支払期間が短い場合には、前払保険料を計上して、保険期間の経過に応じて同額の保険料を経理処理する必要があり、この基本ルールは医療・がん保険においても遵守されていました。

　「定期型／全期払」「終身型／終身払」の医療保険・がん保険は、2001（平成13）年に国税庁から法令解釈の通達発遣により、全額損金算入が認められていました。

　がん保険を利用した節税プランが大量販売されため、2012年（平成24年）4月27日に『法人が支払う「がん保険」（終身保障タイプ）の保険料の取扱いについて（法令解釈通達）』（課法2－5、課審5－6）が発遣されました。以後は、終身払がん保険の全額損金プランは封印され「終身型／終身払」のがん保険は、105歳満了として前半50％期間は2分の1損金となりました。がん保険を利用した節税プランの封印です。[1]

　同時に、無解約返戻金型、解約返戻金がないか、あってもごくわずかな契約（以下、些少解約返戻金型）については、短期払でも当該年度保険料全額の損金算入が認める「都度損金」が容認されました。[2]

　これを受けて、同じ第三分野商品である医療保険も、2013（平成25）年3月21日以降を契約日とする無解約返戻金型・些少解約返戻金型は、各生命保険会社が国税庁に照会し、個別に口頭回答で容認された商品は、都度損金が認められました。[3]

　この特例は、2019（令和元）年10月7日まで続きます。バレンタインショック後の「法人基本通達9－3－5」の改正が6月28日に発遣され、7月8日に発効しましたが、10月7日まで本特例の経過措置が取られたためです。

　2019（令和元）年10月8日以降を契約日とする第三分野商品（医療・がん保険など）は、116歳満了として保険料を期間按分する基本ルールが適用されることになりました。

　ただし、無解約返戻金型・些少解約返戻金型の第三分野商品は、1被

保険者・他社通算で当該事業年度支払保険料30万円以内であれば都度損金が特例として認められています（基本通達9-3-5の（注）2）。④

がん保険に端を発する都度損金制度の一部残置と言えます。

税制は遡及しないのが原則のため、以上の経理処理・税務は契約日ベースで確定しており遡及適用はありません。既契約を確認する場合には、契約日の確認が重要となります。

■都度損金特例契約の名義変更

次に都度損金の特例適用契約の提案を確認しておきます。

法人契約の医療保険で、保険料払込満了後に契約者を名義変更した場合、無解約返戻金型では解約返戻金がありませんから、経理処理なしで法人から個人に変更できます。法人で保険料を支払い、名義変更後は個人で医療保障を引き継ぐことが可能となります。

中小法人で社長が倒れた場合には、入院・手術給付金で売上を補填します。会社運営が順調に推移し、保険料払込も満了した時点で、個人に名義変更するというプランです。

医療保険によっては、介護保障特約を付加できるものもあります。経営者が要介護となった場合の保障、個人に名義変更した場合の保障を兼ねることができるプランとなり、訴求力があります。経済雑誌では「お宝保険」と称されもしました。

保険料払込期間があまりにも短期間で、保険料払込満了直後に個人に名義変更するプランが横行しましたが、法人の経費で個人の医療保障を確保する目的で契約したと憶測されかねません。あくまでも、法人保障の一貫として契約したが、被保険者である社長などが勇退するため、医療保障を継続する必要がなくなったが、保険料払込も終了しており、解約するのはもったいない。では、個人に名義変更し、勇退退職金の一部として現物給付を受けるというスキームを崩してはいけません。

保険料支払いが短期払いであっても、名義変更は必ず社長の勇退退職

時期とすべきです。

　なお、バレンタインショックの際に、国税庁から各生命保険会社に、短期払の医療保険の契約件数、保険料払込満了後の法人から個人への名義変更実施件数の報告が求められていますので、ご留意ください。

⑤名義変更プラン（ホワイトデーショック）

■名義変更プランへの課税強化

　バレンタインショックの際に国税庁が意見公募したパブリックコメントで「低解約返戻金型定期保険を個人に名義変更するいわゆる名義変更プランなどについても、対策を行う必要があるのではないか」という意見に対して、「ご意見のような保険商品やその利用実態も含め、保険商品全般の実態を引き続き注視し、必要に応じて取扱いの適正化に務めてまいりたい」と回答しています。

　にもかかわらず、高額契約の販売復活のカンフル剤として一部の生命保険会社では、低解約返戻金型逓増定期保険の名義変更プランを積極的に販売してきました。経済雑誌の報道によれば、租税回避を増長させていると、国税庁が判断するのも当然のような過激な提案も行われていました。

　2021（令和3）年2月、国税庁より低解約返戻金型逓増定期保険の名義変更プラン等の課税強化を行う旨生命保険各社に伝えられています。生命保険各社からの質問・意見の受付、パブリックコメントを経て、6月28日に（所得税基本通達36-37）が改正され7月1日より適用となっています【図表2-5】。

　その要旨は次の通りです。

・対象：2019（令和元）年7月8日以降に締結した「法人税基本通達9-3-5の2」に該当する契約

＊定期系保険、第三分野商品が対象であるが、解約返戻率50％以下

商品は除く

・時期：2021（令和3）年7月1日以降の名義変更

・内容：①解約返戻金＜資産計上額×70％の場合、資産計上額で評価する

　②復旧可能な払済保険その他これに類する権利支給は、損金算入額を加算する

＊払済保険に変更時は、洗替え（解約と同様の経理処理）するが、解約返戻金と資産計上額を相殺するため解約返戻金額が減少する。その金額で名義変更を行った後に、契約を復旧させる手法

【図表2-5】 低解約返戻金型逓増定期保険への課税強化

		契約日　2019年7月8日　▼	2021年7月1日　▼
全契約		解約返戻金額で評価	
最高解約返戻率50％以下の定期・第三分野商品		解約返戻金額で評価	
最高解約返戻率50％超の定期・第三分野商品	6月30日までの解約	解約返戻金額で評価	
	解約返戻金額≧資産計上額×70％	解約返戻金額で評価	
	解約返戻金額＜資産計上額×70％	資産計上額で評価	

　対象契約が、節税保険を封印した「法人税基本通達9-3-5の2」が適用される2019（令和元）年7月8日以降に限られ、かつ名義変更が2021（令和3）年7月1日以降の名義変更となっています。

　バレンタインショック以後、低解約返戻金型逓増定期保険の名義変更プラン販売にドライブをかけてきた一部生命保険会社を狙い撃ちしていることは明らかであり、ホワイトデーショックと呼称されたものの、業界内に動揺は少なかったようです。

　ただ、租税法律主義のもと、税法および通達は遡及適用されないのが通例ですが、今回は通達発遣日よりも前の契約に遡及適用される点に注目が集まりました。

　②の復旧可能な払済保険の取扱いは、対象となる契約はないようですが、商品開発案を封印する目的で規定されたものと思われます。

■名義変更プランの概要

　逓増定期保険の中で、解約返戻金の発生が契約後しばらくは低率・低額（通常型の70％など）に推移し、例えば5年後以降に一気に高率・高額にアップするタイプの商品が売り出されており、「低解約返戻金型逓増定期保険」と呼ばれています。

　この商品を活用して法人の節税および経営者の個人的な資産形成に利用する手法、これが、いわゆる「名義変更プラン」と呼ばれるものです。

　契約者を法人、被保険者を経営者として、低解約返戻金型逓増定期保険の契約をします。法人は、解約返戻金が低率・低額のうちは保険料を支払い、解約返戻金が高額に跳ね上がる直前に契約者を法人から経営者個人に譲渡により名義変更を行います。

　このときの譲渡価額は、（所得税基本通達36-37）（旧規定）により、解約返戻金で評価を行います。

　法人は、資産計上額より低額で譲渡するため売却損を発生させ、個人は極めて安い金額で生命保険契約の権利を取得することができます。

　このプランのメリットは、次のようなものです。

　ア）法人で支払う保険料を損金算入することができる。

　イ）名義変更した場合、個人が支払う保険料は契約当時の年齢で算出された割安な保険料を継承できる。

　ウ）被保険者の体況（健康状態）で新たな生命保険契約に加入できない場合でも保障を引き継ぐことができ、高齢な経営者が相続・事業承継対策で生命保険を活用することが可能となる。

エ）名義変更時に「資産計上額（前払保険料）— 解約返戻金額」が雑損失として計上できる。場合によっては、法人の利益を圧縮し納税額を減らすことができる。

オ）解約返戻率・金額が低いときに法人から個人へ名義変更し、高い解約返戻率・金額となった時点で解約すれば、少ないコストで高額の資産移転ができる。

退職金支払い以外に、法人から個人に合法的に資産移転する方法は見当たらないため、ポスト節税プランとして、名義変更による資産移転が注目されたゆえんです。

一方で、低解約返戻金型逓増定期保険の名義変更については、そもそも論からして疑問が呈されていました。法人が損失を計上してまで個人に保険契約を譲渡することに大義名分はあるのか、経済合理性は見いだせないとするものです。

同族会社の行為・計算否認規定（所得税法157条、法人税法132条1項、相続税法64条1項）等に該当するという意見も根強くありました。税務署長が課税回避と判断すれば、その税務計算を否認できるという伝家の宝刀です。

【法人税法132条1項】
税務署長は、次に掲げる法人〔注：内国法人である同族会社など〕に係る法人税につき更正又は決定をする場合において、その法人の行為又は計算で、これを容認した場合には法人税の負担を不当に減少させる結果となると認められるものがあるときは、その行為又は計算にかかわらず、税務署長の認めるところにより、その法人に係る法人税の課税標準若しくは欠損金額又は法人税の額を計算することができる。

改正前の提案イメージを見てみましょう【図表2-6】。

【図表2-6】所得税基本通達改正前の提案イメージ

年払保険料100　（仕訳／資産計上割合 60％、損金割合　40％）・低解約返戻金型逓増定期

	支払保険料累計	資産計上額累計	損金算入額累計	解約返戻金額	解約返戻率	
1年目	100	60	40	0	0.0	
2年目	200	120	80	10	5.0	
3年目	300	180	120	24	8.0	
4年目	400	240	160	56	14.0	法人→個人に名義変更
5年目	500	300	200	420	84.0	保険料は個人で支払

4年間保険料を支払った段階で、契約者を法人から個人に変更し、5年目以降は個人が保険料を支払う

A　2019（令和元）年7月8日以降の契約　または 2021（令和3）年6月30日までの解約

①名義変更する生命保険の権利評価額は、解約返戻金額とする

法人の雑損処理	資産計上額 240－解約返戻金額 56	184
損金処理額合計	損金算入額累計 160＋雑損金額 184	344
損金算入割合	損金処理額累計 344÷支払保険料累計 400	86.0%

②個人が、5年目の保険料100を支払った後、解約する

ア　{（解約返戻金額 420－法個で支払った保険料 500）－特別控除 50}×1/2 ＝　0　⇒最高裁にて否認

イ　{（解約返戻金額 420－個人で支払った保険料 100）－特別控除 50}×1/2 ＝　135　総合課税

B　2019（令和元）年7月8日以降の契約　かつ 2021（令和3）年7月1日以降の解約

①名義変更する生命保険の権利評価は、資産計上額とする
（解約返戻金額 56　＜　資産計上額×0.7　240×0.7）

法人の雑損処理	資産計上額 240－資産計上額 240	0
損金処理額合計	損金算入額累計 160＋雑損金額 0	160
損金算入割合	損金処理額累計 160÷支払保険料累計 400	40.0%

②個人が、5年目の保険料100を支払った後、解約する

{（解約返戻金額 420－個人で支払った保険料 100）－特別控除 50}×1/2 ＝ 135　総合課税

　法人契約で毎年100万円の保険料を支払っていますが、低解約返戻期間の最終年である4年目に、契約者を法人から個人に名義変更します。名義変更する生命保険契約の評価は、解約返戻金額の56万円です。

　法人は、名義変更により、資産計上額と解約返戻金額の差額184万円を雑損処理します。

　名義変更後に、個人は5年目の保険料100万円を支払った後に解約し

ます。低解約返戻期間を経過しており、4年目の解約返戻率14.0％が84.0％にアップしており、420万円の解約返戻金を受け取ることができます。

　解約返戻金は、一時所得となるため、個人で支払った保険料100万円と特別控除50万円を引いた270万円の2分に1である135万円が、他の所得と合算され総合課税の対象となります。

　個人に名義変更した後、保険料の支払いを年払いから月払いに変更し、1ヵ月分の保険料を支払った直後に解約することで、個人で受け取る解約返戻率をアップさせるスキームも提案されていました。

　法人は支払保険料のうち、損金算入した160万円と雑損処理した184万円の合計344万円を損金処理したことになります。損金算入割合は、支払保険料に対して86.0％です。

　今回の改正では、このスキームが封印されました。改正後では、法人に雑損は「資産計上額－解約返戻金額」の解約返戻金額が資産計上額に置き換わり、ゼロとなります。損金処理額も損金算入した保険料のみです。

　かつては、個人で支払った保険料だけではなく、法人が支払った保険料も含めて解約返戻金額から控除していました。解約返戻金額より支払保険料が大きく（本例に当てはめると、解約返戻金240、支払保険料500）なり、一時所得が発生せず、納税も申告も不要とするのが慣行として行われていました。

　2012（平成24）年1月に最高裁が判示した「一時所得の計算上控除できる〈その収入を得るために支出した金額〉とは、収入を得た個人自らが負担して支出したものに限る」以降、個人に名義変更した以後の支払保険料のみを対象とするようになりました。これを見落とし、税務調査で摘発される事例がいくつもあります。

　今回の「所得税基本通達36-37」の改正に該当しない2019（令和元）年7月8日より前の名義変更プランにおいても、注意しておきましょう。

■今後の課税強化の動向

　今回は、課税回避に利用されている低解約返戻金型逓増定期保険の名義変更プランにターゲットを絞った改正であることは明らかですが、今後の課税強化の動向にも注意しておきましょう。

〈介護給付金〉

　2021（令和3）年2月、国税庁より生命保険各社に示された改正案では、介護給付金等を親族等が受け取った場合、入院給付金と同様に非課税となる（所得税基本通達9－20）ことを利用した資産移転プランが、一部外資系生命保険で販売されている点も問題視されました。入院給付金、介護給付金等は、被保険者本人、被保険者の配偶者または直系血族、または生計を同じくする親族が受け取った場合は、給付金額にかかわらず非課税となっています。

　被保険者の子などを給付金の受取人として億単位の給付金を受け取る契約も確認されていました。本来の主旨を逸脱しているのではないかと指摘されましたが、提案内容、件数等を注視するとして、今回の課税強化は見送られています。

〈ハーフタックス養老保険〉

　契約者：法人、被保険者：役員・従業員全員（実質全員加入とみなせる普遍的加入）、死亡保険金受取：契約者（法人）、死亡保険金受取：被保険者の遺族　の場合、支払保険料の2分の1を福利厚生費として損金算入が認められています（詳細はp204「ハーフタックス養老保険」参照）。昭和30年代から、簡易保険（かんぽ生命）を中心に幅広く販売されてきた、最後の節税プランです。

　逓増定期保険、災害保障付定期保険などに代表される節税プランと異なり、従業員の福利厚生に資する制度という立ち位置の違いから、問題視されつつも課税強化は見送られてきました。

　複数の生命保険会社では、10年満期の養老保険を契約後3年程度経過した段階で払済保険に変更し、同一契約者である法人に、また10年養老

保険を重ね売りする事例が多発しています。バレンタインショック時にも問題視され、パブリックコメントでも取り上げられています。果たして、これが福利厚生プランと言えるのか、という疑問です。

また、退職した従業員の契約を継続しているなど、契約の管理保全についても問題点が指摘されています。

普遍的加入の厳格適用、10年満期養老保険ではなく、65歳満了など雇用環境に適合した契約への切替えなど、徹底しておきましょう。

⑥逆ハーフタックスプラン

福利厚生プランとしてのハーフタックス養老保険は、1950年代から販売されてきましたが、経理処理については1985（昭和55）年の「法人税基本通達 9 - 3 - 4 」で慣習として扱われていた 2 分の 1 損金が正式に容認されることになります。

この通達では、 3 パターンについて規定がありますが、死亡保険金受取を法人、満期保険金受取を個人とする、ハーフタックス養老保険と反対のパターン④については規定されていません。国税庁も想定しない契約形態だったようです【図表2-7】。

逆ハーフタックスプランでは、死亡保険金受取人が法人で、満期保険金受取人が被保険者個人になっているため、保険料の 2 分の 1 は法人が受け取る死亡保険金の費用分として保険料（損金算入）に、 2 分の 1 は被保険者である役員への給与（損金算入）または、役員貸付金とすることができると類推解釈され、一部の生命保険会社で積極的に販売されてきました。

満期保険金を受け取った個人が一時所得の計算をする際に、「その収入を得るために支出した金額」として控除できる金額が、法人が支払った保険料の全額であるか、満期保険金を受け取った個人が実質的に負担したものとされる保険料の 2 分の 1 に限られるかが、争点となっていました。

　2012（平成24）年の最高裁判決で、2分の1に限られることで決着しました。

　すべての生命保険会社で販売はすでに停止されていますが、みなし給与として所得税・住民税の課税対象としているか、満期保険金の確定申告では個人負担分のみを控除しているか、について名義変更プラン（ホワイトデーショック）と同様に、国税庁のチェックが入ることになります。

【図表2-7】ハーフタックス養老保険と逆ハーフタックス養老保険

		①	②	③ ハーフタックス養老	④ 逆ハーフタックスプラン
契約者		法人	法人	法人	法人
被保険者		役員・(従業員)	役員・(従業員)	役員・(従業員)	役員・(従業員)
死亡保険金受取人		法人	個人	個人	法人
満期保険金受取人		法人	個人	法人	個人
保険料	資産計上	資産計上	—	1/2　資産計上	—
	損金算入	—	（みなし）給与	1/2　福利厚生費	1/2　保険料 / 1/2　給与 or 役員貸付金
普遍的加入		×	×	○	×
法基通 9-3-4		○	○	○	×

2．節税プラン（損金話法）による提案

（1）「節税目的」のセールストーク

　バブル景気華やかなりし頃、中小企業では、本来の目的であるリスクヘッジよりも、「損金作り」すなわち節税目的での保険加入が多くありました。バブル崩壊後は、多くの企業が財務体質の堅固な法人を目指すようになり、何が何でも「損金」という加入は減少しています。

　さらに、保険料の全額を損金算入できる商品に対する課税強化や、法人実効税率の引下げによる節税効果の減少によって、「損金・節税プラン（損金話法）」のみで法人契約を提案することは困難になってきました。

　『PART 1-1　中小企業の実態と生命保険』で解説したように、中小企業のうち節税目的で生命保険に加入しているのは15.8％に過ぎません。にもかかわらず、なぜ、節税プランがもてはやされたのでしょうか。利益を上げる企業から高額契約がいただける、細かな説明をしなくても「節税できます」の一言で契約に至る手軽さがあったからです。必要保障額の計算、保障内容の説明など一切不要で、いくら損金処理できるかにのみ関心が集まりました。

　本来は、安い保険料で大きな保障を買いたいのですが、逆に保険料の高い商品が喜ばれもしました。提案したプランが課税強化されると新たな商品が開発され、この潮流に乗ってさえいれば、同じ中小企業に次々と新たな商品提案もできました。

　冷水が浴びせられたのが、2019（平成31）年2月のバレンタインショックです。節税プランが国税庁によって完全封印され、生命保険業界も「節税はありません」と同調したのです。今まで契約してきた中小企業の多くは呆気にとられました。

　節税プランのメリットを強調していたセミナー講師が「節税プランはありません。無意味な契約はさっさと解約しましょう」と既契約の切替え提案を言い出したときには、さすがに生命保険業界の人ものけぞりました。

　損金・節税プランについて語ることすら憚れる雰囲気ですが、今一度、内容を検証しておきましょう。以下は、バレンタインショック前の旧税制を前提として解説しています。

■原則として保険料は損金算入が認められていた

　中小企業が、「契約者：法人」、「被保険者：社長・役員・従業員」、「死亡保険金受取人：法人」という契約形態で定期保険に加入した場合、長期平準定期保険、逓増定期保険などを除き、原則、保険料は経費として損金算入することが認められています。

　定期保険の保険料は、損益計算書（P/L）上、「販売費および一般管理費」の中で「（定期）保険料」として仕訳されます。その理由は、「経営者の死亡により会社経営を危うくすることを防ぐために、生命保険に加入し不測の事態に備える」という考え方に基づいています。法人契約の火災保険や自動車保険の保険料も同様に、販売費および一般管理費に仕訳されます。

　経営が順調なとき、企業は利益の34％も毎年税金として支払っていますが、多くの経営者は「苦労して得た利益から支払う税金を少なくできないか」と節税策に考えを巡らせます。

　節税する方法は2つ。1つは売上を減らして利益を減らすことです。売上を減らすことは会社経営にとっては大きなマイナスです。そこで、売上を増やしながら節税も実現するためには、経費を増やして利益を圧縮するしかありません。

　分かりやすくするために、単純化したX社の例で見てみましょう。

〈前提条件〉

・法人5税（法人税・住民税・事業税・法人事業税・特別法人事業税）を合算した法人実効税率を50％とする。

・毎年、税引後当期利益2,000を継続して上げている。

・保険料全額が損金算入でき、7年後に解約返戻金8,600が発生する定期保険がある。

■A．生命保険加入前

X社は、「税引前利益（経常利益）4,000、税引後当期利益2,000（イ）を毎年恒常的に上げています【図表2-8】。

【図表2-8】生命保険を活用した節税策・その1

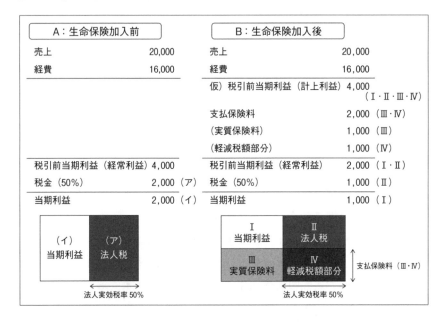

■B．生命保険加入後

　節税のために、社長をはじめ複数の役員を被保険者として保険料を全額損金算入できる定期保険に加入しました。支払保険料（Ⅲ・Ⅳ）は「税引前当期利益」の範囲内、2,000です。

　生命保険に加入していなければ、当期利益の50％（Ⅱ・Ⅳ）2,000を税金として納めていたことになります。生命保険料として支払えば、税金として納めるべきⅣ（1,000）の部分が節税できたことになりますから、Ⅳの部分を「軽減税額部分」と呼びます。生命保険会社によっては「効果額」などと記載しています。

■保険加入が資金繰りを悪化させることも

　生命保険販売における極端な話法で言うなら「税務署が支払うべき保険料の50％（Ⅳの部分）を代わりに支払ってくれた」ということになります。結果、X社が本当に支払ったと認識する保険料部分はⅢ（1,000）だけになり、この部分を「実質保険料」と呼びます。

　生命保険に加入しなければ2,000支払わなければならなかった税金が、1,000に節税できたことになります。節税したことによって「税引後当期利益」も減少しますから、剰余金すなわち自己資本への繰入額も2,000から1,000に減少しています。

　単に税金を支払いたくないという理由だけで加入したとすれば、生命保険加入が逆に財務内容を悪化させ、資金繰りを厳しくしてしまうこともあり得る点には注意します。

■C．7年後に解約した場合

　X社は、7年経過した時点で加入している定期保険を解約し、解約返戻金8,600を受け取りました。7年間の総支払保険料は14,000（2,000×7）、解約返戻金額は8,600なので、単純返戻率は61.42％（8,600÷14,000）となります【図表2-9】。

毎年の支払保険料のうち、Ⅳの部分は生命保険に加入していなければ課税される「軽減税額部分」であり、実質保険料Ⅲ（1,000）の7年間累計額7,000（1,000×7）が実質保険料累計額となります。よって、実質返戻率（解約返戻金額÷実質保険料累計額）は、122.86％（8,600÷7,000）となります。

【図表2-9】 生命保険を活用した節税策・その2

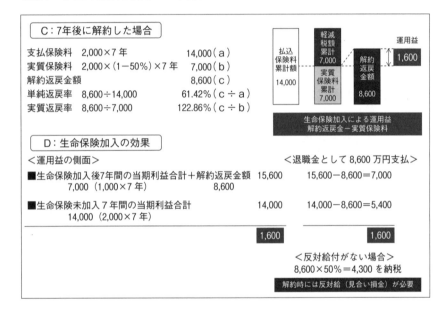

■D. 生命保険加入の効果

　生命保険に加入することで、解約時点のキャッシュフローは、15,600（定期保険加入7年間の税引後利益＋解約返戻金額＝1,000×7＋8,600）となり、定期保険未加入の場合のキャッシュフロー14,000（7年間の税引後利益＝2,000×7）に比べると1,600（15,600－14,000）改善していることになります。

　定期保険加入期間の7年間は節税されていましたが、解約返戻金額は全額が課税対象となりますから、"利益の繰延べ"ができたことになり

ます。ここでＸ社は、同一事業年度内に社長の勇退退職金として、8,600
を支払うと、解約返戻金額（益金、雑収入）と勇退退職金（損金）が損
益通算され、解約返戻金額は実質的に非課税となります。

　社長への勇退退職金支払などの反対給付（見合い損金）がない場合に
は、支払保険料全額が損金算入となっているため、解約返戻金額8,600
の全額が課税対象となり、4,300（8,600×50％）を納税する必要があり
ます。この場合には、定期保険加入前のキャッシュフロー14,000に対し
て、11,300（税引後利益＋課税後の解約返戻金額＝7,000＋4,300）となり、
結果的にキャッシュフローが減少してしまうことになります。

　定期保険を解約する時期によっては解約返戻金額・単純返戻率が変動
しますし、法人実効税率の変動によって実質返戻率が変わることもあり、
中小企業が当初期待していたリターンが得られない場合もあります。

　Ｘ社のシミュレーションでは、毎期恒常的に利益を上げる前提となっ
ていますが、中小企業において、将来的にも安定した収益を上げられる
保障はありません。赤字決算となった場合には、利益の繰り延べ効果が
消失し、業績にマイナスの影響を与えることもあり得ます。

　また、このシミュレーションでは保険料の全額が損金算入できながら、
中途解約した場合に高い解約返戻金額が発生する定期保険があることを
前提としています。

　かつて、生命保険を活用した節税プランが幅広く認知されるまでは、
定期保険は保険（保障）期間を問わず支払保険料の全額損金算入が可能
とされていました。1980（昭和55）年に、長期平準定期保険に対する保
険料仕訳の通達（いわゆる105ルール）が国税庁より発遣され、解約返
戻率の高い定期保険は保険料の２分の１を資産計上することになってい
ます。

■Ｅ．７年後に解約した場合②
　Ｃで７年後に解約した場合を見ましたが、別の側面からも検証してみ

ましょう。

　解約返戻金額に軽減税額累計を足して、払込保険料総額と比較してみます。「解約返戻金額8,600＋軽減税額累計7,000＝15,600」となり払込保険料総額の14,000よりも大きくなります【図表2-10】。

【図表2-10】生命保険を活用した節税策・その3

　結果はCと同じですが、イメージ、計算は容易です。「解約返戻金額＋損金処理保険料×法人実効税率」が払込保険料累計額よりも大きければ、損金・節税プランが成り立っていることが一目瞭然だからです。

　節税プランが成り立つか否かを見極めるためにも活用できます。法人実効税率34％とした場合で見てみましょう。

・全額損金プラン

　軽減税額（節税）部分34.0％×1.0＝34.0％

　解約返戻率　66.0％＋34.0％＝100.0％

　＊節税プランとなるためには、解約返戻率は66.0％以上が必要

・4割損金プラン

　軽減税額（節税）部分34.0％×0.4＝13.6％

　解約返戻率　86.4％＋13.6％＝100.0％

　＊節税プランとなるためには、解約返戻率は86.4％以上が必要

　　と簡便にシミュレーションできます。これをイメージさせたのが、

【図表2-11】です。

【図表2-11】生命保険を活用した節税策のイメージ

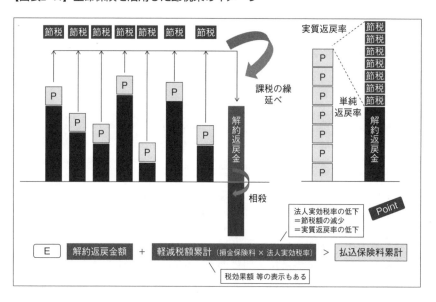

　毎年、損金処理できる生命保険に加入することで節税し、役員勇退退職時などに解約し、高額な資金流出に備える、赤字決算を避けることができます。節税せずに利益を積み上げておくよりも、実質的には運用益が得られている、被保険者である社長が死亡した場合には高額の死亡保険金が会社に入り、運転資金、借入金返済などの事業保障を確保しつつ死亡退職金・弔慰金を支払うこともできます。

■節税プランは安定的に利益を確保する手段

本来、企業は節税ではなく「収益」によって成長を目指すべきものです。中小企業が、節税（利益の繰延べ効果）に期待して、生命保険を活用した節税プランに加入するのは、単純に「税金を払いたくない」という理由だけではありません。

- ・キーマン（社長）の死亡・就業不能等による売上減少、信用力の低下
- ・多額の退職金支払い（役員、従業員等）
- ・自然災害、パンデミックによる操業停止（売上減少）
- ・自然災害、盗難等で発生した損害
- ・価格変動による仕入コストの増加
- ・競争激化などによる売上減少
- ・不動産・機械・車両などを廃棄・処分した固定資産除去損
- ・不動産・機械・車両などの固定資産売却損
- ・大型設備投資に伴う減価償却費の増加
- ・子会社や関連会社の整理・売却による株式売却損

などの不測の事態（特別損失）に備えたいというのが、節税プランであっても本来的な加入目的です。

税務上、過去の損失は10年間にわたって繰越控除することができますが、創業間もなく経営が磐石でない企業や、構造的不況で将来が見通せない企業では、毎年安定的に利益が出るとは限りません。建設業では地方公共団体等の工事入札には赤字続きでは応札できませんし、文具・IT機器を扱う場合も納入業者から外されてしまうこともあります。

「税金を支払うのはやぶさかではないが、安定的な収益を毎期確保したい」「赤字決算を避けなんとか利益を確保したい」という場合に、1つの手段として生命保険を利用しています。

今回のコロナ禍では、節税プランの解約返戻金が企業経営のバッファーとして大いに機能したのは明らかです。

とはいえ、節税に頼り切ると、どうしてもやや強引な手段に目が向いてしまうため、節税に関しては「適切な範囲内で行うこと」を強く意識しておく必要があります。生命保険を活用した節税プラン以外にもいくつかのプランが紹介されていますが、いずれもメリット・デメリットを十分に確認し、無理しないことが大切です。

（2）保険設計書（メリット表）の見方

　損金・節税プランの設計書の見方を解説します【p104　図表2-12】。

　生命保険会社によって表示順位、用語に多少の違いはありますが、下表の見方を理解すれば大丈夫です。ここでは、2分の1損金算入となる長期平準定期の例です。

　①B払込保険料累計は、E損金算入部分（保険料）とF資産計上部分（前払保険料）に分けます

　②E損金算入部分に法人実効税率を乗じたものがG軽減税額部分です

　＊Gが【図表2-8】（p95）のⅣ軽減税額部分となります

　③B払込保険料累計からG軽減税額部分を差し引いたものがH実質保険料となります

　④C解約返戻金をH実質保険料で割るとⅠ実質返戻率となります

　具体的に保険設計書をなぞってみてください。この設計書では、Ⅰ実質返戻率が100％を超えていますから、節税効果があったということになります。

（3）実効税率の考え方と法人税率の引下げ

　ここまで、「法人実効税率」という言葉を何気なく使ってきましたが、その考え方を整理しておきます。

　個人の収入に対して所得税、住民税などが課せられるように、法人にも法人税、地方法人税、法人住民税、法人事業税、特別法人事業税が課せられます。このうち、法人事業税と特別法人事業税として納税した金

【図表2-12】保険設計書（メリット表）・その1

経過年数	年齢	A 死亡保険金	B 払込保険料累計	C 解約返戻金	D 単純返戻率 C/B	E 損金算入額累計 B×1/2	F 資産計上額累計 B−E	G 軽減税額部分 E×34%	H 実質保険料 B−G	I 実質返戻率 C/H
1	41	100,000,000	2,434,800	1,570,000	64.4	1,217,400	1,217,400	413,916	2,020,884	77.7
2	42	100,000,000	4,869,600	3,740,000	76.8	2,434,800	2,434,800	827,832	4,041,768	92.5
3	43	100,000,000	7,304,400	5,910,000	80.9	3,652,200	3,652,200	1,241,748	6,062,652	97.5
4	44	100,000,000	9,739,200	8,080,000	82.9	4,869,600	4,869,600	1,655,664	8,083,536	100.0
5	45	100,000,000	12,174,000	10,240,000	84.1	6,087,000	6,087,000	2,069,580	10,104,420	101.3
10	50	100,000,000	24,348,000	20,970,000	86.1	12,174,000	12,174,000	4,139,160	20,208,840	103.8
15	55	100,000,000	36,522,000	31,220,000	85.4	18,261,000	18,261,000	6,208,740	30,313,260	103.0
20	60	100,000,000	48,696,000	41,230,000	84.6	24,348,000	24,348,000	8,278,320	40,417,680	102.0
21	61	100,000,000	51,130,800	43,190,000	84.4	25,565,400	25,565,400	8,692,236	42,438,564	101.8
22	62	100,000,000	53,565,600	45,130,000	84.2	26,782,800	26,782,800	9,106,152	44,459,448	101.5
23	63	100,000,000	56,000,400	47,050,000	84.0	28,000,200	28,000,200	9,520,068	46,480,332	101.2
24	64	100,000,000	58,435,200	48,960,000	83.7	29,217,600	29,217,600	9,933,984	48,501,216	100.9
25	65	100,000,000	60,870,000	50,850,000	83.5	30,435,000	30,435,000	10,347,900	50,522,100	100.6
26	66	100,000,000	63,304,800	52,730,000	83.2	31,652,400	31,652,400	10,761,816	52,542,984	100.4
27	67	100,000,000	65,739,600	54,590,000	83.0	32,869,800	32,869,800	11,175,732	54,563,868	100.0
28	68	100,000,000	68,174,400	56,430,000	82.7	34,087,200	34,087,200	11,589,648	56,584,752	99.7
29	69	100,000,000	70,609,200	58,260,000	82.5	35,304,600	35,304,600	12,003,564	58,605,636	99.4
30	70	100,000,000	73,044,000	60,070,000	82.2	36,522,000	36,522,000	12,417,480	60,626,520	99.1
31	71	100,000,000	75,478,800	61,850,000	81.9	37,739,400	37,739,400	12,831,396	62,647,404	98.7
32	72	100,000,000	77,913,600	63,610,000	81.6	38,956,800	38,956,800	13,245,312	64,668,288	98.4
33	73	100,000,000	80,348,400	65,330,000	81.3	40,174,200	40,174,200	13,659,228	66,689,172	98.0
34	74	100,000,000	82,783,200	67,020,000	80.9	41,391,600	41,391,600	14,073,144	68,710,056	97.5
35	75	100,000,000	85,218,000	68,660,000	80.5	42,609,000	42,609,000	14,487,060	70,730,940	97.1
40	80	100,000,000	97,392,000	76,010,000	78.0	60,870,000	36,522,000	20,695,800	76,696,200	99.1
50	90	100,000,000	121,740,000	83,590,000	68.6	103,479,000	18,261,000	35,182,860	86,557,140	96.6
60	100	100,000,000	146,088,000	0	0.0	146,088,000	0	49,669,920	96,418,080	0.0

額は、翌年度には損金として処理できますから、この損金算入金額を考慮して算出するのが法人実効税率です【図表2-13】。

　法人税等は課税所得400万円以下、400万円超から800万円以下、800万円超の3段階で税率が変わりますが、生命保険会社のシミュレーションでは800万円以上のバンドを使用しています。法人税率に一定割合を乗じて算出する地方法人税、法人住民税も標準税率を使用して合算で法人税率の17.3％を適用していますが、均等割、利子割は考慮していません。

【図表2-13】法人実効税率

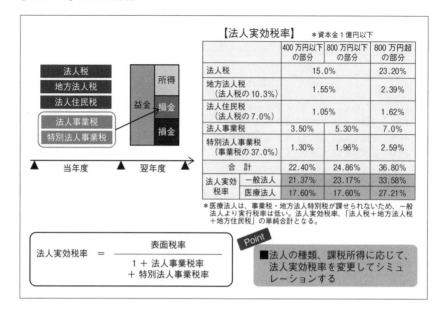

【法人実効税率】　＊資本金１億円以下

	400万円以下の部分	800万円以下の部分	800万円超の部分
法人税	15.0%		23.20%
地方法人税（法人税の10.3%）	1.55%		2.39%
法人住民税（法人税の7.0%）	1.05%		1.62%
法人事業税	3.50%	5.30%	7.0%
特別法人事業税（事業税の37.0%）	1.30%	1.96%	2.59%
合　計	22.40%	24.86%	36.80%
法人実効税率　一般法人	21.37%	23.17%	33.58%
法人実効税率　医療法人	17.60%	17.60%	27.21%

＊医療法人は、事業税・地方法人特別税が課せられないため、一般法人より実行税率は低い。法人実効税率、「法人税＋地方法人税＋地方住民税」の単純合計となる。

$$法人実効税率 = \frac{表面税率}{1 ＋ 法人事業税率 ＋ 特別法人事業税率}$$

Point

■法人の種類、課税所得に応じて、法人実効税率を変更してシミュレーションする

また、計算上は表面税率36.80%、法人実効税率33.58%となりますが、生命保険販売のシミュレーションでは34%を使うのが一般的です。

　法人実効税率は、損金・節税プランでは重要な考え方ですが、ある程度の割り切りを前提としていることは理解しておきましょう。

　法人実効税率は、相次いで引き下げられてきました。バブル時代の51%から46%、41%を経て現在は34%。

　再びX社の例で、法人実効税率引下げの影響を見てみましょう。

■F．法人実効税率引下げの影響①

　法人実効税率の引下げにより実質保険料が増加し、実質解約返戻率が低下してしまうことが分かります。場合によっては、実質返戻率が100%を割り込み、節税プランとならないケースもあります【図表2-14】。

法人実効税率　実質返戻率

41%の場合　　実質返戻率：104.12%

【図表2-14】法人実効税率引下げの影響

```
支払保険料　2,000×7年        14,000（a）（Ⅲ・Ⅳ）×7年
解約返戻金額              8,600（c）
【実質保険料】                         【実質返戻率】

  法人実効          実質保険料
  　税率

  51%  2,000×（1-51%）×7年＝6,860（b）（Ⅲ）×7年  8,600÷6,860  125.36%
  46%  2,000×（1-46%）×7年＝7,560         8,600÷7,560  113.76%
  41%  2,000×（1-41%）×7年＝8,260         8,600÷8,260  104.12%
  34%  2,000×（1-34%）×7年＝9,240         8,600÷9,240  [93.07%]
```

> 一般法人の法人実効税率　33.58%
> 医療法人の法人実効税率　27.21%

◆法人税率の引下げにより、生保による
　「課税の繰延べ効果」は大幅縮小。
◆「税効果」を強調した生保販売は意味を
　なさなくなってきた。

　　　　　　　実質保険料累計額：$2,000 \times (1-41\%) \times 7 = 8,260$

　　　　　　　解約返戻金額÷実質保険料累計額　$8,600 \div 8,260 =$
　　　　　　　104.12%

34%の場合　　実質返戻率：93.07%

　　　　　　　実質保険料累計額：$2,000 \times (1-34\%) \times 7 = 9,240$

　　　　　　　解約返戻金額÷実質保険料累計額　$8,600 \div 9,240 = 93.07\%$

　【図表2-12】で節税プランの保険設計書の実例を見ましたが、この例では実質返戻率が最高で103.8%、平均勇退年齢の70歳時点では99,1%と節税効果は消失しています。

　法人実効税率は34%でシミュレーションしていますが、課税所得が800万円以下の場合は法人実効税率は約23%に下がります。法人実効税率の低下→実質保険料の増加→実質返戻率の低下となりますから、本事例では実質返戻率は最高でも100%を下回り節税効果はないことになります。

■G．法人実効税率引下げの影響②

　【図表2-15】は、法人実効税率の推移表です。一般法人と医療法人について、課税所得別の推移を表しています。

　ここまでは法人実効税率を34％と仮置きしてきましたが、実際には法人の課税所得によって異なります。資本金１億円以下の普通法人では、2022（令和４）年３月１日現在、次の通りです【図表2-13】。

　・課税所得400万円以下の部分　　　　　　　　21.37％
　・課税所得400万円超から800万円までの部分　24.86％
　・課税所得800万円超の部分　　　　　　　　　33.58％

　中小企業では課税所得400万円以下の法人が大半を占めています。しかし、各生命保険会社の設計書（メリット表）は、いずれも課税所得800万円超の法人実効税率が適用されていました。

　課税所得800万円超の普通法人の場合、2012（平成24）年３月が契約日の場合、法人実効税率は40.87％ですが、現在は33.58％と、7.29ポイント低下しています。課税所得400万円以下でも、当時の設計書は

【図表2-15】法人実効税率の推移

普通法人

	2000 (H12年) 4月1日〜	2008 (H20年) 4月2日〜	2008 (H20年) 10月1日〜	2012 (H24年) 4月1日〜	2014 (H26年) 4月1日〜	2014 (H26年) 10月1日〜	2015 (H27年) 4月1日〜	2016 (H28年) 4月1日〜	2018 (H30年) 4月1日〜	2019 (R1年) 10月1日〜
〜400万	29.34	24.87	24.79	22.86	21.43		21.42			21.37
400万 〜800万	30.85	26.48	26.44	24.56	23.16		23.20			23.12
800万〜		40.87		38.37		36.05		34.33	33.59	33.58

医療法人

〜400万		25.81		19.10			17.60			
400万 〜800万		25.81		19.10			17.60			
800万〜		35.19		32.16		29.91		28.03		27.21

40.87％でシミュレーションされています。現在、課税所得400万円以下の法人実効税率は21.37％と19.5ポイント低く約半分の税率です。

　課税所得に応じた法人実効税率が適用されていない、契約以後の法人実効税率の低下を反映していない、この2点に注意して、過去の設計書（メリット表）を精査する必要があります。

　『PART1-2　中小企業が生命保険に加入する理由』『PART1-4　ニーズ別の必要保障額』では、詳細に解説していませんでしたが、必要保障額のシミュレーションにも影響があります。

　次は借入額3,000万円に対する全額損金の定期保険の必要保障額です。

　・課税所得400万円以下の法人

　　借入金×（1/1－0.2137）＝借入金×1.272

　　3,000万円×1.272＝3,816万円

　・課税所得800万円以上の法人

　　借入金×（1/1－0.3358）＝借入金×1.506

　　3,000万円×1.506＝4,518万円

　これも、実は正確とはいえません。

課税所得400万円以下	21.37％
課税所得400万円超から800万円の部分	23.17％
課税所得800万円超の部分	33.58％

一律33.58％を適用しているからです。ここまで細かくシミュレーションしても意味はありませんが、大きなくくりとして、対象企業に適用される法人実効税率には関心を持つ必要があります。

　では、法人実効税率の引下げで、節税プランとして成立していないことが分かった生命保険契約は、すぐに解約すべきなのでしょうか。詳細は、次の「含み資産話法」で解説します。

　損金話法のもう1つの盲点は、法人本来のリスクヘッジとしての生命保険に加入をしないままに、節税プランだけを繰り返して加入してきたケースです。

　節税プランとして最もよく利用されているのは逓増定期保険ですが、次のように2度にわたり課税強化が行われています。

　・1996（平成8）年　逓増定期の課税方法が確定（課法2-3）
　・2008（平成20）年　逓増定期の課税方法の改正（課法2-3、課審5-18）

　特に2008年の改正では、全額損金プランは実質排除され、2分の1損金タイプが販売の主力となっていますが、5～10年程度の短期間での節税商品として、積極的な提案が行われてきました。

　この場合、実質返戻率が最も高くなるのは契約後5～10年程度であり、ピークに達した時点で解約して新たに逓増定期保険、あるいは災害保障付定期保険などに入り直します。その後も同様に数年ごとに契約の乗換えを行うことになります。

　被保険者が乗換えを行った後に、生命保険へ加入できない疾患（がん、脳卒中など）に罹患した場合は、次の乗換えはできませんし、現契約の保険期間延長も当然に認められません。他に法人契約で生命保険に十分に加入していれば問題ありませんが、節税目的で加入したこの逓増定期保険しかないとすると、大きな問題が発生します。

　逓増定期保険特約付終身保険に加入し、実質返戻率がピークに達したときに払済（終身）保険に変更するという節税プランもありました。その際は「経理上は洗替えを一切する必要がない。一時払終身保険という資産価値のある（解約返戻金がある）保険種類に変更しても、資産計上処理は不要」という話法でしたが、2002（平成14）年、払済保険変更時の経理処理確定（法人税基本通達9-3-7の2）により、変更時の解約返戻金と資産計上額の差額を損益として洗替処理することになりました。

　税制改正のリスクは常にあります。契約者への説明を怠るのは言語道断ですが、中小企業の社長は、契約時の損金話法にのみ関心があります。提案にあたっては、「現時点の税制でベストと思われる提案をしていますが、今後の税制改正等があったときは、対応策について連絡します」

旨を伝えておく必要があるでしょう。

　節税プランへの加入は、経営者としてのリスクを十分カバーする生命保険契約に加入したうえで、最後に検討すべきです。

■決算直前に節税プランを提案することの是非

　法人税法132条１項は同族会社に関して規定したもので、ある同族会社が不当に法人税を減少させる行為をしていた場合、税務署長の判断でその同族会社に対して法人税を計算し直し、追徴課税することができるというものです（p87参照）。

　法務省によれば、同族会社は国内にある全企業の約95％に相当するそうです。決算月を聞き出し、当月末に高額の保険料を損金処理するという販売話法は、この法人税法132条１項を考えれば、極めて危ない提案ともいえます。

　法人の決算期は自由に決めることができますが、一般的には３月というイメージが強いようです。国税庁のホームページを見ると、３月が約21％、６、９、12月が約10％となっています。いわゆるＱ（クオーター）末で50％、その他で50％となっています。では、法人への生保提案のタイミングはいつがベストなのでしょうか。

　３月末決算企業に対して税理士は、９月末に中間決算を行い、11月頃にその結果を社長に報告します。社長はその結果を見ながら、年間の収益予想を年末から正月にかけて予測します。１～２月頃には、当該年度の決算概要がある程度分かるため、場合によっては決算対策として節税プランとしての生保契約に関心が向きます。生命保険会社のセールスパーソンや代理店は、それを見越して企業あるいは税理士に節税プランを提案してきました。

　決算期の２ヵ月前頃が、節税プラン提案のベストタイミングと言われた由縁です。

　損金話法で提案した契約を、企業が「決算期直前の提案かつ節税目的

である」と税務当局にポロリと言ってしまうと、提案した節税プランの損金処理が否認されることもあり得ます。既契約についての応酬話法は注意が必要です。

　節税プランの新規契約は実質的に封印されましたが、最高解約返戻率50～70％の定期保険等で、被保険者・他社通算で年換算保険料30万円以下の場合は、特例として全額損金算入が認められています。逓増定期保険などの受皿として積極的に販売推進している生命保険会社もあります。シミュレーションではギリギリ節税プランとなりますが、提案にあたっては十分な配慮が必要です。

　単年度利益を損金処理するだけでは実質返戻率が100％を超えることはありません。数年以上は契約を継続する必要がありますから、節税プランを渇望する中小企業はある程度限られると予測できます。損金話法による提案は、実はいつでも可能なはずです。経営者が節税プランを真剣に検討してくれる最後のタイミングが、決算直前であったに過ぎません。

　新規開拓で中小企業を訪問する際には、決算期などについても情報収集しつつ、既契約の保全アドバイスが効果的です。

3．含み資産話法による提案

（1）大きな保障と含み資産の確保

　p104の40歳男性の保険設計書は、バレンタインショック前に加入した
2分の1損金タイプの長期平準定期保険です。法人実効税率34％のシ
ミュレーションでは、実質返戻率がぎりぎり100％超となっており、か
ろうじて節税効果がある危うい契約です。

　競合するセールスパーソンがこの設計書（メリット表）を見たなら、
「ほとんど節税効果はありません、すぐにより節税効果の高い商品に切
り替えましょう」と言ってきたでしょう。

　節税効果ではなく課税の繰り延べに過ぎないとされた現在では、「よ
り解約返戻率の高い外貨建て終身保険、変額終身保険などに切り替えま
しょう」と言われるかもしれません。

　しかし、この商品は、見方を変えると解約せずこのまま継続しておき
たい契約であることが分かります。

　【図表2-16】は、p104の保険設計書を加工したものです。

　J含み益は、C解約返戻金からF資産計上額累計を差し引いた金額で
す。Fの資産計上額は貸借対照表（B/S）に記載される簿価で、C解約
返戻金は実際に解約した際に表に出てくる時価です。

　F資産計上額はB払込保険料累計の2分の1、50％ですが、30年後の
勇退退職時のD単純返戻率は82.2％となっており、その差32.2ポイント
が含み益となり、その金額がJ含み益2,354万8,000円です。銀行の積立
預金でこれだけの利息が付くでしょうか。

　70歳時点でのK掛捨保険料（月あたり）を見ると、3万6,039円です。
これは、「3.企業の成長に合わせた商品選択　(1)目的を明確にした契
約の提案　③成熟期・事業承継準備時期　p39参照」でも見ましたが、

【図表2-16】保険設計書（メリット表）・その2

①　　　　　↓保険料　↓前払保険料

経過年数	年齢	A 死亡保険金	B 払込保険料累計	C 解約返戻金	D 単純返戻率 C/B	E 損金算入額累計 B×1/2	F 資産計上額累計 B−E	G 軽減税額部分 E×34%	H 実質保険料 B−G	I 実質返戻率 C/H

②　比較

経過年数	年齢	A 死亡保険金	B 払込保険料累計	C 解約返戻金	D 単純返戻率 C/B	E 損金算入額累計 B×1/2	F 資産計上額累計 B−E	G 軽減税額部分 E×34%	H 実質保険料 B−G	I 実質返戻率 C/H
1	41	100,000,000	2,434,800	1,570,000	64.4	1,217,400	1,217,400	413,916	2,020,884	77.7
2	42	100,000,000	4,869,600	3,740,000	76.8	2,434,800	2,434,800	827,832	4,041,768	92.5
3	43	100,000,000	7,304,400	5,910,000	80.9	3,652,200	3,652,200	1,241,748	6,062,652	97.5
4	44	100,000,000	9,739,200	8,080,000	82.9	4,869,600	4,869,600	1,655,664	8,083,536	100.0
5	45	100,000,000	12,174,000	10,240,000	84.1	6,087,000	6,087,000	2,069,580	10,104,420	101.3
10	50	100,000,000	24,348,000	20,970,000	86.1	12,174,000	12,174,000	4,139,160	20,208,840	103.8
15	55	100,000,000	36,522,000	31,220,000	85.4	18,261,000	18,261,000	6,208,740	30,313,260	103.0
20	60	100,000,000	48,696,000	41,230,000	84.6	24,348,000	24,348,000	8,278,320	40,417,680	102.0
21	61	100,000,000	51,130,800	43,190,000	84.4	25,565,400	25,565,400	8,692,236	42,438,564	101.8
22	62	100,000,000	53,565,600	45,130,000	84.2	26,782,800	26,782,800	9,106,152	44,459,448	101.5
23	63	100,000,000	56,000,400	47,050,000	84.0	28,000,200	28,000,200	9,520,068	46,480,332	101.2
24	64	100,000,000	58,435,200	48,960,000	83.7	29,217,600	29,217,600	9,933,984	48,501,216	100.9
25	65	100,000,000	60,870,000	50,850,000	83.5	30,435,000	30,435,000	10,347,900	50,522,100	100.6
26	66	100,000,000	63,304,800	52,730,000	83.2	31,652,400	31,652,400	10,761,816	52,542,984	100.4
27	67	100,000,000	65,739,600	54,590,000	83.0	32,869,800	32,869,800	11,175,732	54,563,868	100.0
28	68	100,000,000	68,174,400	56,430,000	82.7	34,087,200	34,087,200	11,589,648	56,584,752	99.7
29	69	100,000,000	70,609,200	58,260,000	82.5	35,304,600	35,304,600	12,003,564	58,605,636	99.4
30	70	100,000,000	73,044,000	60,070,000	82.2	36,522,000	36,522,000	12,417,480	60,626,520	99.1
31	71	100,000,000	75,478,800	61,850,000	81.9	37,739,400	37,739,400	12,831,396	62,647,404	98.7
32	72	100,000,000	77,913,600	63,610,000	81.6	38,956,800	38,956,800	13,245,312	64,668,288	98.4
33	73	100,000,000	80,348,400	65,330,000	81.3	40,174,200	40,174,200	13,659,228	66,689,172	98.0
34	74	100,000,000	82,783,200	67,020,000	80.9	41,391,600	41,391,600	14,073,144	68,710,056	97.5
35	75	100,000,000	85,218,000	68,660,000	80.5	42,609,000	42,609,000	14,487,060	70,730,940	97.1
40	80	100,000,000	97,392,000	76,010,000	78.0	60,870,000	36,522,000	20,695,800	76,696,200	99.1
50	90	100,000,000	121,740,000	83,590,000	68.6	103,479,000	18,261,000	35,182,860	86,557,140	96.6
60	100	100,000,000	146,088,000	0	0.0	146,088,000	0	49,669,920	96,418,080	0.0

経過年数	年齢	J 含み益 C−F	K 掛捨保険料（月あたり）
1	41	352,600	72,067
2	42	1,305,200	47,067
3	43	2,257,800	38,733
4	44	3,210,400	34,567
5	45	4,153,000	32,233
10	50	8,796,000	28,150
15	55	12,959,000	29,456
20	60	16,882,000	31,108
21	61	17,624,600	31,511
22	62	18,347,200	31,953
23	63	19,049,800	32,429
24	64	19,742,400	32,900
25	65	20,415,000	33,400
26	66	21,077,600	33,894
27	67	21,720,200	34,412
28	68	22,342,800	34,954
29	69	22,955,400	35,486
30	70	23,548,000	36,039
31	71	24,110,600	36,637
32	72	24,653,200	37,249
33	73	25,155,800	37,925
34	74	25,628,400	38,635
35	75	26,051,000	39,424
40	80	39,488,000	44,546
50	90	65,329,000	63,583
60	100	0	202,900

10年定期を更新した場合よりも割安な保険料となっています。

　資産計上をいとうべきではないことは「３．企業の成長に合わせた商品選択　(3)資産計上商品の提案」の【p46 図表1-19】でも、預金との比較、全額損金と２分の１損金との比較で確認しました。

　この契約者が早期に、例えば契約１年目、支払保険料243万4,800円だけ支払った段階で死亡すれば、１億円の保険金が契約者である会社に支払われます。死亡事故もなく70歳で勇退退職を迎えたときには、6,007万円の解約返戻金があり、勇退退職金の原資として活用できます。

　節税効果の有無は当初から訴求せず、保障と貯蓄性のバランスが取れた商品として提案されたことが分かります。より高い貯蓄性、解約返戻率を求めて、外貨建て終身保険、変額保険など、ハイリスク商品に切り替える必要性はありません。

　経理処理を見てみましょう。含み資産話法は、実際の経理処理と全く同じ考え方です。

　70歳時点で解約した場合、解約返戻金6,007万円に対し、元本に相当する前払保険料3,652万2,000円との差額2,354万8,000円が雑収入となります。この金額は、J含み益の金額と同じです。節税プランで使用する実質保険料、実質返戻率などの用語は、生命保険業界が節税プランを売るための創作用語に過ぎません。

（２）損金話法とのメリット比較

　【図表2-17】は、損金・節税話法と含み資産話法、各々のメリットを比較したものです。

　節税プランでは、70歳解約時点でのメリットは解約返戻金と実質保険料との差額55万6,520円ですが、含み資産話法では、解約返戻金と資産計上額の差額2,354万8,000円となります。払込保険料累計から解約返戻金額を引いた1,297万4,000円が掛捨て保険料（保障コスト）で、月当たりにすると３万6,039円で１億円の保障を買ったことになります。

【図表2-17】損金・節税話法と含み資産話法のメリット

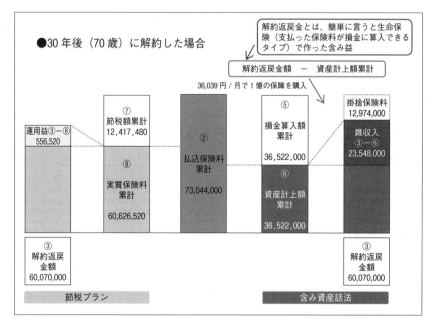

　含み資産話法の考え方は、節税プランが封印された現在でも、訴求力はあります。資産計上額・割合が増えたとしても、契約者である法人、社長は、特に解約返戻金額に注目します。資産計上額・割合が多い＝解約返戻金額が多いと説明すれば足ります。

（3）払済保険への変更

　経営状態によっては、保険料の支払いが厳しくなることもあります。契約者貸付、自動振替貸付、減額など様々な手法を駆使して、保障額の維持と支払保険料負担の軽減を行います。

　一つの手法として払済保険への移行があります。保険料の支払いをストップし、その時点の解約返戻金を一時払保険料に充当する方法です。払済保険は多くの生命保険会社では終身保険となりますが、大同生命、ソニー生命、オリックス生命、ＳＯＭＰＯひまわり生命、三井住友海上

あいおい生命などでは、定期保険のままです。定期保険となった場合は、同じ保険種類への移行のため、洗替えが不要となります。これは、バレンタインショック時の税制改正で新たに適用となりましたが、それ以前の既契約も対象となります（基本通達9-3-5の2）。

＊参照：『PART3-3 契約後のサポート』

　保険金額が少なくなった分は、保険料の割安な10年定期保険などで補完します。契約の際には、保険料水準、解約返戻率だけではなく、こうした契約以後の保全についても確認しておきましょう。

4．生命保険の提案と決算書

（1）決算書の入手と生保提案への活用

　決算書を見れば企業が加入している生命保険の種類が類推できるため、生保提案には大変有効です。税理士や会計士、金融機関の行職員以外が決算書を入手することは難しいと思われていますが、損保代理店の場合は、履行保証保険、履行ボンド、信用保険、経営事項審査（経審）などを提案時などに入手することも可能です。

　国や地方公共団体等が発注する公共工事等において、請負契約等を締結する場合、法令上契約保証金を納付する必要がありますが、国等の債権者を被保険者とする履行保証保険または公共工事履行保証保険を契約すれば、保証金の納付が免除されます。

　建設業者は、赤字決算を 2 期続けると公共工事の入札から外されることがあります。そのため決算には敏感で、生命保険を活用した利益の平準化や繰延べに関心が強く、決算書も比較的容易に見せてもらえます。

　ところが、売上高あるいは従業員数で簡易設計する商品が増えたため、決算書でも売上が記載された損益計算書（P/L）のみを入手している損保代理店も多くあります。可能な限り附属書類を含めて一式入手するようにしましょう。

　建設業者以外でも、必要保障額の正確な把握のために決算書が必要だと伝えると、簡単に見せてもらえることがあります。特に、経理担当の社長夫人などは、「過大な保険に加入しているのではないか」「当社は適切な種類の保険に加入しているのか」と普段から疑問に思っていることが多く、懇意になると生命保険契約書と併せて見せてくれます。

　業績の安定期に入った中小企業、事業承継を検討し始めた企業には、自社株式の評価、事業承継対策のコンサルティングサービスを提案する

ことで、決算書一式を預かることもできます。社内外のネットワークを確認しておきましょう。

決算書は、できれば3期分を見せてもらえるように依頼します。1期分だけでは正確な企業の財務状況が把握できません。金融機関が決算書を入手する場合も3期分を求めています。

ときには、損害保険の見直しを求められることもありますから、損害保険の基礎知識も最低限習得しておきたいものです。

（2）決算書における各種生命保険料の仕訳

一般的に、決算書は「財務3表」とも呼ばれる、貸借対照表（B/S）、損益計算書（P/L）、キャッシュフロー計算書（C/F）の3種類の書類を指します。

損益計算書と貸借対照表が決算書の中心となる書類です。キャッシュフロー計算書は、非上場の中小企業では作成されていないことが多く、より高度な経営管理をする場合に作成されます。また、決算書一式を預かれば簡易に作成することも可能です（p135参照）。

損益計算書は、1年間の収益を表したもので、貸借対照表は、決算期末日現在の財務状況を表しています。これらの決算書を見ることで、加入している生命保険種類を類推できます【p120〜121 図表2-18】。

生命保険の保険料は、商品種類によって、貸借対照表、損益計算書のいずれかに分類されますが、基本的な考え方は「会社を維持・管理するために必要な費用」であれば、損益計算書の「販売費および一般管理費」の中で「（生命）保険料」として経費処理されます。

保障機能に加えて解約返戻金が多く貯蓄機能（資産性）がある商品は、貸借対照表の固定資産のうち「投資その他資産」で「保険料積立金」あるいは「前払保険料」に仕訳されて資産計上します。

法人既契約の大半が該当するため、ここではバレンタインショック以前の契約について決算書との関係を見ておきましょう。

①定期保険・逓減定期保険・収入保障保険

　経営者を被保険者として生命保険に加入するのは、社長＝会社の信用であり、社長の死亡が企業経営に与える影響が大きいためです。

　10年定期保険の保険料は、全額が経費（損金）処理されます。自動車・火災保険の保険料が、「企業に損害が生じた場合、支払われた保険金によって、損失補填・賠償し企業経営を継続するための必要経費」として損金処理されるのと同様の考え方です。保障のみを買うわけですから、解約返戻金はないか、あってもごくわずかが前提となります。

②長期平準定期保険・逓増定期保険

　長期平準定期保険と逓増定期保険は定期保険の一種ですが、解約返戻金が大きく発生し、保障機能に加えて貯蓄機能（資産性）もあります。

　そのため保険料は、長期平準定期保険では2分の1を、逓増定期保険では2分の1〜4分の3を、「前払保険料」として貸借対照表に資産計上します。保障部分は「（生命）保険料」として損益計算書に仕訳し、"資産価値がある＝解約返戻金が発生する"貯蓄部分は貸借対照表に仕訳するという考え方です。

　損害保険では、保障部分と積立特約部分の保険料が明確になっていますが、生命保険では両者を峻別することができないため、概算で2分の1、3分の2、4分の3を資産計上するように規定されています。

　貸借対照表は、1年以内に現金化されるものを「流動資産」、1年以内に現金化されないものを「固定資産」とするため、前払保険料は、「固定資産＞投資その他資産＞その他＞前払保険料」として仕訳されます。いわゆる1年基準（ワン・イヤー・ルール）です。

③終身保険・養老保険

　養老保険は、満期に向けて解約返戻金が増加していくため、積立定期預金と似ています。終身保険は、商品構造が105歳満期の養老保険とほ

【図表2-18】 貸借対照表と損益計算書の見方

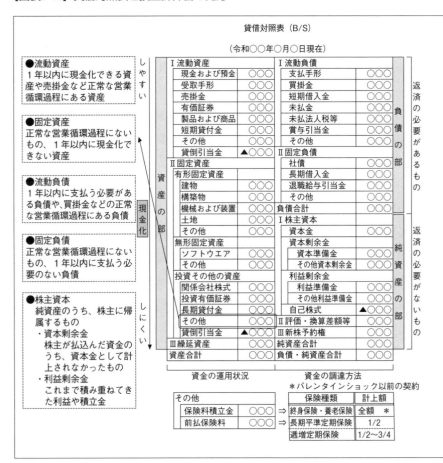

ぼ同様です。このため両者の保険料は、全額が「投資その他資産＞保険料積立金」として仕訳されます。

　預入期間が１年超の定期預金の場合は、「固定資産＞投資その他資産＞長期定期預金」として仕訳されます。勘定科目が「前払保険料」「保険料積立金」と「長期定期預金」の違いはあるものの、同じ固定資産、投資その他資産であることに変わりはありません。

　定期預金の時価は若干の利子が上乗せされるだけですが、前払保険料

損益計算書（P/L）
自　令和○○年○月○日
至　令和○○年○月○日

売上高	○○○
売上原価	○○○
売上純利益	○○○
販売費および一般管理費	○○○
営業利益	○○○
営業外収益	
受取利息	○○○
受取配当金	○○○
雑収入	○○○
営業外費用	
支払利息	○○○
手形譲渡損	○○○
雑支出	○○○
経常利益	○○○
特別利益	
固定資産売却益	○○○
投資有価証券売却益	○○○
前期損益修正益	○○○
特別損失	
固定資産売却損	○○○
減損損失	○○○
災害による損失	○○○
税引前当期純利益	○○○
法人税、住民税および事業税	○○○
法人税等調整額	○○○
当期純利益	○○○

●営業利益
企業が本業で上げた利益を示している

●販売費および一般管理費
従業員給与、生損保保険料など営業活動に必要な費用のうち、売上原価に該当しないもの

●経常利益
企業が経常的な活動で上げた利益を示している
・保険金，解約返戻金等を源泉とする雑収入雑損失が反映していることがある
⇒本来は、特別利益とすべきである

●税引前当期純利益
法人税等の計算基礎となる
節税には、この数値を小さくする
売上を落とせないため、費用（経費）を増やす＝保険料を増やすのが節税プランの基本

販売費および一般管理費	
福利厚生費	○○○
保険料	○○○

＊バレンタインショック以前の契約

保険種類	算入額
1/2TAX 養老保険	1/2
定期保険	全額
長期平準定期保険	1/2
逓増定期保険	1/2〜1/4

　の時価は、相当大きな含みが形成されています。銀行の預貯金を悪く評価する中小企業の社長はいません。預貯金以上の含みと死亡保障を担保する点を説明すれば、資産計上する「前払保険料」の価値は理解してもらえるはずです。

　「保険料積立金」も、契約当初から一定期間経過までは時価評価ではマイナスとなることがありますが、銀行貸付よりも低利である契約者貸付の原資となることなどを説明しその優位性を理解してもらいましょう。

④ハーフタックス養老保険

　従業員全員を被保険者とする「ハーフタックス養老保険」に加入した場合は、"例外的に"保険料の2分の1が「販売費および一般管理費＞福利厚生費」として、P/Lで経費処理することが認められています。

　税務的には、定期保険が「基本通達9-3-5（2）」で死亡保険金受取人が被保険者の遺族であり、特定の役員や社員の加入でなければ損金算入が容認されています。死亡保障がある養老保険の死亡保険金受取人を被保険者の遺族にした場合に一部損金を認めないと、ハーフタックス養老保険について規定する「基本通達9-3-4」との整合性が失われるためです。

　しかし、中小企業の社長に説明する際には「大手企業のように会社制度として各種福利厚生制度を設けることができないため、生命保険を活用しており、保険料の2分の1を福利厚生費で損金処理することが容認されている」と伝えても問題ないでしょう。

（3）決算書の成り立ち

　非上場企業の場合、決算に必要な書類は、貸借対照表、損益計算書、株主資本等変動計算書、個別注記表の4種類です。

　企業の営業活動と、各種決算書の作成過程は【図表2-19】のようになります。日々の営業活動に伴う資金移動は仕訳帳に記載され、総勘定元帳に転記されます。決算末日に総勘定元帳から残高試算表を作成し、貸借対照表と損益計算書に分解されます。

　簡単な例をあげてみます【p124　図表2-20】。

〈開業準備前〉

　蕎麦屋の開業を決意しましたが、元手となる現預金は500万円しかありません。両親に支援を仰ぐと、500万円出資してくれることになりました。

（自己資本1,000万円）

開業資金としては不足しますが、地元の信用金庫が500万円融資して
くれました。

（他人資本／将来返済が必要）

〈開業直前〉

食材、調理機器、食器、店舗の保証金などに1,000万円使いました。

（資本金と借入金で賄ったため現金は1,000万円減少）

〈1年間の営業〉

売上は2,400万円ありましたが、食材等の原材料費が1,200万円かかり
ました。

（売上純利益／粗利は1,200万円）

人件費などに800万円かかりました。

（営業利益／本業の利益は400万円）

蕎麦屋以外の事業は行っていないので、営業外の収益・損失はありま
せんでした。

【図表2-19】日々の営業活動と決算書

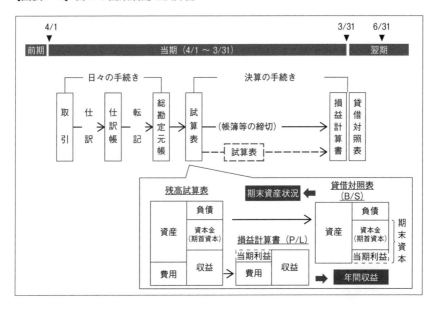

【図表2-20】決算書の作成方法

■開業準備前 （単位：万円）

（資産＝運用）		（負債＝調達）	
現金	500		
—	—	（資本＝調達）	
—	—	資本金	500
（資産合計）	500	（負債・資本合計）	500

→オーナーの預金

（資産＝運用）		（負債＝調達）	
現金	1,500	借入金	500
—	—	（資本＝調達）	
—	—	資本金	1,500
（資産合計）	1,500	（負債・資本合計）	1,500

→銀行からの借入れ

→オーナーの両親が500万円出資

■開業直前

（資産＝運用）		（負債＝調達）	
現金	500	借入金	500
食材等	400	—	—
調理機器	300	—	—
食器	100	（資本＝調達）	
保証金	200	資本金	1,000
（資産合計）	1,500	（負債・資本合計）	1,500

→資本金と借入金で開業に必要な食材、設備投資を行った
＊現金が減少

1年間の営業活動

■損益計算書（P/L）

売上高	2,400	
売上原価	1,200	→原材料（食材等）
売上純利益	1,200	⇒粗利
販売及び一般管理費	800	→人件費等
営業利益	400	⇒本業の利益
営業外収益	0	本業以外の
営業外費用	0	恒常的な損益
経常利益	400	⇒本業＋恒常的な利益の合計
特別利益	0	
特別損失	0	突発的な損益
税引前利益	400	
法人税等	80	
当期利益	320	

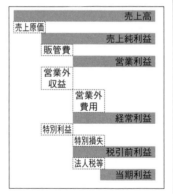

■貸借対照表（B/S）

（資産＝運用）		（負債＝調達）	
現金	820	借入金	500
食材等	100	—	—
調理機器	300	—	—
食器	100	（資本＝調達）	
保証金	500	資本金	1,000
		利益	320
（資産合計）	1,820	（負債・資本合計）	1,820

（経常利益は400万円）

台風による被害のような突発的な損失も保険金のような利益もありませんでした。

（税引前利益　400万円）

法人税等を80万円支払いました。

（当期利益　320万円）

当期利益は貸借対照表の自己資本に組み入れられました。

この一連の作業により、1年間の収益＝損益計算書と決算期末日現在の財務状況＝貸借対照表が明らかになります。

この内容を分かりやすくするために、各種附属書類が作成されます【p126　図表2-21】。

附属書類の中では勘定科目内訳明細書に注目します。これは、貸借対照表や損益計算書の主な勘定科目の明細が書かれた書類で、16種に分類されています。売掛金・借入金・保険料などの細かな内訳が分かります。

現実に勘定科目内訳明細書が入手できなくても社長にヒアリングしたい項目ですから、概要を整理しておきます。

勘定科目内訳明細書の項目では、以下のものに特に注目します。

（2）受取手形の内訳書

（3）売掛金の内訳書

（7）固定資産の内訳書

固定資産の内訳書では、生・損保契約では、保険会社、保険種類、資産計上・損金算入などが細かく記載されていることがあるので、必ず確認します。

保険料積立金、前払保険料は固定資産ですが、「（6）有価証券の内訳書」に記載されるミスも散見されますので、こちらにも目を通します。

（11）借入金及び支払利子の内訳書

借入金明細は、「どこの金融機関」から「いくら借りている」かが分かります。事業保障の生命保険を提案する際に必須の情報です。支払利

【図表2-21】 各種附属書類の内容とチェックポイント

貸借対照表 (B/S)	決算期末の財産状況を表す。 *生命保険契約では、勘定科目から加入している保険種類が類推できる。 ・保険積立金 … 終身保険、養老保険 ・前払保険料 … 長期平準定期保険、逓増定期保険
損益計算書 (P/L)	決算期間の損益計算の過程を表す。 *生命保険・損害保険契約では勘定科目「保険料」は販売一般管理費に分類される。 製造業、建設業、運送業、IT開発等の業種では、自動車保険、運送賠償保険、企業保険（業務災害補償保険など）の「保険料」は売上原価分類される。
株主資本等 変動計算書	一会計期間における貸借対照表の純資産の部の増減を表す書類。新株の発行や剰余金の配当など、変動の内訳が分かる。
個別注記表	決算書の注記事項を一覧にした書類。資産の評価基準や配当引当金の計上基準など、決算書の内容を補足する様々なことが分かる。
キャッシュ フロー計算 書(C/F)	一定期間のキャッシュ（現金および現金同等物）の流れを表す書類。営業活動・投資活動・財務活動ごとの収入・支出が分かる。
勘定科目内 訳明細書	貸借対照表や損益計算書の主な勘定科目の明細が書かれた書類で、16種に分類される。売掛金・借入金・保険料などの細かな内訳が分かる。 *生・損保契約では、保険会社、保険種類、資産計上・損金算入などが細かく記載されていることがあり、必ず確認する。 明細書で注目するのは、 （2）受取手形の内訳書 （3）売掛金の内訳書 （6）有価証券の内訳書 （7）固定資産の内訳書 （11）借入金及び支払利子の内訳書 （14）役員報酬及び人件費の内訳書 （15）地代家賃等の内訳書－工業所有権等の使用料の内訳書
製造原価 報告書	製造原価の内訳が書かれた書類。材料費、労務費、経費の内訳が分かる。
法人税 申告書	税務署に法人税を申告するために会社が提出する書類 ・別表1 … 申告書（法人税の計算過程） ・別表2 … 同族会社等の判定に関する明細書 ・別表4 … 所得の金額の計算に関する明細書 ・別表5（一） … 利益積立金額及び資本金等の額の計算に関する明細書 ・別表16（二） … 減価償却資産の償却額の計算に関する明細書

子額・借入利率が分かれば、金融機関からの評価なども類推できます。

借入金明細に、法人代表者等の個人からの「役員借入金」が載っている場合は注意します。当該借入金は代表者個人側から見れば「資産」です。相続発生時には当然「相続財産」となり、遺族は想定外の相続税支払が発生する恐れもあります（p30参照）。

(14) 役員報酬及び人件費の内訳書

役員報酬明細から、役員ごとの報酬をつかむことができます。

役員の懐具合を類推できる一方、資金繰りが厳しい会社は報酬を受け取っていない場合もあり、貸借対照表「未払金」等の勘定科目も併せてチェックします。

役員在職年数をヒアリングすれば、損金処理可能な役員退職金の上限額が計算可能です。退職金準備目的の生保を提案する際、必須の情報となります。

(15) 地代家賃等の内訳書−工業所有権等の使用料の内訳書

地代家賃等の情報、工業所有権等の使用料等の詳細を記載します。

個人事業として自宅で創業後に事業規模が拡大したため、社長名義の自宅敷地内に会社建物を建築し、会社は地代を社長に支払っています。この状態で社長が死亡すると、会社建物が建つ底地は相続財産に合算されます。法人でこの底地を買い取る準備をしておく必要があります（p31参照）。

キャッシュフロー計算書は、非上場の中小企業では作成されていないことが多いですが、代わって必ず作成しているのが「資金繰り表」、通称「金繰り表（かなぐりひょう）」です。決算書になく、毎月の資金の出入りを記載し、運転資金不足を防止するために作成しています。

金融機関から融資を受ける場合には、「資金繰り表」を指定されたフォームで作成し、決算書と一緒に提出します。

貸借対照表に保険料積立金、前払保険料などの勘定科目で相当の金額が記載されている場合は、社長にいくつかアドバイスができます。特に

「資金繰り表」で決算月に大きな保険料を年払いしている場合です。

前払保険料は、逓増定期保険、長期平準定期保険、災害保障期間付定期保険など、節税プランに加入した場合に計上されていますから、次のことをヒアリングしてアドバイスします。

・解約返戻率のピーク時期を把握しているか
・解約時には役員勇退金支払などの反対給付（見合い損金）を予定しているか
・反対給付がない場合は3決算期に分割して解約する手法を知っているか

長期平準定期保険などに加入していて、年払保険料支払が大きな負担であれば、次の項目をアドバイスします。

・月払いに保険料支払方法を変更する
・払済保険に変更し、不足する保障額を10年定期保険などで補填する

払済保険に変更しても、変更後の保険種類が同じ定期保険となる保険会社・商品であれば、洗替えは不要（経理処理不要）です。保険料負担も大きいが、相当金額の解約返戻金もまとまって出る契約の場合はいったん解約して、役員借入金の精算、運転資金への投入など、財務改善を図るアドバイスも喜ばれます。

こうした契約の保険料蓄積を「根雪」と呼びます。資金繰り表では、財務支出における「その他貯蓄性商品預入」に生命保険会社の名前を探します。

（4）企業会計と税務会計

企業会計（財務会計）と税務会計は異なるため、別途、法人税申告書が作成されます。

銀行から天下りした経理担当役員との会話で「利益に税金がかかります」と言った瞬間、ニヤリとされた経験はありませんか。利益ではなく、（課税）所得と言い表すべきというわけです。正確な用法は理解してお

く必要はありますが、経理に疎い、あるいは経理は奥様に専ら任せている職人気質の社長に対しては、利益に税金がかかると言った方が分かりやすいこともあるので、臨機応変に対応します。

　次ページの【図表2-22】は、企業会計と税務会計の用語を対比したものです。

　企業会計と税務会計での違いで注意を要するものを整理しておきましょう。

①減価償却

　減価償却とは、固定資産の取得にかかった費用の全額をその年の費用とせず、耐用年数（稼働期間）に応じて配分しその期に相当する金額を費用に計上します。例えば、工作機械を500万円で購入し、使用期間は5年を想定しています【図表2-23】。

〈企業会計〉

　会社からの出金は購入費500万円が購入した年度に出金（費用）となり、購入した工作機械は500万円の固定資産となります。

〈税務会計〉

　購入した工作機械は5年間使用するのなら、購入費用を稼働期間で按分し、毎年100万円を5年間損金算入します。一方で、工作機械は固定資産として仕訳されますが、経年劣化するので固定資産評価を100万円ずつ減額していきます。

　減価償却を行わない場合、工作機械など高額の資産を購入した年度のみ、多額の経費が計上されます。購入年度は費用負担が大きくなる一方、翌年以降の工作機械使用期間は利益のみが大きくなり、実態以上に多額の法人税を納付することになります。減価償却を行い、購入費用を数年に分けることで、償却までの期間における法人税の税額を平準化させることができます。

　減価償却される資産は、長期間使用され企業の利益に貢献します。減

【図表2-22】企業会計と税務会計の用語の比較

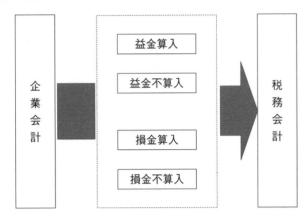

	財務会計	税務会計
収入	収益	益金
支出	費用	損金
残金	利益	所得

【図表2-23】減価償却の仕組み

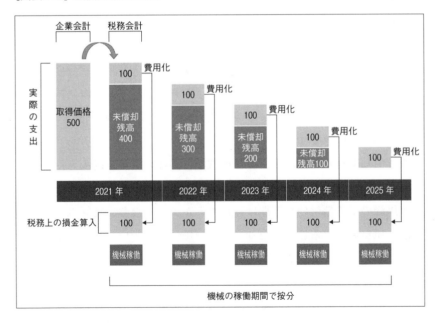

価償却を行い、費用を分割して計上することで、「資産を購入したことで、収益にどのような変化が表れたのか」を、実態に即して正確に把握することができます。

　減価償却を行うと、購入年の翌年度以降は経理上の利益は減りますが、実際に支出が発生するわけではありません。減価償却期間中は経費として毎年計上されますが、その分の現金が実際に減っているわけではないため、毎年費用計上した金額分が手元に残っていることになります。

　減価償却の計算方法には、大きく分けて「定額法」「定率法」の2種類があります。ここでは省略しますが、それぞれ細かな規定があります。

②益金不算入、損金算入

　益金の額＝「企業会計の収益」＋「益金算入額」－「益金不算入額」となります。「益金算入（加算項目）」は、企業会計上は収益になりませんが、税務会計上益金となるものです。これは具体的には次のようなものです。

　　・法人税額から控除する外国子会社の外国税額
　　・国庫補助金等にかかる特別勘定の取崩額等
　　・組織変更に伴う評価替え等による資産の評価益
　　・退職給与引当金等の引当金の取崩し額または目的外取崩し額

　「益金不算入（減算項目）」は、企業会計上は収益になりますが、税務会計上益金とならないものです。

　　・受取配当等
　　・資産の評価益（益金に算入される前記に該当するものを除く）
　　・還付金等
　　・合併差益金のうち被合併法人の利益積立金からなる部分

　損金の額＝「企業会計の費用・損失」＋「損金算入額」－「損金不算入額」となります。

　「損金算入（減算項目）」は、企業会計上費用になりませんが、税務会

計上損金となるものです。

　・国庫補助金等で取得した固定資産等の圧縮額

　・国庫補助金等にかかる特別勘定の金額

　・資産整理に伴う私財提供等があった場合の欠損金

　・収用・換地処分等の特別控除等

などがあります。

　「損金不算入（加算項目）」は、企業会計上費用になりますが、税務会計上損金とならないものです。

　・資産の評価損（災害等の一定の場合を除く）

　・過大な役員報酬、役員賞与、過大な役員退職金

　・寄附金の損金不算入額

　・法人税額等（法人税・住民税・罰金等）

　・減価償却費の償却超過額

　・貸倒引当金等の引当金の繰入超過額等

などです。

　特に過大な役員報酬、役員賞与、過大な役員退職金は、中小企業の社長や経理担当者は常々気にしています。役員報酬の増減は、役員報酬の通常の改定は期首から3ヵ月以内に決定する必要があり、3ヵ月経過後に改定すると、差額は損金不算入となります。

　役員退職金の支払額に制限はありませんが、多くの中小企業で「最終報酬月額×在任年数×功績倍率」で算出された金額を上限としているのは、この計算式で算出された金額を超えた場合、過大な退職金と税務署が判断しているからです。

（5）貸借対照表と損益計算書の分析

　決算書類等の全体像を概観してきたので、貸借対照表、損益計算書の分析ポイントを確認しておきましょう。決算書一式を中小企業から拝借した場合、次の2点をまず確認します。

・決算期は何月か

・何期目の決算か

　平家の栄光20年、中小企業も栄光衰退20年と言います。2011（平成23）年版の中小企業白書では、企業存続率（生存率）は、1年後が約97％、5年後が約82％、10年後が約70％、22年後には約50％まで低下しています。

　2006（平成18）年版の中小企業白書では"従業員数4人以下の製造業"の企業存続率が掲載されていますが、こちらは1年後が約73％、5年後で約42％、10年後で約26％です。20年を超える企業は、7〜10年ごとに訪れる不況を2度3度と乗り越えてきた強靭な会社といえるでしょう。

　次に勘定科目ごとに確認します。

①貸借対照表（B/S）

〈現金預金〉

　生命保険の保険料を継続的に支払うことが可能かどうかを確認できます。例えば、経常利益が2期増益で銀行融資残高が減少傾向、現金預金が増加傾向であれば、継続的な保険料の支払いは可能と推測できます。その逆の場合は、今後の支払いが厳しくなる可能性があり、既契約を含めた総点検を提案します。

〈保険料積立金・前払保険料〉

　どのような保険商品に加入しているかを確認できます。

　保険料積立金…終身保険（定期付終身保険の終身保険部分）、アカウント（アカウント型保険のアカウント部分）養老保険

　前払保険料　…逓増定期保険、長期平準定期保険など

　前払保険料がない場合は、生命保険で勇退退職金準備ができていないと推測できます。

〈短期借入金及び長期借入金〉

短期借入金及び長期借入金のメインは金融機関融資ですが、社長および社長夫人の連帯保証債務がセットになっています。社長の多くは、会社が借入金の返済ができなければ、連帯保証債務が相続人に相続されることを理解していません。直近3期分の借入金の推移を見て、銀行融資残高が増加傾向であれば、連帯保証債務対策などで既存の保障を見直し、借入金の一括返済のために短期定期保険の追加提案を行います。

p27で解説した重畳的債務引受契約の恐ろしさを、理解していただきましょう。

〈純資産合計〉

会社の実力を見る項目です。会社が創業してから直近までの資本金と利益の積み増しがここに表れています。事業承継における自社株の株価対策、役員退職慰労金準備など生命保険を提案するときに参考となります。

個人事業の期間を含めて、創業以来の経過年数で除することで、平均して毎年いくら利益を上げているのかを試算してみましょう。純資産額合計がマイナスの場合が債務超過です。企業としての存続が危ぶまれます。

金融機関が融資を行う場合、純資産額合計、営業利益、経常利益の3項目を特に重視しますが、真っ先に見るのがこの純資産額合計です。

②損益計算書（P/L）

表示されている数値で試算もしますが、12で除して1ヵ月あたりの数値を確認することが重要です。

〈売上高〉

売上高で確認する主な指標としては、次のとおりです。

ア）手元流動性比率

（現・預金＋短期所有目的の有価証券）÷月商

現・預金とすぐに使うことができる資産（おカネ）が、月商の何ヵ

月分あるかを見る指標です。

手元流動性が高いほど支払能力が高いことを示します。

中小企業では、安定経営の目安としては、1.5ヵ月以上となります。

イ）借入月商倍率

借入金÷（売上高÷12）

金融機関借入が月商の何ヵ月分あるのかを見る指標です。

金融機関借入の限度額の目安を判断する方法として知られています。

中小企業では3倍以内であれば安全、3～6倍だと追加保証人など

が必要で要注意段階、6倍以上は危険と判断され追加借入が困難と

されています。

ウ）売上高営業利益率

（営業利益÷売上高）×100

売上高に対して営業利益がどのくらいの割合かを見る指標です。

この数値が高いほど販売費及び一般管理費が膨らんでいないことを

表しています。

中小企業では0～5％が多いですが、3％以上が健全の目安、5～

10％は優良企業、10～15％は超優良企業に分類されます。

エ）売上高経常利益率

（経常利益÷売上高）×100

売上高に対して経常利益がどのくらいの割合かを見る指標です。ど

れだけ儲かったかを見るためのもので、損益計算書で収益性を見る

際に最も重視される指標です。

業種によって数値は大きく異なりますが、健全の目安は2％以上必

要とされます。不動産業、物品賃貸業などが7％以上と高く、製造

業で5％弱、卸業で2％前後、小売業で1.5％前後が平均的な数値

となっています。

〈減価償却費とキャッシュフロー〉

減価償却費とは、販売費及び一般管理費に計上される支出を伴わない

経費のことです。例えば、高額な事業用設備を購入した場合、その年にすべてを費用化しないで、何年かに分けて少しずつ費用に計上する会計的手続きです。

「売上－費用＝利益」の費用の中には減価償却費も含まれており、減価償却をすることにより過去の投資額を毎年少しずつ回収＝利益以外にキャッシュフローを得ていることになります。

商品の販売やサービスの提供など、会社が本業によって１年間に得たキャッシュ量を示したのが「営業キャッシュフロー」ですが、これを導き出すためには減価償却費が必要となってきます。

キャッシュフローには他に「投資キャッシュフロー」と「財務キャッシュフロー」の２つがありますが、「会社が自由に使えるお金」は「営業キャッシュフロー」に「投資キャッシュフロー」を加えた「フリー

【図表2-24】営業・投資・財務キャッシュフローとは

①営業キャッシュフロー　営業活動に伴う現金の出入り（増減）

　当期純利益
　± 減価償却費
　± 運転資本等の増減額
　± 固定資産売却損益・評価損益

②投資キャッシュフロー　投資とその回収による現金の出入り（増減）

　－ 固定資産の取得支出
　＋ 固定資産の売却収入

① ＋ ② ＝ フリーキャッシュフロー

③財務キャッシュフロー　資金調達に関わる現金の出入り（増減）

　± 借入金・社債の増減額
　± 増資・有償減資等
　－ 配当金の支払額

現金の増減額（ ① ＋ ② ＋ ③ ）

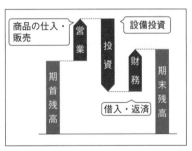

	営業 CF	投資 CF	財務 CF	
創業期	－	－	＋	企業の成長とCF
発展期	＋	－	＋	
転換期	±	±	±	
成熟期	＋	－	±	
事業縮小期	－	＋	±	
返済窮地期	－	＋	－	
経営破綻前	－	－	－	

キャッシュフロー」です【図表2-24】。

「営業キャッシュフロー」は、継続的に保険料を支払うことができるかをチェックするのに必要です。目安としては、長期借入金の１年間の元金返済合計額以上なら継続支払いが可能といえます。

営業キャッシュフロー＝税引前当期純利益＋減価償却費－法人税等（正確な算出）

≒経常利益　＋減価償却費－法人税等（特別損益がゼロの場合）

≒当期純利益＋減価償却費（概算推計）

このようにザックリ算出してみましょう。

〈支払保険料〉

掛捨てタイプで満期保険金のない保険の保険料は、販売費及び一般管理費に計上されています。支払保険料が企業規模に比べて不相当に多額であれば、必要保障額を確認して保険見直しにつなげます。

保険料という勘定科目が製造原価にも表示されていることがあります。『製造原価＝材料費＋労務費＋経費』で構成されています。

労務費は、給与・賃金、賞与、退職金、法定福利費などです。経費は、材料費・労務費に含まれない部分の費用で、減価償却費、光熱費、修繕費、固定資産税、保険料、消耗品、通信費、出張旅費、賃借料、運送費などです。経費のうちの保険料は、火災保険、労災上乗せ保険の保険料が該当します。

詳細に、生命保険料、損害保険料あるいは火災保険料などと細かく記載せず、保険料として仕訳しているケースもあるので注意を要します。

〈営業利益〉

本業の儲けを表していますが、２期連続で赤字のような場合、税負担軽減、いわゆる節税目的で生命保険に加入した場合は、保険の見直しが必要です。根雪になっている契約を解約し、財務体質を強化する提案をします。

〈支払利息〉

損益計算書しか入手できない場合（損保の契約で売上高の確認として入手した場合など）に、支払利息の金額から金融機関融資残高を把握することができます。仮に平均金利を1.2％として計算すれば、仮設の金融機関融資残高が算出可能となります。

例）支払利息60万円÷平均金利1.2％＝5,000万円（推計した金融機関融資残高）

〈経常利益〉

会社の総合力が表れる項目です。本業での利益と本業ではないが恒常的に上がる利益（製造業が遊休土地に賃貸マンションを建設し家賃収入を得ているなど）を合算したものです。

【図表2-25】流動比率による財務状況の判断

■優良企業	■標準的企業	■不健全企業	■経営悪化企業	■債務超過企業
・流動資産＞流動負債 ＊短期支払能力が高い ・自己資本比率が高い ・固定資産≦自己資本	・流動資産＞流動負債 ＊短期支払能力が高い ・固定資産≦固定負債＋自己資本 ＊返済能力が高い	・流動資産＜流動負債 ＊短期支払能力に問題がある ・固定資産の一部を流動負債で賄う ＊資金繰りに注意	・流動資産＜流動負債 ・剰余金が枯渇 ＊短期支払能力に問題がある ＊資金繰り破綻に注意 ＊企業の安全度は低い	・流動ギャップが大きい ・資本が棄損し債務超過
■損金（課税繰延）提案 ■資産計上商品提案	■損金（課税繰延）提案 ■資産計上商品提案	■資産計上商品の解約	■10年定期への切替	■10年定期 ■生保提案困難

　経常利益が黒字になっていると決算対策として節税プランを提案することが多かったのですが、経常利益が黒字でも営業利益が赤字の場合、本業の赤字を営業外収益で補填していることになります。この場合は、本業が不振ですから、過剰な生命保険契約は解約のリスクがあります。

　２期以上赤字で貸借対照表上の保険積立金や前払保険料の残高が多く保険料負担が大きい会社は、保険の見直しニーズがあります。

　単純解約だけではなく、長期平準定期保険であれば払済保険への移行で定期保険のままの生命保険会社・商品であれば洗替えが不要ですから、単純に保険料負担を軽減したい場合には活用します。解約以外の保全についても、アドバイスができると喜ばれます。

　決算書を見て、あといくら程度が生命保険料に回せるか気になるところです。減価償却費、営業キャッシュフロー、そして経常利益が判断のポイントになります。

　ある金融機関の別働体では、「減価償却費＋経常利益の２分の１」が上限の目安としていました。金融機関への借入金返済が滞らなければよいという判断からでしょう。

　中小企業の実情を知り尽くした法人生保に強い税理士は、経常利益を３分割し、保険料、法人税、手元に残す現金と明快でした。指標として参考にしましょう。

　中小法人の財務状況をシンプルに判断する方法として、流動比率（流動資産÷流動負債）を確認します【図表2-25】。

■優良企業

　流動資産＞流動負債　　固定資産≧固定負債

　短期支払能力が高く、自己資本比率も高くなっています。節税プランを最も求めていた企業群ですが、資産計上商品への投資・加入もいといません。従業員の福利厚生など幅広い提案が可能です。

■標準的企業

　流動資産＞流動負債　　固定資産≦固定負債＋自己資本

短期返済能力が高い企業です。役員の勇退退職金準備をメインに提案します。

■不健全企業

流動資産＜流動負債

短期支払能力に問題があることが多い企業です。資金繰りに腐心していることも多いので、年払い契約を月払いに変更し負担軽減する、資金繰り表にある根雪を溶かし、財務改善を手伝います。

■経営悪化企業

流動資産＜流動負債　剰余金が枯渇

資金繰りが苦しく、融資返済も遅延していることが多い企業です。既契約の根本的な見直しを実施し、可能な限り保険料負担を軽減する提案をします。

■債務超過企業

既契約の根本的な見直しを実施しますが、新規加入が難しい企業がほとんどです。

5．金融機関の決算書の見方

（1）実態決算書の作成

　金融機関が決算書を見る観点は、融資が可能か、言い換えれば融資した資金が回収できるかどうかです。そのため、先に解説した一般的な経営分析として決算書を見るのとは異なった視点、指標を重視します。

　貸借対照表では、資産の洗い出しを行います。「収益を生まない資産＝不良資産」として除外する他、見映えを良くする化粧を落とした「実態決算書」に作成し直し、融資可能か否かを判断します。

　実際の融資では次の各項目を確認していきます。

- ・「現金及び預金」科目と実際の預金残高に乖離がないか。ある場合は、その理由に妥当性があるか
- ・「売掛金」が多いが（通常は2〜3ヵ月）、回収不能となっていないか（不良債権化していないか）
- ・商品残高が過大で利益率も高すぎないか
- ・仮払金の未精算が多すぎるが使途不明金が相当額混入していないか
- ・貸付金が多すぎるが社長への貸付金として私用されていないか
- ・土地は使用価値があるか

　ちなみに、貸借対照表に固定資産を時価でなく帳簿価格（取得原価）で記載するのは、時価と帳簿価格とに差額である含み益は「評価益」であり、その資産を売却しない限り資金の伴った現実の利益として実現していないためです。

- ・事業に必要な資産を導入してムダなく稼働されているか
- ・「役員貸付金」があるか

　社長などの経営陣が会社の資金を流用していないか、本来は赤字決算だが粉飾するために役員貸付金として処理していないか、領収書を出せ

ないリベートを経営者個人が支払った形にして、実際は会社から出していないか、などを懸念します。

役員報酬から返済する、個人で借り入れて会社に返済する、貸倒処理する、債権を放棄しその金額を役員賞与とする、退職して退職金と相殺するなどの対応があります。会社が計上する貸倒損失は損金不算入となりますから注意します。

決算書を見栄え良くする化粧のなかで生命保険に関するものには、前払保険料、保険料積立金を流動資産に移し替える方法があります。固定資産の比率を下げたいのでしょうが、毎日決算書を見ている金融機関担当者の目をごまかすことはできません。

■金融機関の融資と決算書

中小企業では、日々の運転資金や設備投資資金を金融機関から借りることで、事業の拡大を図ります。"融資は人にするもの"ですが、担保至上主義が横行し、社長の人となりや経営計画を見ずに、担保である土地価格の上昇を見込んで融資したのがバブル融資です。

人に融資するのは基本ですが、やはり返済能力や経営計画はしっかり確認したうえで融資は実行されます。

金融機関は融資にあたって「信用格付け」「稟議」「融資実行」「事後モニタリング」の4つのステップを設定するのが一般的です。

このうち、信用格付けとは、「実態決算書」の数値をベースに、スコアリングシートによる『定量分析』をまず行います【図表2-26】。安全性、収益性、成長性、返済能力について13項目を点数化し返済能力を検証します。このスコアリングを基に、1～10までに格付けを行いますが、メガバンクでは14ランクに細分化しているようです。

これに加えて、市場動向、競合状態、経営者の資質などを加味した『定性分析』（事業性評価）により、格付けの見直し（ランクアップ）を実施し稟議書をまとめます。

【図表2-26】スコアリングシートによる定性分析

1. 定量分析（スコアリングシート）

		計算式	配点	配点計	割合
安全性	自己資本比率	純資産合計額 ÷ 総資本	10	34	26.4%
	ギヤリング比率	負債合計額 ÷ 純資産合計額	10		
	流動比率	流動資産 ÷ 流動負債	7		
	固定長期適合率	固定資産 ÷（固定負債 ＋ 純資産合計額）	7		
収益性	売上高経常利益率	経常利益 ÷ 売上高	5	15	11.6%
	総資本経常利益率（ROA）	経常利益 ÷ 総資本	5		
	当期利益推移（収益フロー）	直近3年間の税引前当期利益の状況	5		
成長性	経常利益増加率	（当期計上利益額 － 前期経常利益額）÷ 前期経常利益額	5	25	19.4%
	自己資本額	純資産合計額	15		
	売上高	－	5		
返済能力	債務償却年数	（短期・長期融資残高 － 所要運転資金）÷（減価償却費 ＋経常利益 － 法人税等）	20	55	42.6%
	インタレスト・カバレッジ・レシオ	（営業利益 ＋ 受取利息 ＋ 受取配当金）÷（支払利息 ＋ 支払配当金）	15		
	償却前営業利益（キャッシュフロー）	減価償却費 ＋ 営業利益	20		
	合計			129	129	100%

基本評価

信用格付け

合計点	格付	債務者（リスク）区分		割合	融資
116〜	1	リスクなし	正常先	75%	プロパー
103〜115	2	ほとんどリスクなし			
82〜102	3	リスク些少			
65〜81	4	リスクはあるが良好水準			
52〜64	5	リスクはあるが平均的水準			保証協会
32〜51	6	リスクはやや高いが許容範囲			
27〜32	7	リスク高く管理徹底	要注意先	10%	
19〜26	8	債務不履行 or 重大な危険性	要管理先	10%	不可
12〜18	9	債務不履行、解消の目途なし	破綻懸念先	5%	
〜11	10	回収の見込みなし	実質破綻先・破綻先		

2. 定性分析（事業性評価）

◇決算書に現れない要素のスコアリング

	項目	配点
①	市場動向	10
②	景気感応度	3
③	市場規模	4
④	競合状態	7
⑤	業歴	5
⑥	経営者・経営方針	10
⑦	株主	5
⑧	従業員のモラル	3
⑨	営業基盤	10
⑩	競争力	7
⑪	シェア	7
	合計	71

プラス評価ランクアップ

3. 実態評価

◇潜在的な返済能力計測

	項目
①	経営者個人資産
②	他行支援
③	返済状況実態

・メガバンクは定性評価のみ
・地方銀行の10%、信用金庫の20%が定性分析を加味
・潜在返済能力はケースバイケース

この事業性評価は、メガバンクでは定量分析のみ行っているようです。金融庁の方針・指導もあり、地方銀行、信用金庫、信用組合では８割が実施しています。場合によっては、『実態評価』として経営者の個人資産などを加味した潜在的返済能力を考慮して、最終的な格付けを行います。

　格付けに基づき、プロパー融資が可能か信用保証協会の保証が必要か、融資を実行するかしないかなどが決まります。

　融資の８割は決算書の数値で決まると言われています。そのため、金融機関は厳格な基準で作り直した実態決算書を基に信用格付けを行っています。

　決算書は最低３期分を分析し、単年度の特異要素を排除するとともに、トレンドを確認します。

　例えば、生命保険金が支払われた場合、特別収益としますが、企業によっては営業外収益として計上し、経常利益をかさ上げすることもあります。保険金が本業以外の恒常的な収益でないことは明らかですが、決算書の化粧として利用されたわけです。

　税務署は、納税が適正に行われていれば特段問題視することはありません。しかし、融資を実行する金融機関からすれば、最も重視する経常利益の数値操作、トレンドを歪める不適な操作と映ります。３年連続での保険金受取りなどは想定できないように、３年分の決算書を集めることで正確な分析を行います。

　融資先の格付けですから、返済能力を中心にチェックしています。返済能力で55点、安全性で34点と、この２つで129点のうち89点と、約７割の配点となっています。返済能力では、債務償却年数、債務償却前利益（キャッシュフロー額）の配点が特に高くなっています。

　債務償却年数とは、借入金を利益で完済するのに何年かかるかを見ます。債務償却年数は、10年以内であれば正常先となりますが、これを超えると要注意先となります。

　計算式を見て分かるように、税引後利益を減少させるような節税プランに加入した場合、キャッシュリッチな企業、借入れの不要な企業は別ですが、新たな融資を受けにくくなります。かつて問題になった"貸しはがし"も破綻懸念先、要注意先からはがされてきました。

　中小企業は、金融機関との有効な関係を維持し、利益を上げ業容の拡大を図ることが重要です。

（2）決算書の主な指標

　ここで主な指標について見ておきましょう。一部は一般的な決算書分析と重複しますが、融資金の返済可能性を見極める観点で分析していることを確認しましょう。

①安全性

　■自己資本比率＝純資産÷総資産

　自己資本比率が低く、資産の価格低下や金利上昇に弱い企業体質となっていないかを見ます。

　■ギアリング比率＝有利子負債÷純資産

　自己資本に対する有利子負債の比率で、自己資本（純資産）に対して何倍の借入れをしているかを見ます。

　■流動比率＝流動性資産÷流動性負債

　流動負債に対する流動資産の割合で、短期の支払能力を見ます。流動資産の中には、不良在庫や回収不能な売掛金も含まれることもあり、流動資産の精査が行われます。加えて、当座比率を参照することもあります。

　■固定長期適合率＝固定資産÷（固定負債＋純資産合計額）

　固定資産を長期の固定負債と純資産で、どのくらい賄っているかを見ます。固定長期適合率が100％を超えている場合は、短期の流動負債を加えてようやく賄っていることになり、資金繰りが厳しい会社と判断さ

れます。

"過大な"資産計上も、長期固定適合率の上昇を招くため融資格付け
を悪化させます。

生命保険契約も敵視されることがあります。実態決算書の作成では、
保険料積立金、前払保険料を注目することはありません。貯蓄性生命保
険への加入が多い場合は、固定長期適合率の数値をアップさせることに
なります。

某地方銀行の担当者から、前払保険料が高額で固定長期適合率が上昇
している、引き下げる方法はないかと相談を受けたことがあります。前
払保険料は逓増定期保険、長期平準定期保険などの支払保険料のうち、
資産計上するものであること、この数値（簿価）よりも解約返戻金（時
価）の方が大きいこと、契約者貸付も可能で、契約者貸付と解約した場
合の返戻金は３営業日以内に着金することから、流動資産と実態は何ら
変わらないので、その旨稟議書に記載したらどうかとアドバイスしたこ
とがあります。

②収益性

■売上高経常利益率＝経常利益÷売上高

売上高に対する経常利益の割合を見ることで、企業の財務活動を含め
た収益性を確認します。

■総資本経常利益率（ＲＯＡ）＝経常利益÷総資本

総資本に対して、どれだけの経常利益を稼いだかを確認し、経営効率
を見ます。上場企業では特に重視されますが、中小企業でも経営効率指
標として重視します。

■当期利益の推移＝直近３年間の税引前当期利益の状況

直近３年分の税引前利益が継続して黒字であるかどうかを見ます。２
期連続で赤字は、抜本的な経営、財務改革が求められ、融資が実行され
る可能性は極めて低くなります。

③成長性

■経常利益増加率＝（当期経常利益−前期経常利益）÷前期経常利益

当期の経常利益が前期に比べてどれだけ増えたかを見ます。

■自己資本額

■売上高

④返済能力

■債務償却年数＝（短期・長期融資残高−所要運転資金）÷（減価償却費＋経常利益−法人税等）

営業キャッシュフロー（減価償却費＋経常利益−法人税等）は、借入金の元本の返済原資に充てることができる金額です。この営業キャッシュフローで有利子負債（短期・長期融資残高−所要運転資金）を返却するとして、何年かかるかを計算します。

通常は10年以内、旅館、ホテル業、不動産賃貸業では30年が正常先の目途となります。10年超〜20年では要注意先、30年超では破綻先、実質破綻先、破綻先に債務区分されます。

■インタレスト・カバレッジ・レシオ＝（営業利益＋受取利息＋配当金）÷（支払利息＋支払配当金）

金利支払前の利益（営業利益＋受取利息＋配当金）が、支払利息・割引料の何倍あるかを見ます。倍数が高いほど高得点で、１を切ると営業利益で利息も払えない状況にあります。

■債務償却前営業利益＝減価償却費＋営業利益

キャッシュフローです。

6．企業データを活用した生保提案

（1）企業データからの提案方針の立案

　中小企業に対する生保提案の成約率を高めるためには、業種による特徴、企業の成熟度、経営者などについて事前に企業データを収集・分析する必要があります。生命保険会社の多くは、帝国データバンクなどと提携して得たデータに各社独自の情報を加味したものを、社員に提供しています。ターゲットとする企業のデータを担当者に依頼しましょう。

　データの提供を受けられない場合は、インターネットの「日経テレコン」を活用します。有料ですが、帝国データバンクと東京商工リサーチのデータが自由に取り出せます【図表2-27】。

■業種の特性や業況について確認・分析

　企業データを生保販売の観点から見てみましょう。

　まず、業種の特徴をチェックします。製造業・流通業では、本社や工場の土地が社長一族の個人所有となっているケースが多いようです。

　会社所有の建物が建つ社長個人所有の土地「底地」は、相続財産に合算されますが、会社所有の建物が建つため、第三者への売却は困難です。会社が底地を買い取ることで相続人は納税資金を確保できますが、会社にその資金があるか否かが大きな問題となります。

　相続が発生した場合は、遺産分割に問題が生じること、会社から入る地代により見かけ以上に裕福な社長が多いことから、相続税納税資金対策、遺産分割対策（特に自社株・不動産分割に代わる代償分割、底地の買取り資金確保）を念頭に入れて、法人と個人双方で生命保険の活用を検討します。

　サービス業、特にコンピュータソフト開発業は、会社資産が乏しいこ

【図表2-27】帝国データバンクと東京商工リサーチの比較

	帝国データバンク	東京商工リサーチ	備　考
収録件数	約102万社	約66万社	・調査企業数は少ないが、東京商工リサーチの方がデータが詳しい
商号	商業登記簿記載の社名	同左	
所在地	実質本社所在地	同左	
代表者氏名	代表取締役社長	同左	
コード	帝国データバンクの独自コード	東京商工リサーチの独自コード	
会社種別	上場・非上場の別（店頭は非上場扱）	上場・非上場の別	
設立年月	・法人成りした年月日 ・創業社長の役員勇退退職金算定時の在任年数はこの年を起算とする	同左	
創業年			・個人事業として創業した年
業種名	日本標準産業分類に準拠		
資本金	個人企業は記載なし	商業登記簿記載の金額。有限会社は出資金、個人企業は元入金	
従業員数	役員・家族従業員は除くパート・アルバイトを含んでいる場合もある	正社員のみ	・正社員が10名以上いれば、総合福祉団体定期に加入していることが多い。 シェアインすれば全従業員の生年月日が分かる
（大）株主	上位5位まで収録	持ち株数（比率）上位10位まで収録	・同族企業か否かを確認する ・同族株主に亡き創業者夫人がいれば相続・事業承継に腐心した可能性が高い
役員	商業登記簿記載の役員	同左	
事業所・工場	事業所数	所在地を文章として記入	
取引銀行	1番目がメイン銀行、以下順不同	同左	
業績	2期分の売上高、利益、配当、資本構成	5期分の売上高、利益、配当、売上高、利益伸長率を表示 利益部分の＊は税込み利益を意味する	・配当金等が「0」の場合、本当に配当していないのか、データがないのかを確認する ・配当は額面に対する％で表示
（法人）申告所得	2期分を表示	税務署が公示した年間所得金額が4000万円以上の企業の所得金額を3期分表示	・4000万円以上は所轄税務署が公示 ・利益の上がっている下請企業は4000万円未満に収めるべく損金作りに奔走しているケースもある
順位	業種別の売上高、法人申告の全国と県内のランキング	同左	

（次ページに続く）

| 評点 | 帝国データバンクが企業を総合評価。営利企業のみを対象とする。
構成要素……
業歴（5点）、資本構成（12点）、規模（19点）、損益（10点）、資金概況（20点）、代表者（15点）、企業活力（19点）

86～100点　A（優良）
66～ 85点　B（やや優良）
51～ 65点　C（普通）
36～ 50点　D
35点以下　　E

50点以下は＊での表示もある | 東京商工リサーチが企業を総合評価し点数化する。
構成要素……
経営能力（20点）、成長性（25点）、安定性（45点）、社会性・信用性（10点）

80～100点　警戒不要
　（1万社もない）
65～79点　　無難
　（収録企業の70～80%）
50～64点　　多少注意
　（収録企業の10%程度）
49点以下　　一応警戒
　（5％程度）

49点以下は＊での表示もある | |
| 更新タイミング | マスターデータは毎月
個別企業は年1回 | 同左 | |

とから、社長の個人資産担保が当たり前となっています。会社が倒産すると担保として提供した自宅を失うことから、事業保障とともに会社資産（含み資産）の形成についても言及しておくとよいでしょう。

　企業業績についても把握しておきます。好業績を続けている企業であれば、資金運用、利益の平準化、福利厚生制度の充実、事業承継の観点から、総合的な保障見直しを提案します。損金・節税プラン（逓増定期保険、災害保障期間付定期保険、生活障害保険、重度疾病保障定期保険など）に加入している場合には、実質返戻率がピークに達した場合の対応策を提案します。

　業績不振が続く企業であれば、コスト削減が喫緊の課題ですから、保険の見直し、借入金の返済原資としての生命保険の活用を提案します。赤字だから生命保険に加入する余裕がないのではなく、「業績不振だからこそ生命保険に加入しておく必要がある」ことを理解してもらいます。

　飛び込みや馴染み訪問ではなかなか情報を得られなくても、こうした企業データを活用すれば、当該企業に対する大まかな提案方針が立てや

すくなります。

（2）企業データの分析方法

「日経テレコン」から抽出した企業データ例をもとに、各項目のポイントを見てみましょう【p153 図表2-28】。

〈会社所在地〉

　会社所在地が都心部にあり、設立日が古ければ簿価は低いため、自社株の評価額が額面の30～50倍となる場合もあります。二代目社長などで事業承継を経験していると、株価算定にも関心がありますので、タイミングを捉えてヒアリングしてみます。顧問税理士に簡易算定を依頼すれば、2～3日以内に算定株価は教えてもらえます。

〈設立・創業〉

　個人事業として営業を始めたのが「創業」で、法人成りしたのが「設立」です。創業社長であれば、役員勇退退職金の適正額算定（最終報酬月額×在任年数×功績倍率）における在任年数はこの設立年を起算にします。代表者プロフィールで生年月日が分かるので最初から具体的な勇退退職金準備の提案書を持参でき、パンフレットのモデルケースより説得力があります。

〈従業員数〉

　帝国データバンクでは、パート・アルバイトを含む場合もある点に注意します。東京商工リサーチでは正社員のみの人数が表示されます。正社員が10人以上いれば、総合福祉団体定期保険に加入していることが多い点に注目します。従業員数100人以下の企業での導入率は約50％といわれています。

　総合福祉団体定期保険の更改時に、たとえ10％でもシェアインすれば、幹事会社から全従業員の生年月日を表示した被保険者一覧が送付されてきます。このデータがあれば、医療保険などの職域一斉募集用にプレプリントした申込書の作成なども可能になります。

職域団体が設置できれば（10人から可能）、給与天引で保険料が収納できるため、解約・失効率が大幅に低下します。20人以上となれば「団体Ａ料率」となり、保険料も５％程度割引となります。職域団体であれば、保険料を代行収納してくれる企業に対しては、集金事務費として保険料の３％程度を支払うことも可能です。

〈株主〉

　社長自身が高齢であれば、相続・事業承継対策が喫緊の課題となっています。二代目社長などであれば先代社長夫人（社長の母親）が大株主に入っていないかもチェックしておきます。

　発行株式数に比べて株主が多い場合は、創業時の役職員等が株主となっている、一族の叔父や叔母などが株主となっている、などが想定されます。事業承継対策の一環として、株式の買取りなどを早めに検討しておきます。

〈役員〉

　同族以外の役員が就任している場合には、創業時のメンバーあるいは重要取引先・大株主企業からの天下りなどが考えられます。勇退退職金の準備が万全かを確認しましょう。短期間で資金準備をする必要があれば、逓増定期保険の活用を検討します。

　社長の兄弟姉妹が役員に就任している場合も、相当額の勇退退職金の支払いを覚悟しておく必要があります。

　若い後継者が役員に名を連ねている場合には、長期平準定期を無条件に勧めます。被保険者の年齢が30歳代であれば、単純返戻率が100％を超える生命保険会社が多くなります。シミュレーションを見せるだけで、先方から積極的に加入を申し出てきます。

〈取引銀行〉

　最初に記載されているのがメインバンクで、以後は順不同で記載されています。地方銀行が記載されている場合は、創業者の出身地または事業所があるためです。第二地方銀行、信用金庫が記載されている場合は、

【図表2-28】日経テレコンの企業データの見方

近代薬品工業（株）

〒165-0026 東京都中野区新井 2-10-11

代表者　近代　嘉彦

> 会社所在地が都心部にあり、設立日が古ければ薄価は低いため自社株評価で株価高騰の原因となる。製造業・流通業では、本社工場が社長一族の個人所有となっているケースが多い。

コード	: 00-00000-0
会社種別	: 非上場
電話番号	: 03-0000-0000
設立	: 1960 年 12 月
創業	: 1923 年 9 月
業種名	: 他有機化学製品製造
目的	: 化学工業薬品の販売
資本金	: 28,080 千万円
従業員	: 37 名
株主	: 32 名

> 個人事業として営業を始めたのが「創業」。法人成りしたのが「設立」。創業社長であれば、退職金試算における役員在任年数は「設立」から計算する。

> 設立 20 年を超える優良企業であれば、自社株評価をすると、額面の数倍〜 30 倍となるケースもある。事業承継対策の提案も検討する。

> 従業員数が 10 名以上であれば「総合福祉団体定期保険」に加入しているかヒアリングする。シェアインすれば従業員全員の氏名・生年月日情報が入手できる。職域開拓・従業員退職金準備の提案「1/2TAX 養老」「確定拠出年金」に活用できる。

株主	: 近代　嘉彦	190,180 株
	近代　トミ	109,540 株
	住友化学工業	20,000 株
	三菱樹脂化学	4,685 株

> 少数株主数が多い。事業承継対策として、株式買取などにより後継者に集約することも視野に入れておく。

> 先代夫人？相続・事業承継を提案する。

> 上場企業が株主。技術力を持つ優良企業。

役員	: 社　長　近代　嘉彦	取締役　本橋　由信
	取締役　近代　亜希子	監査役　前川　修治
	取締役　近代　丈彦	

> 社長一族以外の役員は、創業時からのメンバー（番頭など）または、大株主からの天下りか？　役員勇退退職金の準備を確認する。

事業所	: 2
取引銀行	: 三菱 UFJ（中野），三井住友（新宿西口），北国（東京）
	八千代（本店）
仕入先	: 日化精工，旭電化，三菱樹脂工業，展商事
販売先	: 高砂香料工業，日化精工，住友化学工業

> 地方銀行は創業者の出身地または事業所があるため。第二地銀・信金は苦労した創業時のメインバンクか。

業績　:

決算期	売上（百万円）	利益（千円）	配当	資本構成
2020.9	2,662	51,513	20%	35%
2019.9	2,772	45,576	30%	34%

順位	: 全国	223 社	48 位	（業種別売上高）
	県	108 社	26 位	

評点　: 56

> 20 年は創業 60 周年の記念配当。配当は額面価額に対する割合で表示。0 表示は配当がないかデータ未入手の場合もある。

＜代表者プロフィール＞

役職	: 代表取締役社長
氏名	: 近代　嘉彦
生年月日	: 1960 年 5 月 15 日
住所	: 〒 157-0066 東京都世田谷区成城7-○○-○○
電話番号	: 03-3484-○○○○
出身地	: 東京都
出身校	: 青山学院大学
調査日	: 2021 年 3 月 5 日

> 創業・設立からみて二代目社長と分かる。生年月日が分かっているので、具体的な勇退退職金準備の提案ができる。役員就任年は登記簿謄本で確認できる三代目（後継者）の状況をヒアリングする。

> 高級住宅地。相続税対策提案を視野に入れておく。

> 出身校は積極的に話題とする必要はないが、本人の口から聞いている、周知の場合で、新聞等でスポーツなど活躍記事があればチェックしておく。

創業時のメインバンク、業績が苦しいときに支援してくれた、などが想定されます。

〈配当〉

配当は額面に対する割合で表示されています。10％配当であれば50円額面で５円配当となります。ゼロとなっていたら、配当を実施していない場合とデータのない場合があるので注意します。

あえて配当を出さないように抑えているケースでは、大株主に名を連ねているが経営にはタッチしていない同族株主に対し、配当金を払いたくないという場合が多いようです。

〈申告所得〉

法人申告所得のことです。かつて4,000万円以上は所轄税務署が公示し、「日本の優良企業○万社」などのネーミングでビジネス雑誌の別冊号が発売されていました。当時は、大企業の下請け企業で申告所得が数年にわたり3,000万円台の場合、企業名・申告所得が公示されないように腐心していることが間々ありました。

現在では、データ公表はありませんが、利益が出ているように思われたくない企業は節税プランに対する関心が高くなります。生命保険を活用した節税プランは、ハーフタックス養老保険など一部を除いて実質的に封印されたため、危うい節税プランを志向する事例もあります。

〈評点〉

帝国データバンクと東京商工リサーチでは評点の考え方が異なりますが、生命保険販売においてはあまり評点にこだわる必要はありません。業績不振企業には、それに応じた生命保険の提案があるからです。

これらデータを生命保険会社が独自に加工したデータとして提供された場合には、企業保険・企業年金・損害保険などの項目で付保している保険会社名が明示されています。

PART-3
商品選定と
提案のポイント

1. 生命保険商品選定の基本

（1）生命保険の商品内容と説明ポイント

　生命保険は、定期保険、養老保険、終身保険の３つに大別されます。生命保険を扱う者には常識ですが、一般の人にはなかなか理解されていないのが実態です。そこで、お客様に分かりやすく説明するポイントを押さえておきましょう【図表3-1】。

①定期保険

　定期保険は、30歳から40歳までという「一定期間」を保障する掛け捨ての保険です。定期というと一般には定期預金が連想されますが、生命保険でいう定期は、通勤・通学定期の定期"PASS"で、一定期間のみ有効という意味です。法人が契約した場合には、保険料は原則として全額損金算入となります。

　法人契約では、長期平準定期保険、逓増定期保険、逓減定期保険、収入保障保険など、定期保険のバリエーションの中からニーズに合わせて選択します。

②養老保険

　養老保険は、満期のある保険で、積立保険と逓減定期保険が組み合わされています。満期保険金1,000万円の契約で積立金が600万円のときに被保険者が死亡した場合、満期と同じ1,000万円が支払われます。積立金600万円に対して不足する400万円は定期保険から死亡保険金が同時に支払われます。同様に800万円積み立てたときには不足する200万円が定

【図表3-1】 定期・養老・終身保険のポイント

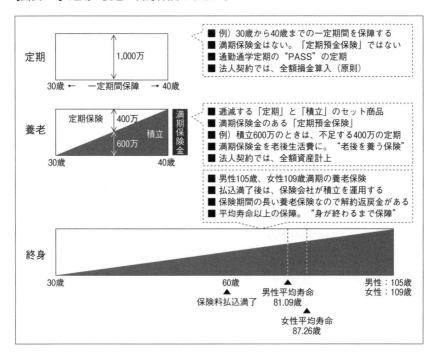

期保険でカバーされます。積立額に対して不足する金額を逓減定期保険
で補っているイメージです。

　養老保険という一般にはなじみにくい名称ですが、これには歴史的背
景があります。

　記録に残っている最古の定年制は、1887（明治20）年に定められた東
京砲兵工廠の職工規定、民間企業では1902（明治35）年に定められた日
本郵船の社員休職規則で、いずれも55歳定年としています。

　契約後55歳の満期までの間に亡くなった場合には死亡保険金（積立金
＋定期保険金）が遺族の生活費として支払われ、無事55歳の定年を迎え
たときには支払われた満期保険金が老後の生活費になります。「老後を
養う保険」というイメージです。ちなみに、当時の男性の平均寿命は43
歳前後でした。

法人契約の場合は積立がありますので、全額が資産計上となり預貯金と同じ扱いとなります。法人契約では、従業員の福利厚生プランとして活用する「ハーフタックスプラン」が多く、この場合は特例として保険料の2分の1が損金算入できます。

③終身保険

終身保険は男性105歳女性109歳満期の養老保険です。ただし、保険料の支払いは60歳あるいは70歳などとし、保険料の払済後は、生命保険会社が積立金に利息を付けて105歳で1,000万円の満期保険金を支払うイメージです。

いつ亡くなっても1,000万円の保障が得られることから、「身が終わるまで保障される」終身保険と呼ばれています。終身保険にはなぜ解約返戻金があるのかと問われますが、これは養老保険の一種だからと説明すれば分かりやすいでしょう。

養老保険ですから、法人が契約した場合は保険料の全額が資産計上となります。法人契約といえば節税プランという風潮がありましたが、バレンタインショック以後は、あえて資産計上する保険として終身保険が注目されています。

解約返戻率の高さをアピールするために、低解約返戻金型（保険料払込期間中の解約返戻金を通常タイプの70%程度に抑える）外貨建て終身保険、変額終身保険も積極的に提案されるようになってきました。

（2）定期保険の様々な種類

ここで定期保険のバリエーションを見てみましょう。

①10年定期保険

定期保険の代表的なものが10年定期保険です。割安な保険料で大きな保障を確保できますが、契約当初に無条件あるいは保険金削減で契約し

た場合には、更新時の健康状態は問わず（無選択）、その時点の年齢、予定利率等で計算された保険料で最長80歳、90歳、あるいは最長40年まで自動更新できます。

②長期平準定期保険

10年定期保険など短期の定期保険は更新のたびに保険料が倍々ゲームのように増えるため、当初から長期間の保障を買うようにしたのが長期平準定期保険です。

保険期間満了まで契約を継続すると解約返戻金はありませんが、途中で解約した場合は解約返戻金が発生するため、保障と貯蓄（勇退退職金の原資）を兼ねた提案に利用されます。

50歳以下、あるいは勇退退職まで15年以上ある場合には、勇退退職金準備と事業保障を兼ねた提案としては、真っ先に候補になります。

「PART 1 - 3　企業の成長に合わせた商品選択」で紹介したように、まずは10年定期保険に加入し、会社業績が向上した段階で長期平準定期保険と組み合わせるというのが合理的でしょう。

③逓増定期保険

逓増定期保険の原型は、アリコ・ジャパン（現メットライフ生命）が1976（昭和51）年に販売開始した「拡大定期保険」です。この保険をバージョンアップし、中小企業の社長に大きな影響力を持つ税理士・会計士を主力販売チャネルにして、1991（平成3）年から積極的に販売推進したのがナショナル・ライフ保険（現エヌエヌ生命）です。

ナショナル・ライフ保険が発売した頃は、バブル景気とも重なり、他社も巻き込んで爆発的に販売されました。しかし、節税目的の販売が目に余るようになり、1996（平成8）年に逓増定期保険が定義され、2002（平成14）年、2008（平成20）年に課税強化が行われました。「逓増定期保険＝節税保険」と言われるゆえんです。

2008（平成20）年には、全額損金タイプの商品は実質的に販売停止となっています。前年に、課税庁との暗黙の了解水準といわれている単純返戻率80％を優に超える商品が販売され、行き過ぎた節税商品を排除する趣旨からさらに課税強化されました。

逓増定期保険は、短期間で解約返戻金が積み上がりますので、勇退退職まで期間が短い社長、金融機関から天下りで迎えた経理担当役員などの勇退退職金準備に活用できます。注意すべきは、契約当初の保険金額が小さくなる点です。

逓減定期保険または収入保障保険とセットで契約し、保険金額を確保しつつ積み立てる提案がよく行われています。

④逓減定期保険、収入保障保険

保険金額が期間の経過とともに減少していくのが逓減定期保険です。

収入保障保険は、被保険者が死亡した場合に保険期間満了まで毎月あるいは毎年、年金が支払われる保険です。この受け取る年金を時系列で並べると、その形は右肩下がりの逓減定期保険と同じ形となります。言い換えれば、この逓減定期保険の保険金を年金支払いとしたのが、収入保障保険です。

⑤特定（三大）疾病保障定期保険・終身保険

社長が死亡すると大変ですが、がん・脳卒中・心筋梗塞などに罹患して業務が行えなくなると、より大きなダメージを受けます。10年定期保険の一部を「特定（三大）疾病保障定期保険」にする提案もあります。

この場合、死亡した場合に加えて、がん・脳卒中・心筋梗塞に罹患したときにも死亡保険金と同額が支払われます。

保険料は10年定期保険に比べると割高です。自動更新ができず、告知・診査が必要な商品が大半です。自動更新の可否は商品選択上必ずチェックしておきましょう。法人への販売は少ないですが、終身保険タ

イプもあります。

　三大（特定疾病）保険・終身型、介護終身保険、次項で解説する生活障害保険などのように、死亡保障と第三分野保障が一体型となっている商品で、2019（令和元）年 7 月 8 日以降を契約日とする場合には、個別確認により、（法人税基本通達 9 - 3 - 5）（法人税基本通達 9 - 3 - 5 の 2 ）に則り、最高解約返戻率の応じた経理処理を行うことができます。

　これらの商品は、解約返戻金が終身保険と同じような推移を示すことから、従前の取扱いに準じて全額資産計上することも可能です。

⑥生活障害保険、重度疾病保障定期保険

　生活障害保険は、普通死亡に加えて要介護 3 ～ 4 程度、痴呆症で生活障害保険金が支払われます。契約後10年程度で解約返戻率がピークになることから、節税プランとしての提案が多く行われてきました。

　重度疾病保障敵機保険は、三大疾病（がん、急性心筋梗塞、脳卒中）で所定の状態となった場合に保険金が支払われますが、普通死亡は解約返戻金額となります。

　この商品も節税プランとして積極的に販売されてきました。両商品ともに無解約返戻金型の70歳満了など、就業不能に的を絞った丁寧なコンサルティング販売も行われています。

　就業不能保険では、要介護、障害状態での保険金・年金の支払いですが、がんなど三大疾病の発症そのものでは支払対象とならない商品が多いため、就業不能保険とのセット提案は訴求力があります。

⑦災害保障期間付定期保険

　日本生命が究極の節税商品、解約返戻金のピークを迎えた逓増定期保険の受け皿商品として2017（平成29）年に、「プラチナフェニックス」の名称で販売したことで有名になりました。バレンタインショックのトリガーを引いた商品ともいわれています。

保険期間の前半（第1保険期間）は災害保障のみで、後半（第2保険期間）で定期保険となります。保険料は全期間を通じて同じため、前半の第1保険期間で高額の前払保険料が貯まり、後半の第2保険期間で費消するため、第2保険期間の開始時点が解約返戻率のピークとなります。

解約返戻率のピーク（第2保険期間の開始時点）は、10年度、65歳、70歳など、中小企業の社長の勇退想定年齢に設定ができます。保険引受の選択効果が最も有効とされる3〜5年程度の間は災害保障のみのため、医師の診査は不要で簡易告知のみで加入できます。糖尿病でもインスリンを打っていない、がんも経過観察中であれば加入できるなど、引受基準の緩さにも特徴があります。このタイプの保険では、死亡保障は一括受取可能ですが就業不能では一括受取不可となっている商品もあります。使い勝手から言えば、両方とも一括受取可能である商品を選択するとよいでしょう。

さらに、契約後10年経過すれば、無選択で終身保険に移行させることができます。相続・事業承継対策で終身保険が欲しいが、健康状態が不良で通常の終身保険に加入できない場合などには、災害保障期間付定期保険をワンクッション入れて、終身保険に移行させる提案ができます。

⑧就業不能保険

死亡に加えて就業不能時に保険金あるいは年金が支払われる保険です。

就業不能の定義は生命保険会社によって異なります。要介護2、障害等級1〜2、障害者手帳3級などとする商品が多くあります。一部商品では精神疾患もカバーしていますが、一時金、最長5年程度の年金など、保障内容は限定的です。

年金で支払う場合に、毎年、就業不能状態である診断書が必要な商品と、一度就業不能状態と認定されれば、保険期間満了まで年金受取りが可能な商品とがあります。後者の商品では、年金を一括受取りすることも可能な商品があります。

【図表3-2】定期保険のバリエーション

	旧　経理処理	特　長
10年定期（自動更新型） 	■ 全額損金	■ 割安な保険料で大型保障を確保できる ■ 更新の度に、保険料がアップする ■ 自動更新は80歳または90歳まで ■ 健康状態を問わず自動更新ができる
長期平準定期 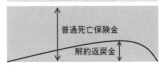	■ 1/2損金算入	■ 死亡保障に加えて解約返戻金が多く使用範囲が広い ■ 長期にわたって高い解約返戻率を維持する ■ 50歳以下では勇退退職金準備として活用できる ■ 無選択で終身保障に移行できる
逓増定期 	■ 全額損金算入 ■ 1/2損金算入 ■ 1/3損金算入 ■ 1/4損金算入 ＊契約時期により異なる	■ 節税プランとしての提案が多い ■ 1/3・1/4損金では単純返戻率が100%超となることもある ■ 平成19～20年に契約した全損タイプは、CV率ピークにある
生活障害定期 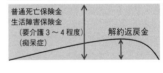	■ 全額損金算入 ■ 1/2損金算入 ＊規定なし 　長期平準定期を準用	■ 就業不能に備えることができる ■ 解約返戻率が高いがピークは10年後近辺 ■ 節税プランとしての提案が多い
重度疾病保障定期 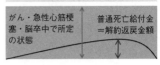	■ 全額損金算入 ■ 1/2損金算入 ＊規定なし 　長期平準定期を準用	■ 就業不能に備えることができる ■ 解約返戻率が高いがピークは10年後近辺 ■ 節税プランとしての提案が多い ■ 普通死亡は解約返戻金額である点に注意
災害保障期間付定期 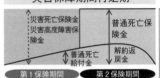	■ 全額損金算入 ■ 1/2損金算入 ＊規定なし 　長期平準定期を準用	■ 解約返戻率が高いが、ピークは10年後近辺 ■ 節税プランとしての提案が多い ■ 高年齢層の勇退退職金準備としても活用できる ■ 簡易告知タイプでは、健康状態が不安でも加入できる ■ 無選択で終身保障に移行できる商品が多い ■ 第1保険期間の普通死亡は解約返戻金である点に注意

発売開始から数年の新しい商品で、新商品が相次いで販売されていますが、収入保障保険に就業不能時の保障を追加した商品が主流となりつつあります。

　ここまで紹介した保険の仕組みと特長をまとめたのが前ページの【図表3-2】です。複数のニーズが交差していることが多く、優先順位を明らかにし、提案商品を選択するようにします。

２．法人への生命保険提案の基礎

（１）退職金準備に長期平準定期を活用

　バレンタインショックまでは、「長期平準定期保険」は保険料の２分の１を損金処理するため、節税プランとして活用しつつ勇退退職金の準備もできることから、逓増定期保険、災害保障付定期保険ほどではありませんが根強い人気がありました。

　勇退退職は平均して70歳前後ですが、事業の盛況、後継者の育成状況などにより数年は前後します。逓増定期保険の多くは最高解約返戻率のピークがピンポイントな商品が多く、必ずしも勇退退職時期とマッチしませんでした。長期平準定期保険では高い解約返戻率が中長期にわたって維持される特性があり、勇退退職金の準備としても使い勝手がいいのです。

　バレンタインショックにより、被保険者の年齢によっては最高解約返戻率が85％超となり、販売を敬遠するセールスパーソンも多いようです。敬遠する理由は、経理処理の仕組みを契約者にうまく説明できないのが最大の理由のようです。経理処理の詳細は、「PART２-１　保険契約の課税関係（バレンタインショック他)」「PART２-４　生命保険の提案と決算書」を参照してください。

■社長のニーズは死亡・勇退退職金の準備

　中小企業の社長が生命保険に加入する理由は【p17 図表1-7】にあるように、社長の死亡退職金・弔慰金の準備74.3％、万一に備えた運転資金の確保40.5％、社長の勇退退職金準備36.0％と続き、税負担軽減対策、いわゆる節税目的は15.8％にすぎません。中小企業の社長が最も関心あるニーズが、死亡・勇退退職金の準備であることが分かります。

中小企業の社長が加入する生命保険の種類についても【図表1-7】（p17参照）にあるように、定期付終身・アカウント型48.4%、10年定期保険23.7%、となっています。

　2000年代に入ってから、大手生命保険会社では、外資・損保系生命保険にならって、単品保険の組合せで提案するようになってきました。しかし、提案された商品のカタチは個人・法人を問わず、定期付終身保険と変わりません。

　個人契約では、200万円程度の終身保険に10年更新の定期保険、収入保障保険がセットされていますが、法人契約では、1,000万円の終身保険に9,000万円の10年更新定期保険がセットされており、保険料支払は勇退退職年齢に合わせた70歳が基本です。

　10年支払いの収入保障特約200万円の場合は、2,000万円の定期保険特約とみなせばいいでしょう。

　定期保険（特約）は、ほとんど解約返戻金がありません。死亡退職金・弔慰金の準備には適していますが、勇退退職金の準備にはなりません。勇退退職金の原資となるのは、終身保険の解約返戻金です。

■社長が予定する勇退退職金の額
　中小企業の社長の予定する勇退退職金額は【図表1-6】（p16参照）のように、3,000万円未満　41.7%、5,000万円以内　14.6%、1億円以内13.6%、2億円以内20.4%、3億円以内6.8%、3億円以上2.9%　となっています。

　予定額1億円を超える中小企業は、生保プロ、税理士・会計士などから様々な提案がされているレッドオーシャンです。そこで、3,000～5,000万円欲しいと思う中小企業の社長にスポットを当ててみます。生保レディは、個人、法人を問わず基本的に定期付終身保険を提案しています。他社からの攻勢があった場合に、法人担当者の支援を仰ぎ、長期平準定期保険、逓増定期保険、災害保障期間付定期保険などを販売しています。

生保販売に積極的な損保代理店も限られており、3,000〜5,000万円欲しいと思う中小企業の社長は、法人生保販売のブルーオーシャンです。

　本契約の70歳時点での終身保険1,000万円の解約返戻金は650万円程度です。予定額3,000万円として2,350万円が不足することになります。勇退退職金は生命保険の解約返戻金だけではなく預貯金も原資となりますが、日々の運転資金に充当され、勇退退職金として2,000万円を容易に引き出せる中小企業は少ないでしょう【図表3-3】。

　解約返戻金の多い終身保険、長期平準定期保険、逓増定期保険などは、簿外資産として含み益も多く契約者貸付も利用できるなど、中小企業にとって使い勝手のいい商品となっています。これら商品を無理のない範囲で使い提案が必要です。

　既契約を確認するとともに加入目的を明らかにし、勇退退職金準備に適した保険種類への切り替え、追加提案が肝要です。

【図表3-3】終身保険1,000万円の解約返戻金

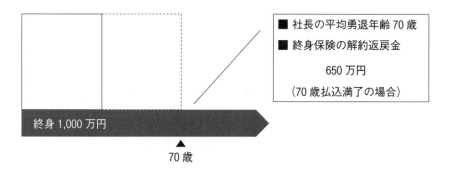

- 社長の平均勇退年齢 70 歳
- 終身保険の解約返戻金
  650 万円
  （70 歳払込満了の場合）

終身 1,000 万円

▲
70 歳

■社長への提案は月払いが基本

中小企業に生命保険を提案する際に覚えておきたいことがもう一つあります。

　サラリーマンの１万円は、開業医や中小企業の社長には10万円の感覚です。節税プランを業績好調な企業に提案するわけではないので、資金

が潤沢な場合以外は月払いで提案するのが基本です。年払い120万円は
きつくても、毎月の10万円なら光熱費などと同じ毎月の固定費としてイ
メージしてもらえます。既契約でも年払い契約を月払いに変更するアド
バイスなどは意外なほど喜ばれます。

　提案の際には、必ず経理担当の社長夫人に同席してもらいましょう。
経理担当役員である奥様に決定権のあることが多いからです。提案を受
けた社長は必ず、資金繰りが可能か否かを奥様に尋ねます。役員勇退退
職金準備の提案では、同席していただいた奥様の勇退退職金も一緒に準
備するという配慮も忘れないようにします。

■退職金支払いの忌避３原則
　社長の退職金支払いで企業財務を脆弱化させないための「忌避３原
則」は、次の通りです。
　①退職金の支払いで赤字決算としない
　②退職金に運転資金を流用しない
　③退職金を借入金で賄わない
　ここからも、計画的な役員退職金準備の重要性が分かります。中小企
業の社長の多くは、「優秀な従業員確保のために」と従業員の退職金準
備には熱心ですが、「自らの退職金準備はまだまだ先のこと」と後回し
にしているのが実情です。

　中小企業でも、従業員には「中小企業退職金共済（中退共）」「特定退
職金共済（特退共）」など掛金が損金処理できる制度がありますが、社
長は対象外となっています。

　「小規模企業共済」は、常時雇用している従業員数20人（商業・サー
ビスは５人）以下の個人事業主や、その経営に携わる共同経営者、会社
等の役員、一定規模以下の企業組合、協同組合、農業組合法人の役員が
加入対象で、老後生活費準備手段として活用されています。

　掛金は個人の所得から支払い、年間84万円限度で全額が「小規模共済

等掛金控除」となります。あくまでも個人所得から準備するものであり、法人利益を利用する、言い換えれば法人資産を個人資産に移転することはできません。

　預貯金で退職金準備を行っているつもりでも、日常の資金繰りに流用してしまい、退職時には十分な資金手当てができていないことがあります。

■保障を確保しつつ勇退退職金を準備する

　勇退退職の場合よりも深刻なのが、突然の死亡による死亡退職です。遺族の生活費の確保、相続税の納付と円滑な遺産分割（代償分割など）の原資となるのが死亡退職金・弔慰金です。いつ発生するか分からないリスクに備えるためにも、生命保険を活用します。

　保険種類は定期、終身、養老のいずれでも対応可能ですが、一般的には90歳超の長期平準定期保険がよく活用されています。法人設立後5〜10年程度経過して業績も安定してくると、中小企業の社長もそろそろ勇退退職金の準備に関心を持ち始めます。さらに、自身の年齢が50歳を超えた頃や、後継者として息子が入社した頃に長期平準定期を提案すると、成約率が極めて高くなります。

　先を読めない不安定な時代に、生命保険本来の保障機能を確保しつつ、生命保険で勇退退職金準備を行うことの有利さをアピールする「含み資産話法」で、中小企業の社長に勇退（死亡）退職金を準備する提案を紹介しましょう。中小企業の社長の琴線に触れ、30分で長期平準定期保険を成約させることも可能です。

　本書では分かりやすく中小企業と表現していますが、提案の際には「中堅企業」と言い換える配慮も大切です。

（2）長期平準定期の30分提案法

　提案ポイント、手順をマスターすれば、長期平準定期保険を30分で成

約することも可能です。提案は次の7ステップからなります【図表3-4】。

【図表3-4】長期平準定期保険提案のステップ

1	法人生保の機能を説明する

- ・借入金の返済原資として、いくらの死亡保険金が必要かを解説する。
- ・3億円程度の死亡保険に加入しているのが一般的であるが、勇退退職金準備を兼ねているのではと水を向ける。

2	勇退退職金額を算出する

- ・勇退退職金がいくらもらえるかをシミュレーションしたことのある中小企業の社長は約半分。
- ・経理担当役員である社長夫人の退職金も計算すると俄然興味を持つ。

3	勇退退職金準備は長期平準定期が最適

- ・モデルケースを使って、10年定期では勇退退職金の準備ができない点をしっかり理解してもらう。
- ・長期平準定期の有利性をアピールする。

4	保障内容の推移表（メリット表）を概観した後、解約返戻金が発生する仕組みを説明する

- ・長期平準定期ではなぜ、勇退退職金の原資となる高額の解約返戻金が発生するかを丁寧に説明する。
  この提案では一番のポイント。

5	仕訳表を解説してから、保障内容の推移表（メリット表）に戻り詳細説明

- ・法人提案でもっとも面倒な仕訳を先に説明する。

6	補足説明とプラン決定

- ・大きな含み益が作れるうえに、死亡保障もしっかりと付いており、銀行預金で勇退退職金を準備するよりも有利な点を理解してもらう。
- ・最終保障コスト、契約者貸付、勇退退職金の有利、終身保険への変更なども説明する。

7	加入プランの決定

- ・保険金額、健康優良体割引適用の可能性を確認する。
- ・社長の健康状態に不安がある場合は、他の役員を被保険者にするプランなど代替案を説明する。
- ・診査の手配をする。成立前契約確認も説明しトラブルを避ける。

①法人生保の機能を説明する

　　□保険加入の目的（借入金返済＝取引先への保障）について説明

話法

　中堅企業の信用は、すなわち社長さんの信用ですね。社長さんにもしものことがあると、金融機関は追加貸付を停止するとともに、場合によっては貸付金の返済を求めてきます。借入金を一括返済するためには、借入金の1.6倍の保険金額に加入していればいいのです。例えば、法人実効税率（法人3税率の合計）を34％とすると、次のようになりますね。

- ・借入金額　　　：3,000万円
- ・必要保険金額：3,000万円×1／（1－0.34）≒4,546万円
- ・法人税　　　　：4,546万円×34％≒1,545万円
- ・残金　　　　　：4,545万円－1,545万円＝3,000万円

□加入保険金額の確認
□退職金の準備状況の確認

話法

　中堅企業が加入する生命保険金額の平均は3億円程度ですね。ということは、おおよそ2億円（3億円÷1.6＝1億8,750万円）の借入金があるからではなく、退職金準備も兼ねてご契約されているわけですね。

②勇退退職金の額を算出する

　　□中小企業オーナーの勇退退職金の平均金額の確認
　　□退職金額の算出

話法

　この表（生命保険会社で作成した勇退退職金準備ちらし）にある計算式にあてはめて、社長さんの勇退退職金を計算してみましょう。

　この計算式は、税務署が中堅企業の社長さんに対して支払われた勇退退職金のうち、法人が損金処理できる金額の上限を算出する際に使用しているものです。この計算式にこだわらず、好きなだけ勇退退職金を受け取ってもいいですが、一般的にはこの計算式で算出された金額の範囲内で支給される例がほとんどです。

　功績倍率は2.5～3.0が適切なので、ここでは3.0で試算してみましょう。おいくらになりましたか？

　特別功労加算といって、創業社長、中興の祖といわれるような方については、この計算式で算出した金額に30％を上限に上乗せできるという考えをお聞きになったことがあるかもしれません。しかし、最近の国税庁の方針で、これらは特別な事由に該当しないとして、上乗せを認めない事例が多いようです。

勇退退職金額の算出方法

	勇退時報酬月額	通算役員在任年数	功績倍率
万円 ＝	万円 ×	年 ×	倍

※勇退年齢を仮に70歳として、取締役に就任した年を引き、通算役員在任年数を決めます。代表取締役に就任したときを起算とするのではなく、平取締役就任時を起算点とします。
※創業者の場合は法人成りしたときの年齢を起算点とします。

□紹介を受けて訪問したなど、あまり親しくない場合は…

話法

> 役員報酬を100万円とすると…

※中堅企業の社長の役員報酬の中央値は、120万円程度ですが、分かりやすく100万円でとりあえず算出してみせます。

＊参照：『PART 1 - 1　中小企業の実態と生命保険』【図表1-3】（p14参照）

※大型の電卓を社長が使いやすいところに置いておきましょう。半数の社長が電卓で計算を始めます。関心がある証拠です。

※経理担当の社長夫人が同席する場合は、夫人の勇退退職金額を一緒に算出し、「奥様も退職金、欲しいですよね」と話を振るのも効果的です。

③勇退退職金の準備は長期平準定期が最適と伝える

□長期平準定期保険の優位性を説明

話法

> 　10年定期保険では10年ごとに保険料が倍々ゲームのようにアップしてしまいますし、平均勇退年齢の70歳時点では解約返戻金がありませんね。長期平準定期保険では、同じ70歳時点で解約返戻金が6,007万円あり、これが社長さんの勇退退職金の原資となります。
>
> 　勇退年齢を70歳としてみましたが、この保険は100歳までの自由満期です。ご勇退されるとき、62歳でも74歳でも、そのときが満期です。

10 年定期	小さい負担で「当面の保障」		【70歳時点】	
19,300 円 (231,600 円 / 年)	42,300 円 (507,600 円 / 年)	96,000 円 (1,152,000 円 / 年)	払込保険料累計	18,912,000 円
			解約返戻金額	0 円
		70 歳	掛捨保険料	18,912,000 円
			月当保障コスト	52,534 円

70 歳定期	「在職中の保障」を重視	【70 歳時点】	
49,900 円 (598,800 円 / 年)		払込保険料累計	17,964,000 円
		解約返戻金額	0 円
	70 歳	掛捨保険料	17,964,000 円
		月当保障コスト	49,900 円

100 歳定期	「保障と退職金準備」を兼ねて	【70 歳時点】	
202,900 円 (2,434,800 円 / 年)		払込保険料累計	73,044,000 円
		解約返戻金額	60,070,000 円
		掛捨保険料	12,974,000 円
	70 歳　100 歳	月当保障コスト	36,039 円

※70歳定期保険の説明は省略する場合もありますが、生命保険の仕組みを知ってもらえますし、70歳定期保険に加入しているケースもありますので、できれば説明してください。

④解約返戻金が発生する仕組みを説明する

□保険料と解約返戻金について確認・説明

話法

　自然保険料というのは、死亡率に連動し毎年アップする保険料です。保険料が毎年アップしてはたまりませんよね。そこで、ご契約されたときの保険料がずっと続く「平準保険料」という仕組みが生命保険契約では採用されています。

　平準保険料は前半で将来の保険料不足に備えて、「前払保険料」として多めに支払っていただき、後半で保険料が不足した時点で振り替える仕組みです。

　例えば、70歳時点でご勇退されるとすると、71歳から100歳までの振替え分として多めに支払っていただいていた前払保険

料を使い切っていませんから、ご契約者に返還されます。これが6,007万円で退職金の原資です。

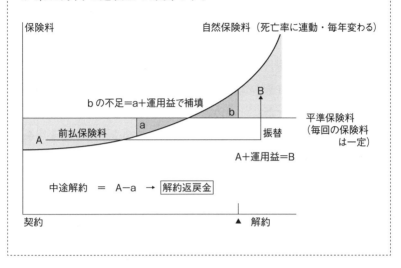

□具体的提案の提示

□標準体での説明宣言

話法

　今まで概要をお伝えしてきましたが、こちらに○○様の設計書を作成してありますので、説明させていただきます。

　最近では、煙草を吸わない方、肥満体でない、血圧が一定の範囲内にあるなど、健康状態の良い方には、保険料を割り引く制度もあります。詳細を説明すると時間がかかりますので、まずは基準となる設計書をご覧いただきます。

　長期平準定期では、毎月の保険料が20万2,900円、70歳時点の総払込保険料累計も7,304万4,000円と高額になりますが、勇退退職金の原資となる解約返戻金は6,007万円あります。

⑤仕訳表を解説してからメリット表の詳細を説明する

□保険料と保険金の仕訳について確認・説明

話法

　1億円の保障のため、毎月20万2,900円をお支払いいただくのですが、将来の保険料不足に備えて余分に「前払保険料」をお支払いいただく仕組みは先ほどご説明させていただきました。経理処理が複雑ですが、ご勇退予定の70歳までをまずご確認いただければ大丈夫です。

　経理処理を変更する時期になりましたらご案内します。

　では、70歳までの支払保険料の仕訳について説明します。将来の支払いに備えて銀行に預金する代わりに保険会社に預けていただきますので、銀行預金と同様に「前払保険料」部分は資産に計上します。資産計上額は、2019（令和元）年7月に改訂された〈法人税基本通達9－3－5の2〉に規定されています。

　本契約では、ご契約から10年間は年間のお支払保険料243万8,000円のうち54万8,073円は保険料として経費処理し、残額の188万6,720円は銀行預金と同様に資産に計上します。仕訳は前払保険料です。

　11年目から70歳までは96万7,346円を保険料として経費処理し、残額の146万7,454円を前払保険料として資産計上します。

　70歳時点での総払込保険料は7,304万4,000円です。

　今回は70歳時点でのご勇退を前提としていますが、74歳以降はお支払保険料の全額を保険料として経費処理します。ちなみに、91歳以降では今まで資産計上してきた前払保険料を取り崩して経費処理しますので、保険期間満了の100歳までは支払保険料の全額が経費処理となります。

（初年度～10年）

借　方		貸　方	
前払保険料	1,886,727円	現金または預金	2,434,800円
保険料	548,073円		

（11年～33年）

借　方		貸　方	
前払保険料	1,467,454円	現金または預金	2,434,800円
保険料	967,346円		

（34年～50年）

借　方		貸　方	
保険料	2,434,800円	現金または預金	2,434,800円

（51年～60年）

借　方		貸　方	
保険料	7,696,671円	現金または預金	2,434,800円
		前払保険料	5,261,871円

※経理処理の根拠を明示することがポイントです。通達名をそらん
　じること、あらかじめ通達をプリントアウトして準備することが、
　1つのテクニックです。

※本事例では最高解約返戻率が85％超ですが、4割損金の場合も同
　様に説明します。

□メリット表の詳細を解説

話法

　70歳時点では、総払込保険料7,304万4,000円のうち2,480万7,650
円を保険料として経費処理し、残額の4,821万6,350円が前払保険
料として資産計上されています。

　解約返戻金は6,007万円ですから、具体的には解約返戻金から
資産計上額累計を差し引いた1,185万3,650円が含み資産となって
います。銀行に預金する代わりに生命保険会社で資産運用してい
るからこそ、大きな含み益を作ることができ、勇退退職金準備が

有利に行えるわけです。

しかも、解約されるまで１億円の死亡保障が確保されています。

経過年数	年齢	A 死亡保険金	B 払込保険料累計	C 資産計上額累計	D 損金算入額	E 損金算入額累計 B - C	F 解約返戻金	G 単純返戻率 C / B
1	41	100,000,000	2,434,800	1,886,727	548,073	548,073	1,570,000	64.5
2	42	100,000,000	4,869,600	3,773,454	548,073	1,096,146	3,740,000	76.8
3	43	100,000,000	7,304,400	5,660,180	548,073	1,644,220	5,910,000	80.9
4	44	100,000,000	9,739,200	7,546,907	548,073	2,192,293	8,080,000	83.0
5	45	100,000,000	12,174,000	9,433,633	548,073	2,740,367	10,240,000	84.1
10	50	100,000,000	24,348,000	18,867,266	548,073	5,480,734	20,970,000	86.1
15	55	100,000,000	36,522,000	26,204,536	967,346	10,317,464	31,220,000	85.5
20	60	100,000,000	48,696,000	33,541,806	967,346	15,154,194	41,230,000	84.7
25	65	100,000,000	60,870,000	40,879,076	967,346	19,990,924	50,850,000	83.5
26	66	100,000,000	63,304,800	42,346,530	967,346	20,958,270	52,730,000	83.3
27	67	100,000,000	65,739,600	43,813,984	967,346	21,925,616	54,590,000	83.0
28	68	100,000,000	68,174,400	45,281,438	967,346	22,892,962	56,430,000	82.8
29	69	100,000,000	70,609,200	46,748,892	967,346	23,860,308	58,260,000	82.5
30	70	100,000,000	73,044,000	48,216,346	967,346	24,827,654	60,070,000	82.2
31	71	100,000,000	75,478,800	49,683,800	967,346	25,795,000	61,850,000	81.9
32	72	100,000,000	77,913,600	51,151,254	967,346	26,762,346	63,610,000	81.6
33	73	100,000,000	80,348,400	52,618,708	967,346	27,729,692	65,330,000	81.3
34	74	100,000,000	82,783,200	52,618,708	2,434,800	30,164,492	67,020,000	81.0
35	75	100,000,000	85,218,000	52,618,708	2,434,800	32,599,292	68,660,000	80.6
40	80	100,000,000	97,392,000	52,618,708	2,434,800	44,773,292	76,010,000	78.0
45	85	100,000,000	109,566,000	52,618,708	2,434,800	56,947,292	81,350,000	74.2
50	90	100,000,000	121,740,000	52,618,708	2,434,800	69,121,292	83,590,000	68.7
55	95	100,000,000	133,914,000	26,309,353	7,696,671	107,604,647	76,920,000	57.4
59	99	100,000,000	143,653,200	5,261,869	7,696,671	138,391,331	33,500,000	23.3
60	100	100,000,000	146,088,000	0	7,696,671	146,088,000	0	0.0

※契約者の理解を深めるために

　　・銀行預金　「元　　本　＋利　息　＝　元利合計」

　　・生命保険　「資産計上　＋運用益　＝　解約返戻金」

　運用益は解約するまで表に出ない含み資産になるという相関関係を明示するのもよいでしょう。

※勇退退職金原資として解約した場合、この差額を雑収入として計上することになり、税務上の説明もしやすくなります。その後、解約返戻金を原資に勇退退職金を支払います。支払った退職金額が過大でなければ、全額を損金処理できます。

※金融機関に預金することを悪とは誰も思いません。金融機関に預金する以上に生命保険会社に預けるメリットを理解してもらいます。

⑥補足説明してからプランを決定する

□掛捨保険料の説明

話法

　70歳時点での最終掛捨保険料（総支払保険料累計－解約返戻金額）は、1,297万4,000円、月平均にすれば3万6,039円で1億円の死亡保障を確保したことになりますね。

　10年定期保険を更新しながら70歳まで継続した場合は月平均で5万2,533円、70歳定期保険では月平均4万9,900円となりますから、ご勇退退職金の準備として積み立てるため月々の保険料は高額となりますが、保障として考えた場合でも10年定期保険や70歳定期保険よりも割安な保険料となります。

□契約者貸付について説明

話法

　長期間にわたって高額な保険料をお支払いいただきますが、急に運転資金などが必要になることもあるかと思います。その場合には、解約返戻金の80％以内であれば、予定利率＋1％程度の金利で契約者貸付が受けられます。

　メインバンクに運転資金の借入れを申し出ると、融資課長や支店長が出てきて、「どうしました、大丈夫ですか？」と聞かれることがありますね。契約者貸付金は生命保険契約を担保にしていますので、金融機関に知られずに資金を手当てすることができます。貸付金利も金融機関の融資に比べても低いはずです。

　請求して3営業日程度で着金しますし、メインバンク以外の銀行口座を指定していただくこともできます。

※契約者貸付は生命保険証書、印鑑、金額によっては印鑑証明書が必要となります。電話、インターネットなどで生命保険会社に連絡するだけです。

※金融機関の別働体と呼ばれる生・損保代理店は、銀行、信用金庫などの支店長クラスが出向していますが、セールストークの１つに「無担保、無期限、銀行に知られず」というものがあります。

※契約者貸付金の返済は随時可能ですが、返済しない場合はオーバーローンとなるまで借り続けることができます。返済しないままで解約、死亡保険金等の支払いとなった場合には貸付金と利息が差し引かれます。

□退職所得の有利さを説明

話法

　ご勇退された場合に受け取った勇退退職金は、税務面から見ても大変有利になっています。退職所得の税務は、退職金から退職所得控除を差し引いた額の２分の１が課税対象となります。

　課税は給与所得などとは分離して計算されます。

□払済保険への変更

話法

　ご契約中に、保険料の支払いが厳しくなったときには、払済保険といって保険料の支払いを停止することができます。保険金額、保障額は小さくなりますが、保障は当初のご契約と同じ100歳まであります。

※払済保険に変更した場合、その保険種類が定期保険のままの会社が
　あります。このタイプの保険を提案した場合は経理処理も不要です。
　解約返戻金は保険料の支払いをストップした後もしばらくは増え続
　けます。
※払済保険に変更することで不足する死亡保障は、より保険料の安い
　10年定期保険などでカバーする方法を伝えます。

□終身保険への変更を説明

話法

　　社長さんがご勇退されたときに、名義を会社から社長さん個人
　に変更して、ご契約を役員勇退退職金の現物給付として受け取る
　こともできます。このときの評価は解約返戻金額となります。名
　義を社長さん個人に変更された後で、保険種類を一時払終身保険
　に変更することも可能です。
　　長期平準定期保険をご契約されたときに、健康状態による割増
　保険料を追加支払いされていなければ、一時払終身保険に変更す
　る際の健康状態は問われません。一時払終身保険は、年齢にもよ
　りますが2〜5年程度で解約返戻金額が一時払保険料を上回りま
　す。
　　法人契約のときは会社の保障、社長さんの勇退退職金準備とし
　て機能し、個人契約に変更後は相続対策として機能します。

⑦加入プランを決定する
　□プランの決定

話法

※現在の契約に上乗せではなく、入れ替え提案であることを説明し、
　支払可能保険料を聞き出しましょう。

※役員退職金＝最終報酬月額×役員在任年数×功績倍率（＋功労加
　算）。功績倍率は社長で３倍程度、創業社長や会社興隆に顕著な実
　績のある場合には、功労加算として30％の上乗せが可能であること
　などを説明します。

　　想定される勇退退職金額を算出し、支払い可能な保険料でどの程
　度カバーできるかを試算する方法がよくとられています。

※この計算式は、税務署が役員退職金の損金処理容認額を計算するた
　めに使用しているものです。従業員に対する退職金と異なり、役員
　退職金を損金処理する額には限度額があります。

※途中死亡の場合には、さらに弔慰金が上乗せされます。

　　弔慰金＝最終報酬月額×弔慰金支払月数（＊）

　　＊業務上死亡…36ヵ月　　　＊業務外死亡…６ヵ月

　　弔慰金については、「相続税基本通達３−20」により、この計算式
　で算出された金額までは非課税となっているためです。

　中小企業の社長夫婦の中には、自分たちは生涯現役だから退職金は要らない、と断られることもあります。しかし、経営は常に緊張の連続で決して安定しているとはいえない親の会社を継いでくれた子供への思いは強いものがあります。

　「社長の背中を見て、後を継ぐことを決心してくれた○○さんが70歳になったとき、3,000万円の退職金が受け取れるプランはいかがですか？」と勧めてみましょう。

　40歳の男性で、5,000万円の長期平準定期に加入した場合、月払保険料は10万円程度です。ドクター、中小企業の10万円は、サラリーマンの1万円の感覚です。サラリーマンが老後生活のためにと、近隣の金融機関から月1万円の積立を勧められたのと同じイメージで提案してみましょう。

3．契約後のサポート

（1）契約者貸付の活用

①解約返戻金で黒字倒産を防ぐ

　長期平準定期保険などのセールスポイントの１つに、中小企業の経営状態に合わせた様々なサポート機能があげられます。

　中小企業の社長が在職中に死亡した場合、死亡保険金が借入金返済の原資となります。在職中でも、「契約者貸付」を使って解約返戻金を運転資金に活用することもできます。

　中小企業の倒産で多いのは、いわゆる黒字倒産です。黒字倒産とは、帳簿上では黒字を出していながら、資金回収の遅れ等で運転資金のやり繰りができずに倒産することです。

　企業間取引について、仕入れも販売もすべて現金決済を行っている企業なら利益とキャッシュとは一致しますが、信用取引が一般的とされる今日、利益とキャッシュとは必ずしも一致しません。

　製品が売却され、売上が計上されているにもかかわらず、入金がないために人件費・仕入れ等の支出が賄えない状態に陥ると、黒字倒産してしまいます。特に売掛金が大きく増え、かつ売掛金の回収期間が買掛金の支払期間に比べて長いときに起こりやすくなります。支払手形を相手に渡しておきながら、その「期日」に現金の準備ができていないと、不渡りを出して取引停止処分になりかねません。

　これは、現在の財務会計が発生主義によるために起こる現象です。ですから、常にキャッシュフローに注意を払っておく必要があり、資金繰り表で管理しています。

　もちろん、債務超過に陥って倒産することもあります。社長をはじめとする親族が会社に資金支援する、貸付金を資本金に切り替えるなどの

措置もありますが、債務超過は企業としての存続自体が難しいといえます。

②契約者貸付を運転資金に充当する

黒字倒産は、キャッシュが用意できれば起こらないことですが、金融機関の融資や、日本政策金融公庫等の「セーフティネット貸付」にしても即決とはいきません。

契約者貸付は、解約返戻金の80％までを「予定利率＋１％」程度の金利で自由に借り入れることができる制度です。生命保険会社によっては、借入上限が解約返戻金の70％あるいは90％となっている場合もあるので個別に確認しておきます。

長期平準定期保険、逓増定期保険など解約返戻金の発生する生命保険契約があれば、契約者貸付を利用することで、メインバンクに運転資金の借入れを頼まなくても済むことが多くなります。

契約者貸付の利点は次の３点です。

ア）無担保借入

　　保険契約自体を担保としているため、別に担保を差し出す必要がありません。

イ）返済期限なし

　　元利合計が解約返戻金を上回るオーバーローンとなるまで返済は不要であり、保険料さえ支払っていれば、実質無期限借入が可能です。解約した場合は解約返戻金から元利合計が差し引かれ、被保険者死亡の場合は死亡保険金から元利合計が差し引かれます。

ウ）メインバンクに知られない

　　契約者貸付金の振込先を、メインバンク以外の口座を指定することも可能です。サブバンクの口座に振り込んでもらえば、メインバンクにわざわざ通知することなく自由に運転資金が調達できます。

■契約者貸付の有効性、活用法を知ってもらう

　コロナ禍により、金融機関は特例として運転資金融資を無担保・無利子で比較的簡便に貸してくれました。いわゆる"ゼロゼロ融資"です。しかし、金融機関による取引先企業の財務精査は元々が厳格で、次の融資査定が厳しくなるのを考慮して、約6割の中小企業が借入期間を1年としました。

　運転資金の借入れを頼みにくいという中小企業に契約者貸付の有効性、活用法を知ってもらうことは、生命保険契約を提案するうえでも効果的です。

　契約者貸付を受けた場合、貸借対照表には「借方：現金、貸方：借入金」と記帳しますが、短期間の運転資金調達で、メインバンク等からの詳細なヒアリングを受ける必要がない点が、中小企業の社長に支持されています。

　貸付の実行も、書類が生命保険会社の本店到着後1ないし2営業日目に行われており、緊急対応も可能です。生命保険会社の支社・営業所等でも対応しているため、地方都市でも使い勝手はよいでしょう。

　5～8年ごとに訪れる不況を乗り越えてきた中小企業の社長は、「資産計上がある＞解約返戻金がある＞契約者貸付が可能＞銀行に知られず運転資金の補填ができる」ことを知ると、長期平準定期保険などが企業経営の大きなバッファーとなることを理解し、早期の契約につながります。

（2）払済保険、終身保障コンバージョン

①払済保険への変更

　バレンタインショック後に新たに規定された「法人税基本通達9-3-5の2」では、養老保険、終身保険、定期保険、第三分野保険および年金保険（特約が付加されていないものに限る）で、払済後の保険種類が元契約と同じ場合には、経理処理が不要（既往の資産計上額を保

険事故の発生または解約失効等により契約が終了するまで計上してお
く）となりました。

　逓増定期保険は払済保険に変更すると、保険種類は終身保険に変わる
ため洗替えが必要です。

　長期平準定期保険では、払済保険に変更すると、生命保険会社・商品
によって、定期保険あるいは終身保険となります。終身保険となる生命
保険会社が多いですが、大同生命、ソニー生命、オリックス生命、
SOMPOひまわり生命、三井住友海上あいおい生命などは、定期保険の
ままであり、洗替えが不要となります。

　次ページの【図表3-5】は、50歳男性が1億円の長期平準定期保険に
加入した5年後（55歳）、10年後（60歳）、15年後（65歳）の各時点で払
済保険に変更した場合の、払済保険金額と解約返戻金額（率）の推移を
シミュレーションしたものです。払済保険は、移行時の解約返戻金を一
時払保険料に充当しますから、変更後の解約返戻金額は長期間にわたっ
て増加した後に減少に転じ、満了時にはゼロとなります。

・保険金額は小さくなるが、解約返戻率は長期にわたり増加した後に減
　少に転じ、満了時にはゼロとなる
・保険会社・商品・被保険者の年齢等によっては15ポイント以上も増加
　する商品もある
・一方で、払済後の解約返戻率がほとんど増加しない保険会社・商品も
　ある点に注意する
・払済保険にした方が、解約返戻率は高くなる
ことが分かります。

■払済保険への移行プランをチェックする

　払済保険に変更した場合も契約者貸付が利用できる生命保険会社が多
く、以後も企業経営のバッファーとなります。

　しかし、本来的な主旨を逸脱したかのような「払済プラン」も提案さ

【図表3-5】長期平準定期保険の加入例（単位：万円）

年度	年齢	死亡保険金	保険料累計	解約返戻金	返戻率	払済後返戻金	払済後返戻率	払済後返戻金	払済後返戻率	払済後返戻金	払済後返戻率
1	51歳	5,000	145.2	16.5	11.4%						
2	52歳	5,000	290.4	155.5	53.5%						
3	53歳	5,000	435.6	295.5	67.8%						
4	54歳	5,000	580.8	435.5	75.0%						
5	55歳	5,000	726.0	576.0	79.3%						
6	56歳	5,000	871.2	692.5	79.5%	581.0692	80.0%				
7	57歳	5,000	1,016.4	809.0	79.6%	586.2079	80.7%				
8	58歳	5,000	1,161.6	925.5	79.7%	591.2688	81.4%				
9	59歳	5,000	1,306.8	1,042.0	79.7%	596.3297	82.1%				
10	60歳	5,000	1,452.0	1,158.5	79.8%	601.4685	82.8%				
11	61歳	5,000	1,597.2	1,275.0	79.8%	606.5294	83.5%	1,168.2663	80.5%		
12	62歳	5,000	1,742.4	1,391.0	79.8%	611.5903	84.2%	1,178.0144	81.1%		
13	63歳	5,000	1,887.6	1,507.0	79.8%	616.5733	84.9%	1,187.6124	81.8%		
14	64歳	5,000	2,032.8	1,622.5	79.8%	621.5564	85.6%	1,197.2105	82.5%		
15	65歳	5,000	2,178.0	1,738.0	79.8%	626.5394	86.3%	1,206.8086	83.1%		
16	66歳	5,000	2,323.2	1,853.0	79.8%	631.5225	87.0%	1,216.4067	83.8%	1,751.8138	80.4%
17	67歳	5,000	2,468.4	1,968.0	79.7%	636.5055	87.7%	1,226.0048	84.4%	1,765.6365	81.1%
18	68歳	5,000	2,613.6	2,083.0	79.7%	641.4107	88.3%	1,235.4529	85.1%	1,779.2432	81.7%
19	69歳	5,000	2,758.8	2,197.5	79.7%	646.3159	89.0%	1,244.9010	85.7%	1,792.8500	82.3%
20	70歳	5,000	2,904.0	2,311.5	79.6%	651.1432	89.7%	1,254.1991	86.4%	1,806.2407	82.9%
21	71歳	5,000	3,049.2	2,424.5	79.5%	655.9705	90.4%	1,263.4973	87.0%	1,819.6315	83.5%
22	72歳	5,000	3,194.4	2,536.5	79.4%	660.7200	91.0%	1,272.6454	87.6%	1,832.8063	84.2%
23	73歳	5,000	3,339.6	2,647.5	79.3%	665.3137	91.6%	1,281.4937	88.3%	1,845.5491	84.7%
24	74歳	5,000	3,484.8	2,756.5	79.1%	669.8296	92.3%	1,290.1919	88.9%	1,858.0759	85.3%
25	75歳	5,000	3,630.0	2,863.0	78.9%	674.1897	92.9%	1,298.5902	89.4%	1,870.1708	85.9%
30	80歳	5,000	4,356.0	3,347.5	76.8%	692.7983	95.4%	1,334.4331	91.9%	1,921.7900	88.2%
35	85歳	5,000	5,082.0	3,705.0	72.9%	701.5965	96.6%	1,351.3797	93.1%	1,946.1958	89.4%
40	90歳	5,000	5,808.0	3,850.0	66.3%	686.7252	94.6%	1,322.7354	91.1%	1,904.9436	87.5%
45	95歳	5,000	6,534.0	3,336.5	51.1%	572.5046	78.9%	1,102.7294	75.9%	1,588.1009	72.9%
49	99歳	5,000	7,114.8	0	0.0%	0	0.0%	0	0.0%	0	0.0%

5年経過（55歳）で払済　払済保険金額 778.6　▼

10年経過（60歳）で払済　払済保険金額 1,499.7　▼

15年経過（65歳）で払済　払済保険金額 2,159.8　▼

| 79.3 → 96.6（+17.3pt） | 79.8 → 93.1（+13.3pt） | 79.8 → 89.4（+9.6pt） |

れています。払済後の解約返戻率がほとんど増加しないタイプの長期平準定期保険で高額契約し、数年後に払済保険に変更させる提案です。

例）長期平準定期保険（4割損金）5,000万円

　提案の主旨は次のようなものです。

・払済保険に変更しても洗替えは不要

・40％損金算入で課税所得が減少する（法人税等を軽減できる）

・60％の資産計上で解約返戻率は85％だから、25ポイントの含み資産を形成できる

・勇退退職時期まで85％以上の高い解約返戻率を維持できる

・勇退退職時に解約し勇退退職金として支払えば実質非課税

　しかし、本事例ではまず節税プランになっていません。法人実効税率34％として「節税額部分（40％×34％）13.6＋解約返戻金85＜払込保険料100」当然に、節税プランとは謳っていませんが、課税所得が減少し納税額が軽減できると暗に節税プランであることを匂わせています。

　払済保険に移行後、無選択での保険加入はできません。払えるまで払って、払えなくなったら払済保険に変更しましょうと言いますが、その際に必要保障額が不足する事態に陥らないか確認が必要です。【図表3-5】の例でも明らかなように、払済保険の保険金額は元契約より相当小さくなっています。払済保険に変更することで不足する保険金額は、10年更新型定期保険、逓減定期保険、収入保障保険等でカバーすれば、保険料負担の大幅削減も可能です。しかし、健康状態に不安があれば、これら生命保険への加入はできません。

　他に10年定期、収入保障保険などに加入しているのなら、この保険は保障ではなく単なる積立目的となります。

　払済で解約返戻率85％、含み資産は25ポイントありますが、40％損金と、15ポイントのマイナス（払込保険料100－解約返戻金85）をどのように説明するのでしょうか。不測の事態に備え簿外資産を形成しているとなるでしょう。

　しかし預貯金であれば、資産計上100で解約時にはほんのわずかな利息しか付きませんが、100以上が戻ってきます。損金算入がない分だけ経常利益が減少せず、自己資本が充実したきれいな決算書となります。

　払済保険に変更後、解約返戻金が10ポイント以上増加し、節税プランとなる商品の場合でも、必要保障額のシミュレーションなど、上記に準じた丁寧な確認が前提となります。

　払済後の解約返戻率が増加する商品にしても、解約返戻率が86.4％（4割損金で実質返戻率100％超で、節税プランとなりうる）となるのに

10年以上を要します。

　保険料支払が困難となった場合の対応方法、あるいは過去の節税プランの受け皿として検討すべきでしょう。

②終身移行と終身コンバージョン

　定期保険、長期平準定期保険は、新契約時に無条件あるいは特別条件の保険金削減で契約した場合、一定期間経過後に無選択で（その時点での被保険者の健康状態を問わずに）、終身保険に移行する方法があります。

　終身移行と終身コンバージョンです。名称が生命保険会社によって異なりますので個別に確認しておいてください。

　終身移行は、契約時点での年齢、予定利率で計算した終身保険の責任準備金と、現契約（定期保険、長期平準定期保険等）の責任準備金の差額を一時払いで調整したのち、終身保険として保険料を支払う方法です。

　終身コンバージョンは、定期保険等を解約後1ヵ月以内に、定期保険の保険金額を上限として終身保険に無選択で加入できる制度です。保険料は、解約返戻金を原資とした一時払いもできますし、月払いなどでニューマネーを投入することも可能です。

　よく利用されるのは、相続・事業承継対策です。中小企業の社長の場合は、事業承継者とその他の相続人間での"争族"対策にも事前準備が必要です。相続財産の大半が、自宅兼店舗ないしは工場などの不動産の場合、事業承継者である長男が事業用資産を相続するのが当然と思われますが、均等相続が原則の現在では、弟や姉、妹などと遺産分割でもめることが往々にしてあるからです。

　中小企業の社長と夫人が勇退退職時に、長期平準定期保険の名義を法人から個人に変更し、勇退退職金として現物給付を受けます。次に、解約返戻金の全部あるいは一部を使って一時払終身保険に加入します。

　相続発生時には、死亡保険金を事業承継者である長男が受け取り、代

償分割に活用することで、事業承継をスムーズに進めることができます。

　2019（令和元）年7月より、遺留分侵害額請求権（旧遺留分減殺請求）では、遺留分相当の現金支払いが原則となりましたから、現金がすぐに用意できる生命保険金は重要です。

■長期平準定期保険を終身保険に変更する

　中小企業の社長の多くは、相続・事業承継対策に関心がありますが、加入している終身保険の金額が1,000万円程度のことが少なくありません。これは、3億円の定期付終身保険に加入していても、2億9,000万円が定期保険特約である場合などです。

　健康状態に不安がある60歳台後半になって、慌てて健康状態を問わずに加入できる一時払いの変額個人年金に加入するなども昨今よく目にします。

　相続・事業承継対策としては、個人で終身保険に加入するのが前提ですが、ある程度安定した業績を維持している中小企業では、法人契約の長期平準定期保険を終身保険に変更することで、相続・事業承継対策に活用する手法を紹介するのも喜ばれます。

　災害保障期間付定期保険は、バレンタインショックの誘因となった商品として有名になりました。課税強化以後の販売は低迷しているようです。しかし、この商品は、p159で解説したように、引受基準が緩く、がん患者でも経過観察中、糖尿病でもインスリンを投与していなければ加入できます。加入後10年経過すれば終身保険に移行させることも可能です。節税商品としての役割は終わりましたが、健康状態に不安のある社長にとっては、相続・事業承継対策資金確保として加入を検討できるでしょう。

（3）保険料支払困難時の対応

　中長期の経営状態をシミュレーションしつつ、将来の勇退退職金の準

備を兼ねて契約したものの、経営環境の激変で「保険料の支払いが困難となってしまった場合」の対応について検証してみましょう。

①払込方法の変更

　法人契約では、節税プランではないにもかかわらず年払契約がかなりの割合を占めています。保険料が3～5％程度割引となり、解約返戻率も数ポイントアップしますが、高額となり保険料を毎期確保するのが苦しいという中小企業が多くあります。決算直前に240万円支払うのは大変ですが、毎月20万円であれば負担感は大幅に減ります。

②減額

　必要保障額を検証し、過大な保険金額を減額し、支払保険料負担を軽減させます。

③契約者貸付

　運転資金等の現金が必要な場合は、契約者貸付の活用を検討します。契約者貸付は、解約返戻金の80％範囲内で（生命保険会社によって70～90％）キャッシングを行う制度です。詳細は「契約後のサポート（1）契約者貸付の活用」を参照してください。

　貸付金は、必要書類が生命保険会社の本社到着後2営業日程度で着金します。生命保険会社によっては、書類を提出すると翌々日に着金するなど、スピーディーな対応を行っているところもあります。保険料振替口座（メインバンク）以外の口座へ振り込むことも可能なため、「メインバンクに短期の運転資金借入を申し込むと、時節柄あれこれ詮索されるので煩わしい」と感じている中小企業の社長がよく利用する手法です。

　貸付利率は予定利率プラス1％程度と銀行融資より低利な場合が多いことや、オーバーローンとなるまで借り続けられることもメリットです。被保険者死亡の場合は、死亡保険金から貸付の元利合計額が差し引かれ

精算となります。

④自動振替貸付

　自動振替貸付とは、「解約返戻金の範囲内で、保険料を立て替える制度」です。自動振替貸付制度を利用すれば、いったん現契約を解約して経営状態が安定した後に再契約するよりも、保険料、解約返戻金（率）とも有利となります。単純解約は、再契約の場合の保険料のアップ、解約返戻率のダウン、健康状態悪化による新規契約の謝絶などの不利益を被ることもあるため、最後の手段といえます。

　契約応答日の２ヵ月後に自動振替貸付の適用判定が行われ、この時点で仕訳は、貸方に「借入金」を建てます。

　自動振替貸付制度を利用していても、オーバーローンとならない限り、契約者貸付が利用できるといった自在性もあります。

⑤払済保険への変更

　保険金額は小さくなりますが、保険料の払込みを停止して保障を残す方法が「払済保険」への変更です。

- 保険金額は小さくなるが解約返戻率は比較的長期にわたり高い率を維持する
- 長期平準定期保険では払済保険にした方が解約返戻率は高くなる

　　払済保険に変更した場合も契約者貸付は利用でき、以後も企業経営のバッファーとなります。

　　払済保険に変更することで不足する保険金額は、10年更新型定期保険、逓減定期保険、収入保障保険等でカバーすれば、保険料負担の大幅削減も可能です。

⑥保険期間の短縮

　経営状態の改善が長期にわたって見込めない場合は、長期平準定期を

10年定期、70歳定期などに保険期間を短縮することで保険料を引き下げます。例えば、100歳定期保険の加入者が10年定期保険に期間短縮した場合、100歳定期の責任準備金と10年定期保険の責任準備金との差額が契約者に返還されます。

解約する場合でも、いったんは保険期間を短縮してからの方が、有利なケースが多くなります。解約して10年・70歳定期保険に入り直す場合は、解約返戻金が支払われます。契約後10年以内の解約では、責任準備金から早期解約控除（surrender charge）を差し引いたのが解約返戻金です。解約して入り直すよりも、早期解約控除がない分だけ責任準備金の調整額の方が大きな金額が返還されます。

10年・70歳定期に入り直す場合には、当然に契約年齢が上がっており、保険料負担面からも不利です。

（4）反対給付（見合い損金）がない場合

① 3 期の決算に分割して解約

逓増定期保険などの解約返戻率がピークに達したが、役員勇退退職などの反対給付事由がない場合には、どのように対応したらよいでしょうか。それには、利益処分を 3 期に分散する方法があります。決算期末直前に加入した逓増定期保険の例で見てみましょう【図表3-6】。

ア）当該決算期末
・直前に 3 分の 1 を減額（一部解約）
・年払保険料の支払いを停止するとともに、生命保険会社に自動振替貸付の停止を申込み
※雑収入（解約返戻金−支払保険料 ×1／2×1／3）が発生
イ）翌決算期中かつ支払猶予期間（契約応答日から 2 ヵ月以内）中
・元契約の 3 分の 1 を減額
※雑収入（解約返戻金−支払保険料 ×1／2×1／3）が発生
ウ）翌々決算期以降かつ失効後 2 年以内（原則）

【図表3-6】逓増定期保険の例

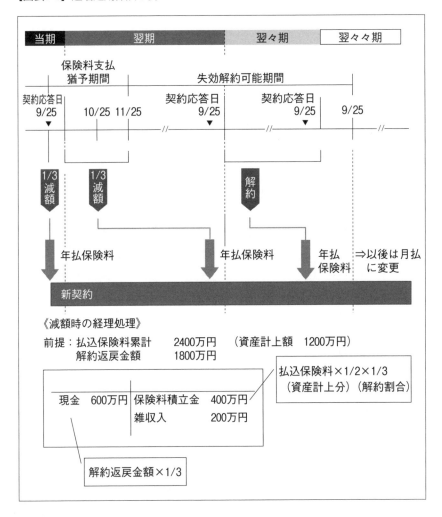

・失効契約（元契約の3分の1）を解約

※雑収入（解約返戻金－支払保険料 ×1／2×1／3）が発生

エ）解約返戻金を使って、新たに逓増定期保険節税プランの年払保険
料に充当する

【図表3-7】 法人契約の保全方法

	イメージ	解説	保険料負担減	資金需要	保障拡充
払込方法の変更	年払 月払	・契約応当日に、年払保険料を月払保険料に変更する ・1回あたりの保険料負担を軽減できる ・支払保険料総額は増加するが、解約返戻金に変動はない	●		
減額	減額 新保険料	・保険金額の一部解約 ・減額時点で解約返戻金が支払われる ・以後は、減額後の保険金額に応じた保険料を支払う	●	●	
払済		・保険料の支払を停止し、責任準備金を基に、満了期間を変更せず保険金額のみが少なくなる ・変更後も解約返戻金は一定期間増加する ・定期保険から定期保険への払済では洗替は不要	●	●	
期間短縮後の解約	①保険期間の短縮 ＊責任準備金の差額を支払 ②解約 満了 ＊解約返戻金を支払	・①保険期間を短縮した時点で、元契約と変更後契約の責任準備金の差額が支払われる ・②解約した時点で解約返戻金が支払われる ＊単純解約よりも契約者の受取金額が多くなる	●	●	
解約	解約 満了	・解約返戻金が支払われる	●	●	
契約者貸付	契約者貸付	・解約返戻金の80〜90％が借りられる ・契約者貸付を受けても、解約返戻金、配当金は変わらない ・返済は随時可能		●	
自動振替貸付	オーバーローン 自動振替貸付 保険料	・解約返戻金を原資に、保険料に充当する ・以後の保険料支払は不要である ・オーバーローンになった時点で保険は消滅する	●		
期間延長	＊責任準備金差額支払 新満了	・基本的には健康状態を問わない生命保険会社が多い ・元契約と期間延長契約の責任準備金の差額を納付する			●
終身移行	終身保険	・基本的には健康状態を問わない生命保険会社が多い ・元契約と期間延長契約の責任準備金の差額調整がある			●
終身コンバージョン	②元契約と同じ保険金額まで可能 ①一時払保険料に充当 終身保険	①元契約の解約返戻金を終身保険の一時払保険料に充当 ②元契約の保険金額を上限に終身保険に新規加入する ＊いずれも健康状態を問わない			●

②利益処分を分散する場合の留意点

ここで注意すべき点は以下の通りです【図表3-7】。

ア）保険料の支払方法

　　口座引落しではなく、振込扱いにしておく必要があります。口座引落しの停止は、事前に金融機関あるいは生命保険会社に依頼することで可能ですが、特に生命保険会社に依頼した場合、間に合わないことがあるためです。

イ）失効解約返戻金の請求期間

　　失効後3年経つと、失効解約返戻金の請求が時効となります。この時点で、失効解約返戻金額を保険料引落口座に自動的に振り込む制度の生命保険会社が多くあります。失効後2年超経過した段階で、失効解約返戻金を受け取りたい場合には注意します。

ウ）契約者・被保険者の状態

　　失効契約のある契約者・被保険者は、同一生命保険会社で新規契約を申し込むことができません。失効契約を解約してからでないと、新契約を扱わないとするのが一般的です。

　　また、健康状態が思わしくない場合には、新たな生命保険契約を申し込むことは難しくなります。

エ）生命保険会社によっては、失効するとすぐに失効解約返戻金が返金されてしまいます。この場合には本対応方法自体が使えません。

　　これらは、生命保険会社ごとの社内ルールにも違いがありますから、事前によく確認しておきましょう。これは、あくまでも緊急避難的対応に過ぎません。

（5）節税プランの既契約の処理方法

節税プランが封印されたことにより、既契約の処理に適切なアドバイスが得られず困惑している社長が相当数います。今まで節税プランへの加入を煽っていたコンサルタント、セミナー講師が掌を返したように、

節税プランを解約して終身保険、変額保険、外貨建て保険などへの切り替えを推奨している事例もあります。

バレンタインショック後では、「法人向け保険商品のご検討に際してご留意いただきたいこと」を法人契約者に配布していますが、その中にも『「支払保険料」を損金算入しても「保険金」や「解約返戻金」等は益金に算入されます。課税タイミングが変わる課税の繰り延べに過ぎず、原則、節税効果はありません。』とあります。

中小企業の社長の多くは当然に知っており、課税の繰り延べ、欠損発生時の対応策、緊急時の契約者貸付などを期待して節税プランに加入しています。今回のコロナ禍では、節税プランを解約して運転資金に充てて助かった中小企業が多くあります。

節税プランの保全について整理しておきましょう。

■節税プランになっているか

節税プランであるためには、実質返戻率が100％超であることが前提でした。実質返戻率を算出するには、損金算入額累計、実質保険料累計をまず算出する必要があります。算出するには、保全している旧設計書で確認するか、生命保険会社に依頼して旧設計書の再作成を依頼する必要があります。節税プランが封印された現在では、旧設計書の再作成は拒否されることがほとんどです。

ここで、簡易的な計算をしてみましょう。「２．節税プラン（損金話法）による提案」（p101【図表2-11】）の E 活用です。

解約返戻金額＋軽減税額累計（損金算入保険料×法人実効税率）が払込保険料累計を上回っていれば節税効果があったことになります。

全額損金商品では、軽減税額累計（損金算入保険料×法人実効税率）は支払保険料全額ですから、解約返戻率は66.0％以上あれば節税プランとして成り立ちます。

４割損金商品では、軽減税額累計（損金算入保険料×法人実効税率）

は（0.4×34.0％）で13.6％となり、節税プランが成り立つためには、100.0％-13.6％で86.4％以上の解約返戻率であることが必要となります【図表3-8】。

【図表3-8】節税プランの検証

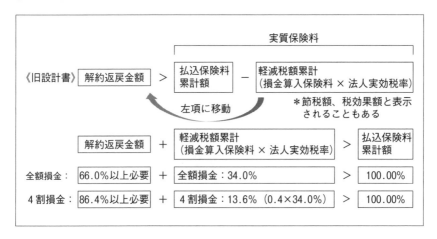

次に、適用している法人実効税率の検証をします。p108【図表2-15】で課税所得に応じた法人実効税率を適用したメリット表となっているか否かです。

　課税所得400万円に満たない法人にもかかわらず、課税所得800万円超の税率でシミュレーションしている、契約後の法人実効税率の低下に応じてシミュレーションを見直していない場合は、節税プランとして成り立っていないことが多くあります。

■節税プランでないことが判明した場合

　節税効果がない既契約と判明した場合は、どう対応すべきでしょうか。節税効果がなくとも、「3. 含み資産話法による提案」（p112〜）で検証したように、「含み益」「掛捨て保険料」を計算してみると、すぐに解約はもったいない契約であることがあります。

終身保険に変更した場合、解約返戻金が相当額あるため必要保障額を確保するには高額の保険料が必要となる、変額保険、外貨建て保険などでは運用リスクがある、ことなどを慎重に判断する必要があります。

　高額な保障を確保しつつ、解約返戻率も40％ある、月あたりの掛捨保険料を試算してみると、10年定期保険の更新型より割安であった、などでは現契約を残す選択もあるでしょう。

　また、既契約を解約する前に、被保険者の健康状態を確認しておくことも生命保険提案では当然に必要です。

■解約返戻率ピーク時対応

　一方で、節税プランとして成り立っているが、解約返戻率のピークが近い契約、特に逓増定期、災害保障期間付定期保険などの対応方法も確認しておきましょう。

　一つは、p194「①3期の決算に分割して解約」で見たように、一度に解約すると高額の解約返戻金が発生し課税額も大きくなってしまいますが、3決算期に分けて解約し、次の新たな生命保険契約の保険料に充当する方法です。新たな契約では、既契約を含めて必要保障額、就業不能、勇退退職金準備、などを総合的にチェックしてからの新提案が必須です。

　再度、節税プラン、課税の繰り延べを検討するのであれば、

・最高解約返利率50％超から70％の定期保険等に1被保険者30万円（他社通算）までの全額損金算入の特例

・長期平準定期保険、災害保障期間付定期保険で払済保険に移行する（払済時に洗替えが不要で、払済後の解約返戻率が大きく増加する商品）

などが検討されるでしょう。

　払済プランでは、既契約の解約返戻率がピークの時期を中心に5年程度かけて減額（一部解約）を続けます。解約返戻金は、払済に移行する時点で洗替えがなく、かつ払済以降後の解約返戻金額（率）が増加する

商品の年払保険料として充当します。

　新たに契約した長期平準定期保険は、既契約の解約返戻金を保険料として充当し終わった時点で払済に移行させます。

　払済移行後の解約返戻金額が、既契約の解約返戻金の税引後手取額を上回れば乗換効果があったことになります。勇退退職金支払などの反対給付（見合い損金）のタイミングを見計らって解約します【図表3-9】。

【図表3-9】解約返戻率の検討

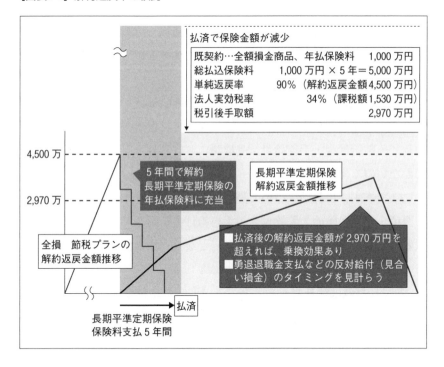

払済で保険金額が減少

既契約…全額損金商品、年払保険料	1,000 万円
総払込保険料　　1,000 万円 × 5 年＝	5,000 万円
単純返戻率　　90%（解約返戻金額	4,500 万円）
法人実効税率　　34%（課税額	1,530 万円）
税引後手取額	2,970 万円

4,500 万

2,970 万

5 年間で解約
長期平準定期保険の
年払保険料に充当

長期平準定期保険
解約返戻金額推移

全損　節税プランの
解約返戻金額推移

■払済後の解約返戻金額が 2,970 万円を超えれば、乗換効果あり
■勇退退職金支払などの反対給付（見合い損金）のタイミングを見計らう

払済

長期平準定期保険
保険料支払 5 年間

4. 医療保険・がん保険の提案

（1）医療保険についての税務面の問題

　生保販売においても、固定概念を変えなければならないことが多くあります。「法人には定期保険」という通説は、バレンタインショックにより、節税プランがすべてではない、資産計上しているがゆえに解約返戻金があり、契約者貸付による運転資金の補填、勇退退職金の原資になる、というあたり前のことに再びスポットライトが当たったに過ぎません。

　同様に、「法人には医療・がん保険は販売しない」という固定概念も払拭する必要があります。法人に医療保険を付保すべきではないというのは、入院給付金・手術給付金受取時における税務面からの問題提起でしかないのです。

　ここでまず、税務面について整理しておきましょう。

　医療・がん保険の入院給付金・手術給付金を契約者である会社が受け取ると、会社の営業外利益（雑収入）となり、法人税の課税対象となります。

　「入院したのは社長だから」と、受け取った給付金を社長に支払った場合、社会通念上妥当な金額であれば見舞金として損金処理できますが、過大と判断されれば、その部分は「役員賞与」として損金不算入となります。

　ここでいう社会通念上妥当とされる金額は、役職・入院期間などから総合的に判断されるものですが、「5〜50万円」「社長の月収程度」など諸説あります。複数の税理士に問い合わせても、「所轄税務署の判断」という回答です。

■見舞金上限を５万円は疑問

国税不服審判所において「取締役会長に支払った入院見舞金は５万円について損金処理を認める」という裁決が行われたことから（平14.6.13裁決『裁決事例集』63　309頁）、「入院見舞金の妥当額は５万円」という通念が一人歩きしているようです。本件は、「建設工事業を営む同族会社が、その取締役会長に支払った報酬の額および退職給与の額が過大か否か、並びに同人に支払われた見舞金が同人に対する賞与等に該当するか否か」を主な争点としたものです。

個別事情もあり、本件を前例として一律入院見舞金の上限は５万円と言い切れるものではありません。国税不服審判所の裁決にまでなるケースは稀であり、比較的稀有な事例をもって全体を語るのは適当とはいえません。税務署では一般的に、社内規程が整備されているかという「形式基準」と、地域・業種・役職などに照らし合わせた「客観基準」の２点から総合的に妥当金額が判断されるからです。

役員退職金・弔慰金規程と同様に、見舞金についてもあらかじめ規程を作成しておくとともに、契約前に所轄税務署に確認をしておくとよいでしょう。その際、日時、担当職員名、内容を必ず記録しておいてください。

見舞金としては過大と判断された場合、給付金の「全額」が役員賞与扱いとされていた時期もありました。例えば、会社が100万円の給付金を受け取って全額を社長に見舞金として支払った場合に、税務署が見舞金の妥当金額を50万円と判断すると、「50万円は見舞金（損金）、50万円は役員賞与」ではなく、「100万円全額が役員賞与」とされていたのです。見舞金を受け取った社長個人も所得税・住民税の課税対象となってしまいます。

現在では、見舞金としての妥当金額までは「見舞金」とし、過大と認定された金額は「役員賞与」（従業員の場合は「給与」）として処理することが認められています。

個人で医療保険を付保していた場合、受け取った給付金は全額が非課税扱いとなります（所得税法施行令30条）。

　このことから、医療・がん保険は個人で付保するもので、法人契約で医療保険の付保を営業職員が勧めるのは、「法人税務に疎い素人の提案」と一部のセールスパーソンなどから敬遠されてきたわけです。大手生命保険会社のセールスレディが積極的に提案してきた定期付終身保険は入院特約がセットされていますが、「法人が受け取った入院・手術給付金は、被保険者である社長に支払うことは税務上できません」と短絡的に否定するセールスパーソンもいます。

（2）医療・がん保険による利益補填

　税務面での問題を承知しながらも、あえて法人に医療・がん保険の付保を勧めているケースも多くあります。法人契約においては、入院給付金・手術給付金の受取りが法人になることを説明していなければ、厳しい批判も受けざるを得ませんが、この理由はどこにあるのでしょうか。

　差額ベッド代など、入院や治療のための医療費をカバーする目的であれば個人で加入すべきでしょう。しかし、事業継続のために医療保険を付保するのであれば、話は変わってきます。法人で付保するメリットが大きくなるのです。

　従業員数人〜10数人の零細企業で考えてみます。零細企業の大半は、社長が営業に回り、獲得してきた案件を従業員が処理・加工しています。もし社長が長期入院したら、その間、新しい仕事はありません。

　こうした会社が法人契約で医療保険、がん保険を付保していたらどうでしょう。受け取った給付金を見舞金として社長に支払わなければ、落ち込んだ売上をカバーし、従業員の給与、営業経費、家賃・光熱費などの固定費の補充として活用できます。

　【図表3-10】で具体的な例を見てみましょう。この会社の月次損益計算書は、1,000万円の売上に対して売上原価は600万円、営業経費は100

万円、限界利益は300万円（30％）、家賃・従業員給与などの固定費は200万円で、当月利益は100万円です。この会社で社長が入院しました。

　入院日額1万5,000円の契約で、社長が入院給付金・手術給付金計60万円（入院日数20日、手術給付金計60万円（入院日数20日、手術給付金1万5,000円×20倍））を受け取ったとします。この給付金を限界利益30％で割り戻してみると、60万円÷30％＝200万円。社長は入院していても、200万円の売上を上げていることになるのです。

　がん診断給付金特約を付保していれば、さらに受取金額は大きくなります。

【図表3-10】医療保険、がん保険付保のメリット

```
┌─────────────────────────────────────────────────────────────┐
│   売上高              1,000 万円   （100％）  200 万円の売上高と同等 │
│   売上原価（変動費）     600 万円              の価値              │
│   営業経費（変動費）     100 万円                    ↑            │
│   ───────────────────────────────────     限界利益率 30％ で割り  │
│   限界利益             300 万円   （30％）   戻すと 60 万円 ÷30％  │
│   固定費（従業員給与等）  200 万円              ＝200 万円          │
│   ───────────────────────────────────   ┌─────────────────┐ │
│   当期利益             100 万円           │ 給付金収入 60 万円 │ │
│                                        └─────────────────┘ │
│                                        社長は入院していても      │
│                                        200 万円売上げを確保      │
│                                        したことになる           │
└─────────────────────────────────────────────────────────────┘
```

　ここまで面倒に説明しなくても、「税引前利益を100万円上げるには、いくらの売上が必要ですか？」「社長が入院した場合、その売上を誰か代替してくれますか？」というひと言で、社長の関心は大きくなります。

　会社を守るための医療・がん保険（特約）の保険料は、会社にとって税務上だけでなく、心理的にも必要経費となります。「医療・がん保険で利益補填（会社を守る）」というのは、新しい法人提案の切り口となるでしょう。

バレンタインショック後の「法人税基本通達9-3-5」の特例として、無解約返戻金型または解約返戻金がほとんどない終身型医療保険、がん保険の短期払いは、年換算保険料30万円以下であれば、都度損金（支払保険料の全額が当該年度に損金として処理可能）が認められているので利用を検討しましょう。

（3）特定疾病保険の活用

　医療保険と同様の効果をもたらすのが、「特定（三大）疾病保険」です。「生前給付型保険」と呼ばれるこの保険は、被保険者が、がん・脳血管疾患等に罹患し所定の状態になったときに、保険金が前払いされます。

　社長がこうした重篤な疾患に罹患した場合、長期入院あるいは社会復帰が難しいケースが多くなります。そして、かなりの割合で後継者に事業を譲ります。

　この場合も、受け取った給付金を医療保険（特約）の場合と同様に売上の補填として活用することができます。後継者に事業承継する際には退職金の一部として活用することも可能です。

　保険料仕訳は、定期型は定期保険、終身型は終身保険に準じます。

　死亡保障と第三分野保障が一体型となっている商品のため、2019（令和元）年7月8日以降を契約日とする場合には、個別確認により（法人税基本通達9-3-5）（法人税基本通達9-3-5の2）に則り、最高解約返戻率の応じた経理処理を行うことができます。

　また、従前の取扱いに準じて終身型は全額資産計上することも可能です。

5. 従業員の福利厚生制度としての提案

(1) ハーフタックス養老保険の活用

　バレンタインショックにより「節税プランはない、あくまでも課税の繰り延べである」ことを念押しして、法人生保の契約を締結することになりました。中小企業の社長の多くは、そのことを承知しており、利益の平準化、課税の繰り延べを求めています。

　現在、新たに課税の繰り延べができる生命保険商品は実質的に、ハーフタックス養老保険、「最高解約返戻率50％超〜70％で年払保険料30万円以内（1被保険者・他社通算）の定期保険」のみとなりました。

■2分の1損金算入の要件充足を確認する

　法人契約で養老保険に加入した場合、満期保険金があることから、支払った保険料は全額資産に計上するのが原則です。ハーフタックス養老保険は、一定の要件を充足し、従業員の福利厚生制度の一部を担うと判断された場合、"特例"として支払保険料の半分を「福利厚生費」として損金算入することが認められています。

　満期保険金は支払保険料と同程度になりますし、実質返戻率も高いことから、安定的に利益を上げている企業には従来から高いニーズがあります。保険の種類が養老保険のため、緊急時には契約者貸付が使えることもアピールポイントになります。

　福利厚生制度の一環として認められる、言い換えれば保険料の2分の1を「福利厚生費」という勘定で経費処理することが認められるためには、次のことが求められています。

　・全従業員が被保険者となること
　・同族関係者が従業員の大半を占めていないこと

・死亡退職金は直接従業員の遺族に支払われること

　全従業員が被保険者となるのが原則ですが、中小企業の場合には従業員の出入りが多いことから、客観的に見て全員加入とみなせる状態、すなわち「普遍的加入」であれば足りるとされています。

　普遍的加入の例としては、「年齢20歳以上の全従業員」「勤続３年以上の全従業員」などが当てはまります。

　勤続５年以上、男性従業員のみ、課長職以上、などの加入では、損金算入がことごとく否認されています。健康状態が思わしくなく、生保会社が引き受けない従業員を除くことは認められています。

　従業員の年齢が高く、採用予定の養老保険に加入できない場合もあります。例えば従業員が59歳で、65歳満了の養老保険には契約規定により加入できない場合には、70歳満了養老保険に加入する、定期保険に加入するなど、従業員の福利厚生に寄与するような工夫が本来的には求められるでしょう。

　普遍的加入を充足するためには、何も全従業員が同じ生命保険会社で付保している必要はありません。現在の加入状況をチェックし、差別的加入が発見された場合には、未加入の従業員のみ自社で加入してもらうよう提案してもかまいません。制度導入以来、定期的な全従業員付保のチェックを行っていない中小企業も多くあります。

　「入社３年以上経過した従業員に付保していますか？」「退職した従業員の契約は解約していますか？」「女性だけに付保していませんか？」など、損金算入の要件充足のチェックを切り口に訪問するのも効果的です。

　また、全従業員が同額で加入していることも要求されていません。従業員は300万円、課長以上は500万円というように、役位ごとに格差を付けることも可能です。この例では、Ａ社にて全従業員が一律300万円加入しているのであれば、課長以上についてＢ社にて200万円付保する提案も有効です。

役位ごとの格差について明確な基準はありませんが、「給与格差以内かつ5倍以内」「最高付保金額3,000万円」が一般的に認められる限界といわれています。ただし、具体的には所轄税務署で確認します。

ハーフタックス養老保険には、役員の加入も認められています。制度導入あるいは改定の際には、役員の加入についても規定しておくとよいでしょう。他の制度と異なり、保険料の2分の1を損金算入しながら役員退職金の準備もできるのです。

同族関係者が従業員の大半を占めていないことについては、「所得税・源泉税通達の疑問点」（ぎょうせい、平成7年）に「おおむねその80％以上を想定しているものと解されている」との記述があり、一つの根拠とされています。

従業員の福利厚生制度、退職金準備としては、中小企業退職金共済（中退共）、特定退職金共済（特退共）があります。いずれも、掛金が全額損金算入できますが、全員加入が必須要件であること、不祥事を起こした従業員が退職した場合でも退職一時金（解約手当金）は直接従業員に支払われる点を懸念する社長もいます。

不祥事を起こしたのはそれなりの理由もあるだろう、いままで会社に貢献してくれたのだから、と容認する社長もいれば、激怒する社長もいます。一方、ハーフタックス養老保険を解約した場合の受取人は契約者（法人）となります【p210 図表3-11】。

■10年満期か65歳満期か

ハーフタックス養老保険は、10年満期で設計しているものが多くあります。元々は郵便局の簡易保険（現かんぽ生命）が、昭和30年代から積極的にこのハーフタックス養老保険を販売していました。当初は30年満期養老保険で提案されていましたが、高度成長時代に従業員の離退職率が高まったこと、インフレによる貨幣価値の大幅な低下に対応するため定期的な増額措置を講じる必要があったこと、などの理由により、10年

満期養老保険での提案が主流となりました。

【図表3-11】ハーフタックス養老保険の経理処理

□1/2TAX 養老保険

契約者	法人
被保険者	役職者・従業員の全員（普遍的加入）
満期保険金受取人	法人（契約者）
死亡保険金受取人	被保険者の遺族

・経理処理

保険料	保険料積立金（資産計上）
	福利厚生費　　（損金算入）

■普遍的加入

・全従業員が被保険者
・同族関係者が従業員の大半を占めていない（8割以下と言われている）

　　× 男性だけ付保
　　× 勤続5年以上に付保
　　　（3年以上ならOK）
　　× 課長職以上にのみ付保

・付保金額の格差
　　・給与格差以内かつ5倍以内
　　・最高3,000万円

・付保は同一生命保険会社である必要はない

　保険料は、10年養老保険の方が65歳満了養老保険よりも相当高くなる（＝損金算入額が大きくなる）ことから、特にバブル時代には10年養老保険での高額提案が節税プランの主力商品として、他の生命保険会社も追随しました。

　最近では、10年満期養老保険を契約後3年程度で払済保険に変更し、再度10年満期養老保険に加入させる事例が複数の生命保険会社で確認され、本来的に福利厚生制度といえるのかと問題視されています。件数獲得ノルマに走った結果ですが、契約者である中小企業に迷惑をかけないように配慮したいものです。

　すでに10年養老保険に加入している場合には、その契約を払済保険に変更させ、65歳満了養老保険を新たに提案している事例もあります。養老保険の場合、払済保険に移行しても特に経理処理は不要です。

　10年満期を65歳満期に期間延長することも検討しましょう。10年満期に比べて満期が相対的に長くなる65歳満了の方が保険料は安くなり、景気低迷の昨今、中小企業経営者にも受け入れやすい提案といえるでしょう。

（2）医療保険・がん保険の活用

　従業員の福利厚生制度とし、医療保険、がん保険を従業員にかける中小企業も増えています。契約形態には2種類あります【図表3-12】。

【図表3-12】医療保険・がん保険の契約形態

	通常契約	福利厚生プラン
契約者	法人	法人
被保険者	役員・従業員 （特定者も可）	普遍的加入の従業員 （全役員を含めることも可）
給付金受取人	法人	被保険者
保険料の経理処理	（法人税基本通達9-3-5の2）による	全期払は全額損金算入 （法人税基本通達9-3-5）

　通常の契約では、社長など経営陣のみを被保険者とし、給付金受取人を契約者（法人）とします。保険料の経理処理は、「法人税基本通達9-3-5の2」によるため、以下のようになります。

　・定期型・全期払……全額損金

　・終身型・全期払……全額損金

　・短期払　　　　……116歳満了として資産計上を要する

ただし、次の点に注意が必要です。

①無解約返戻金型または些少解約返戻金型で1被保険者あたり年払保険料30万円以下であれば全額損金算入

②1被保険者・他社通算で年換算保険料が30万円以下であれば、短期払いも全額損金算入

法人が受け取った給付金は、資産計上となります。被保険者である社

長などに見舞金として支払った場合は、一定額以上は損金処理が認められません（p202参照）

　福利厚生プランでは、普遍的加入の要件を充足していれば、全期払いであれば、支払保険料の全額が損金算入できます。特に最近注目されているのが、がん保険の福利厚生プランです。

　2007（平成19）年に施行、2016（平成28）年に改正された「がん対策基本法」の8条では、「事業主は、がん患者の雇用の継続等に配慮するよう努めるとともに、国及び地方公共団体が講ずるがん対策に協力するよう努めるものとする」と規定されています。

　かつての不治の病から、早期発見できれば治る病気の代表格ともなったがんですが、治療が長期化するケースも多いため、法によって患者の支援を打ち出しています。

　がん患者の治療費の捻出についても、注目すべきデータがあります。「NPO法人がん患者団体支援機構／ニッセンライフ」が実施したアン

【図表3-13】がん治療費の捻出先

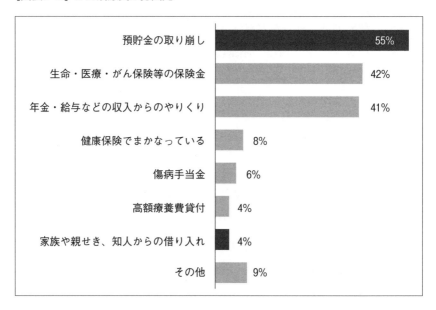

項目	割合
預貯金の取り崩し	55%
生命・医療・がん保険等の保険金	42%
年金・給与などの収入からのやりくり	41%
健康保険でまかなっている	8%
傷病手当金	6%
高額療養費貸付	4%
家族や親せき、知人からの借り入れ	4%
その他	9%

【図表3-14】法人がん保険の福利厚生プラン

契約者	法人
被保険者	役職者・従業員の全員（普遍的加入）
給付金受取人	被保険者
がん死亡保険金 受取人	法人（契約者）

・経理処理

保険料	全額損金（福利厚生費 or 保険料）

・給付金請求者

給付金	被保険者
がん死亡保険金	契約者（法人）

・給付金等の税務

給付金	非課税（被保険者／個人）
死亡保険金	雑収入（契約者／法人）
給付金受取人	被保険者
死亡保険金 受取人	法人（契約者）

■普遍的加入

・全従業員が被保険者
・同族関係者が従業員の大半を占めていない（8割以下と言われている）

× 男性だけ付保
× 勤続5年以上に付保（3年以上ならOK）
× 課長職以上にのみ付保

○役職に応じて付保金額に格差を設けるのはOK

ケートでは、55％が預貯金を取り崩し、4％が親戚などから借り入れています。年金・給与などの収入からも41％を占めており、住宅購入や子供の教育費などにしわ寄せがいっていることが想像に難くありません。

　生命・医療・がん保険等の保険金で賄ったという回答は42％ありますが、複数回答調査ですから、多くのがん患者がライフプランに何らかの影響を受けたことが推測されます【図表3-13】。

　被保険者を従業員全員（普遍的加入）とするがん福利厚生プランがあります。診断・入院・手術などの給付金は被保険者である従業員が受け取ります。この場合、法人の支払保険料は全額が福利厚生費または保険料として損金算入できます【図表3-14】。

　給付金は、受取人が被保険者自身ですから非課税となります（所得税基本通達9−20）。

　病気・ケガなどの治療費は、公的医療保険（原則自己負担3割）と民

間の医療保険（差額ベッド代など）でほとんどカバーできますが、高額な治療費、長期にわたる治療など、がん治療には特殊性があります。がんは治る時代であり、優秀な従業員の復帰を支援する、福利厚生制度が充実しており従業員を大切にしてくれる会社という評価、など付保する会社にとっても大きなメリットがあります。

　最近では、オリックス生命から定期保険型の保険料が低廉ながん保険も販売されています。がんに罹患した後でも終身保険に変更することが可能な保険です。終身型のがん保険と合わせて検討する価値があるでしょう。

（3）総合福祉団体定期保険の活用

①全員加入の１年更新の団体定期保険

　従業員の死亡・高度障害に備える福利厚生制度に、「総合福祉団体定期保険」があります。かつてはＡグループ保険と呼ばれた全員加入の１年更新の団体定期保険で、従業員10人以上の企業が対象となります【図表3-15】。

　Ａグループ保険は、死亡保険金の受取りが契約者である法人であり、受け取った死亡保険金の一部しか死亡した従業員の遺族に支払わず社会問題となり、現在の総合福祉団体定期保険に商品内容が改訂された経緯があります（文化シャッター事件）。

　契約者を法人、被保険者は全従業員（普遍的加入）です。役員、パートは加入できますが、アルバイト、下請け、派遣社員は加入できません。

　死亡・高度障害保険金を従業員の遺族に直接支払います。保険料は、全額損金算入することができます。従業員がケガをした場合に備えて、障害給付金（≒後遺障害保険金）、入院給付金（日額は死亡保険金額の1.5／1,000、１万5,000円限度）を付加することができます。

　また、従業員が死亡退職した場合、後継の従業員を雇用するために採用活動を行う、一時的補充にパート・派遣社員を雇うなどの費用がかか

【図表3-15】総合福祉団体定期保険の商品内容

契約形態	契約者　　＝法人 被保険者＝役員、従業員 受取人　　＝被保険者の遺族	
被保険者の範囲	従業員全員（役員・パート可　アルバイト・下請け・派遣社員不可）	
保険期間	1年満期で自動更新	
保険料	月払、3ヵ月一括払、6ヵ月一括払、年一括払　掛捨て	
配当金	1年ごとの収支状況により配当金を支払う（有配当のみ）	
加入条件	10名以上　就業規則（弔慰金規程等）が必要	
特約の種類	ヒューマン・ヴァリュー特約	従業員が死亡した場合に、新しく社員を採用・育成するなどの費用のため企業が保険金を受取る特約（主契約の保険金額が限度）
	災害総合保障特約	ケガをした場合の保障 ・障害給付金（≒後遺障害保険金） ・入院給付金 　（日額＝死亡保険金額の1.5/1,000 　15,000円限度）

るため、それを補填する目的で、死亡保険金を上限として契約者（法人）が受け取れる「ヒューマン・ヴァリュー特約」を付加することも可能です。

②既契約へのシェアインを提案

　従業員の福利厚生制度として、新規で提案するのもいいですが、より効率的な提案は、既契約へのシェアインです。まず、従業員数10人以上の企業をリストアップします。生・損保の団体扱い、ハーフタックス養老保険の契約者、自動車保険のフリート先などが候補になります。

　社長または総務・経理担当者に、総合福祉団体定期保険に加入しているか否かをヒアリングします。加入している場合には、幹事生命保険会社、有配当・無配当のいずれか、加入方式（全員一律加入、ランク別加

入等)、更新日などを確認します。社長に面談し、シェアインをお願い
します。

　まずは、10~30％程度でお願いすれば抵抗感はないでしょう。

　更新日の1ヵ月前までをメドに「シェア決定通知書」を幹事生命保険
会社に社長名で提出していただきます。ひな形は、各生命保険会社で用
意してあります。

　シェアインができると、幹事生命保険会社から被保険者の氏名、性別、
生年月日などが一覧表となった被保険者名簿が送付されてきます。通常
であれば、個別に創意工夫し時間をかけて入手していた見込客情報が簡
単に入手できます。この名簿を使って職域募集を行います。

　翌年以降はシェアアップを要請しますが、幹事となる必要はありませ
ん。非幹事でシェア70％なども可能で、事務手続きは幹事会社に委ね、
手数料と被保険者名簿の異動を確認することが可能です。

　有配当商品、無配当商品いずれも、ここまでの手続きは同じです。

　有配当商品にシェアインし、無配当商品の扱いも可能な場合は翌年以
降に、無配当商品への切替え提案を行います。

　有配当商品は全社同一商品ですが、無配当商品は、生命保険会社ごと
に保険料が異なりますが、勇退等商品に比べて概ね30％程度保険料は割
安に設定されています。

　幹事生命保険会社から送付されてきた被保険者名簿を基に、無配当商
品での保険料をシミュレーションし、提案先企業に提示します。無配当
商品への切替えが了承されたら、申込書等の必要書類一式を取り付けま
す。同時に、有配当商品の幹事生命保険会社に既契約の更新拒否通知を
行います。

　無配当商品は、シェアインができませんから、無配当商品に切り替え
ることで他社からの攻勢を防止することができます。すでに有配当商品
を導入している企業に、最初から無配当商品への切替え提案を行う場合
は慎重な対応が必要です。

　すでに被保険者となっている従業員が、がん、脳血管疾患などに罹患している場合、有配当商品から無配当商品への切替えでは「継続保障制度」により無選択で無配当商品に加入できますが、無配当商品を最初から提案した場合は、告知内容によっては加入できないことがあります。

　次ページの【図表3-16】を参考に、有配当商品へのシェアイン、シェアアップ、無配当商品への切替えのステップを確認しておきましょう。

【図表3-16】有配当・無配当へのシェアイン

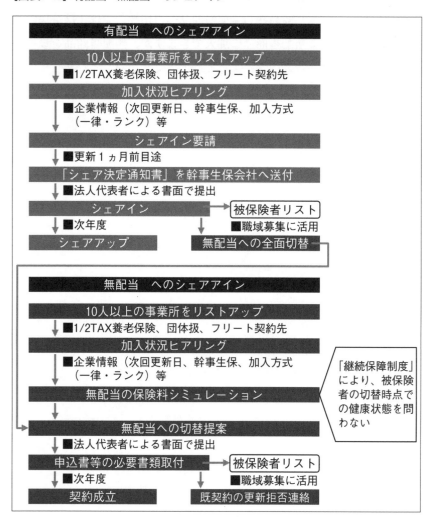

有配当　へのシェアイン

10人以上の事業所をリストアップ
■1/2TAX養老保険、団体扱、フリート契約先

加入状況ヒアリング
■企業情報（次回更新日、幹事生保、加入方式
（一律・ランク）等

シェアイン要請
■更新1ヵ月前目途

「シェア決定通知書」を幹事生保会社へ送付
■法人代表者による書面で提出

シェアイン → 被保険者リスト
■次年度　　　■職域募集に活用

シェアアップ　　　無配当への全面切替

無配当　へのシェアイン

10人以上の事業所をリストアップ
■1/2TAX養老保険、団体扱、フリート契約先

加入状況ヒアリング
■企業情報（次回更新日、幹事生保、加入方式
（一律・ランク）等

無配当の保険料シミュレーション

無配当への切替提案
■法人代表者による書面で提出

申込書等の必要書類取付 → 被保険者リスト
■次年度　　　■職域募集に活用

契約成立　　　既契約の更新拒否連絡

「継続保障制度」
により、被保険
者の切替時点で
の健康状態を問
わない

218

PART- 4

マーケット別の
提案ポイント

1. ドクターへの提案

（1）外資系が注目するドクターマーケット

　生命保険の高額契約者といえば、中小企業の社長、不動産所有者、ドクター（医師）があげられますが、ドクターへの提案は一部生保プロの独壇場となっている印象があります。

　実際には、国内大手生保のセールスレディ、税理士・会計士による生保販売も大きなシェアを占めています。セールスレディは地域の馴染みということで契約している以外に、次のような活動を行っています。

・"保険医協会の共済普及担当者"として保険医年金、団体定期保険
　（グループ保険）を販売するとともに自社商品の提案

・日本医科歯科協同組合、東京都医師歯科医師協同組合、などのGLTD
　（団体長期障害所得補償保険）の拡販員となるとともに自社商品の提案

・医師協同組合の指定を受け同組合の封筒への自社商品パンフレットの送付

　そこで、ドクター向け団体などのルートを活用できるかについて確認してみましょう。これら団体の了承を得て専用封筒を使えるようになると、DMの開封率も一気にアップします。かつて、医師協同組合の封筒を使い損保年金（年金払積立傷害保険）、介護保険のDMを送付したところ、開封率どころか成約率が30％を超えた事例もあります。

　通常のDMでも、宛名に「〇〇先生御侍史」あるいは「〇〇先生御机下」と、医療関係での慣習、"お作法"となっている脇付を記載すると開封率はアップするようです。侍史は、秘書やお付きの人のことであり、

身分の高い人に直接手紙を出すのは失礼なので、秘書やお付きの方にお渡しするという意味です。机下は、直接お渡しするのはおそれ多いので、机の下に置いておきますという意味です。

　外資系生保のセールスパーソンなどの生保プロが注目される理由は、どこにあるのでしょうか。彼らはヘッドハンティングによる中途採用者が大半を占めています。前職は外車ディーラー、製薬会社のMR（Medical Repre-sentative：医薬情報担当者）、デパートの外商など、もともと高額所得者を中心顧客にしていた営業職です。ドクターマーケットにおいても、販売する商品が車あるいは薬品から保険になっただけで、営業スタイルは変わっていません。

　ドクターの1日・1週間の行動や、子弟の教育問題までを含むプライベートな関心事を熟知しており、ドクターの目線で臆することなく話のできる点が評価されています。加えて、ライフプラン、税務などの専門知識を駆使した生保提案を行うわけです。

　「ターゲットマーケティング」と呼ばれるこの営業スタイルを見習うために、ドクターマーケットの概要を理解しておきましょう。

（2）ドクターマーケットの概要

　ドクターマーケットは、高額契約が見込めることから、金融機関、リース、証券、生・損保は言うに及ばず、自動車、不動産、リゾートマンションなどあらゆる業種が注目し、熾烈な顧客争奪戦が繰り広げられています。その注目されるポイントは、①人口比例業種、②不況に強い、③医局を中心とした人脈、④長期継続・発展取引を狙える、ことにあります。

①人口比例業種

　ドクターと同様にプロフェッショナルと呼ばれる弁護士が三大都市圏に集中しているのに対し、ドクターは人口に比例して全国で開業してい

ます。ニュータウンが開発されれば、内科、小児科、外科、歯科などの
クリニックがスーパーマーケット等と時期を同じくして開業します。そ
のため、地方都市でも、ドクターを主体とした生保営業は十分可能なわ
けです。

　地方都市を訪問すると病・医院の多さに気づくと思います。むしろ、
地方において高額契約を獲得するには、ドクターマーケット開拓が不可
欠といえるかもしれません。

②不況に強い

　景気が悪くなったからといって、病気になる割合が減るわけではあり
ません。景気の良し悪しに患者数は左右されないため、不況に強い職種
とされます。

③医局を中心とした人脈

　ドクターは、出身大学で所属していた医局の教授の指導・指示によっ
て地域病院に派遣され、研修の後に開業します。この点が強調され、
「○○病院は□□大学の系列、△△の医局が強い」などと言われている
わけです。開業後も同じ医局出身者と縦横のつながりが強く、１人のド
クターから契約をもらえれば、同じ医局出身ドクターの紹介が期待でき
ます。

④長期継続・発展取引

　医・歯・薬学部は６年制で１浪・２浪後に入学した人も多いため、ド
クターの多くは24〜26歳くらいで大学を卒業した後、医局で研修を続け、
大学病院あるいは地域病院に派遣されて研修、診療を行います。親が開
業していれば多少早くなりますが、30代半ばから45歳前後で生家を継ぐ
か、個人医院・クリニックを開業します。

　その後、収益が大きくなれば「一人医師医療法人」を設立します。個

人で開業しているときは個人契約ですが、一人医師医療法人を設立した
後は法人契約も提案でき、１人のドクターに長期継続提案が可能となり
ます。

　また、資産家として自宅、別荘、ゴルフ会員権などを所有する一方で、
高額な医療機器をリースで使っています。「リース＝債務」ですから、
多額の債務を抱えているという一面も忘れてはなりません。

　ドクターの多くは、家業として代々営んでいることが多く、ドクター
自身も子弟を医学部に進学させることを希望しています。このため、貯
蓄志向が特に強いですが、開業間もないドクターの場合は、開業時の借
入金返済資金対策と併せて、万一のときのために遺族の生活費確保、遺
児の医学部進学資金対策として高額の生命保険に加入しています。

　資産家には「フローリッチ」「ストックリッチ」「スーパーリッチ」の
３種類があります。「フローリッチ」はベンチャー企業のオーナーやド
クターなどの高所得者を指し、「ストックリッチ」はそのものずばり不
動産所有者を指します。

　ドクターは基本的に「フローリッチ」ですが、やがて不動産等を所有
し、収入も不動産なども多い「スーパーリッチ」となります。

　一人医師医療法人の設立など節税にも熱心であり、相続対策への関心
も強くなります。ドクターの現状と将来を見据えた、相続対策や一人医
師医療法人の事業承継対策は、後継者の医学部進学資金準備と並ぶ重要
な提案です。

（３）ドクターマーケットの診療科目の特徴

　一般病院は今、繁栄の時代が終わり、構造不況的な時代を迎えていま
す。財政上の限界（老人医療比率の高い病院の収益悪化）、金融機関・
メーカーの態度硬化（優遇しなくなった）など、抱える課題も多くあり
ます。病院の法人化も進んでおり、医療法人の事業承継、理事長の勇退
退職金準備などが提案の切り口となっています。

また、それぞれの診療科目による特徴もあります。

①内科・小児科

投薬・注射の割合が大きく、相次ぐ薬価基準の引下げが大きく影響しています。診療所（ベッド数19床以下を指し、一般には医院、クリニックの名称が多い）のうち、これらの占める割合が60％強と一番多く、小規模な個人経営が多いのも特徴です。後述する耳鼻咽喉科とともに、生命保険契約に至る時間が長期にわたる傾向があります。

②外科・整形外科

技術中心のため、薬価基準引下げの影響は他の科目に比べて小さい一方で、入院の割合が高く手術処置等も多いため、施設あたりの診療収入も多くなります。交通事故や業務上の事故による医療費は、自動車保険や労災保険によって支払われるため、自由診療比率も高くなります。

診療科目による特性として、ドクターの各種決断が早く生保の成約率が最も高いと言われています。

整形外科は長期にわたるリハビリ患者も多いため、郊外に駐車場を構えていることが多く、相続・事業承継対策も重要となります。リハビリを担当する理学療法士、作業療法士などを多く抱えているところは、彼らの人事マネジメントにも悩んでいます。人気のある療法士が移動すると、患者も移ってしまうなど、優秀なリハビリ担当者を雇用していることが経営に与える影響が大きいからです。

③産婦人科

出生率の低下や地域の人口構成の変化により、経営の苦しいところが増えています。保険診療比率は20％程度という統計もあり、収入の全体像は把握しにくいのが現状です。医療訴訟が多いため、診療科目を敬遠するドクターも多くなっています。

④耳鼻咽喉科

　治療期間が長期にわたるため、交通の便の良い駅前ビルの2〜3階に個人で開業する例が目立ちます。新規開業資金は他の科目に比べて少なく楽ですが、採算ベースに乗るまで期間を要します。花粉症の季節、小・中学校のプール授業の期間などに患者が増加します。

⑤皮膚科

　治療期間は疾患によりまちまちですが、大規模な手術が少なく、通院患者がほとんどです。最近では、レーザー脱毛やAG（育毛）などが注目されており、治療というよりも、QOL（クオリティ・オブ・ライフ）関連を強化するドクターも少なくありません。敏感肌など皮膚障害に対応した化粧品類の販売に力を入れるドクターも多く、医業外収益が大きくなります。

⑥眼科

　有床でも、手術は麦粒腫（ばくりゅうしゅ＝ものもらい）の切除など簡易なものが中心です。白内障やレーシックの手術などを行うと収益が大きくなりますが、大半は小規模経営です。レーシック手術はブームが過ぎて、取扱いをやめたクリニックも多くなりました。

　患者は花粉症の関係で2月頃から増加し、5月の学校検眼による治療が始まる6〜8月がピークです。地方都市ではコンタクトレンズを販売しているところが多く、皮膚科同様に医業外収益が大きくなります。

⑦歯科

　従来は都市集中の傾向が最も強く、オフィス街での開業は収益が高いこと、投薬のウエイトが低く技術料重視の最近の医療費体系では比較的有利なことなど、多少恵まれた部分はありました。しかし最近では、勤怠管理の強化により就業時間内に治療に行けないサラリーマン、OLが

増えていること、メディカルに比べてデンタルは人員余剰で収益がきついことから、廃業する割合が最も高くなっています。

　一方で、自費診療（自由診療）の審美歯科、矯正治療、インプラント、セラミック使用などの比率が高い歯科は驚くほどの高収益を誇っているところもあり、極端な二極化が進んでいます。

　概して耳鼻咽喉科、眼科、歯科、皮膚科は小規模経営で収益率も他診療科目に比べて低いため、一人医師医療法人の割合は低くなっています。

（4）ドクターのライフサイクルと保険提案

　ドクターに生命保険・損害保険を提案する際は、ドクターのライフサイクルに合わせる必要があります。①研修医・勤務医、②個人開業医、③一人医師医療法人、④医業承継を検討するとき、この4つです。

①研修医・勤務医

　医学部卒業後は、所属する医局で研修を受け、大学病院や系列の病院に派遣されます。この時期は、給与が極めて低く夜勤による手当てで生活する若手ドクターも多くいます。勤務医は、収入の補填として約6割がアルバイトを行っています。ドクターの平均年収は1,169万円ですが、大学病院の医局勤務では300〜600万円、市中病院勤務で600〜800万円程度です（出典：「令和元年　厚生労働省　賃金構造基本統計調査」）。

　20代後半〜30代前半の若いドクターは、将来の高額契約者として開拓することになります。当初の生活は厳しいですが、多忙を極めるため消費活動は概して地味です。将来に備えて貯蓄を先輩から奨励されるなど、生活全般への指導も受けています。

　講師、准教授、教授の場合は、開業を予定しているか否かを見極める必要があります。市中病院に勤務しているドクターの多くは、将来、開業を目指しているため、開業準備としての貯蓄性商品に関心が高いのも特徴です。生家が開業医でないドクターは特に貯蓄に熱心です。

②個人開業医

　個人で開業するのは30代半ばから45歳前後です。開業医である親の後を継ぐ場合は別にして、通常は5,000万円～2億円程度の借入れをします。これには建物や医療設備費のほか、医院スタッフの給与といった運転資金も一部含まれています【図4-1】。高額な借入金の負担は大きく、開設後30年経過しても約4割が借入れを継続しています【図表4-2】。

【図表4-1】内科クリニックの新規開業費用（例）

費用	概算金額	概　要
内装造作費	2,000万円	・院内の床、壁、天井の組立や装飾、付随する照明、空調などの費用 ・工事単価は坪あたり40～50万円程度
医療機器	2,000万円	・電子カルテ、一般撮影装置、超音波診断装置、内視鏡、心電計、CR等の費用
什器備品	200万円	・待合ソファー、診察机および椅子、休憩室用机および椅子、電話設備、レジスター、タイムカード等の費用
敷金 (or保証金)	240万円	・賃貸借契約に際し、賃料等の契約上の債務を担保するために預ける費用 ・月額賃料の6～12ヵ月程度
礼金 ＋ 仲介手数料	80万円	・礼金：賃貸借契約の謝礼として賃貸人に支払う費用 ・仲介手数料：賃貸借契約に際し不動産会社を通した場合に支払う手数料 ・各々月額賃料の1ヵ月程度（礼金は2～3ヵ月のケースもあり）
前家賃	80万円	・賃貸借契約開始から開業前（内装工事等の準備期間）までに発生する家賃 ・2ヵ月分程度
運転資金	2,000万円	・開業当初の売上が少ない時期でも人件費や家賃等の固定費を支払う必要があり、その費用を予め想定して準備しておく資金
医師会 (入会金)	200万円	・医師会に入会する場合に必要となる費用で金額は各医師会により差異あり
広告宣伝費	300万円	・開業時に製作する、開院チラシ、リーフレット、ホームページ、看板等の費用
消耗品 ＋ 予備費	200万円	・開業時の診察券等印刷物、筆記用具等の事務用品、医薬品等および予備費

　常に最新の医療設備でないと患者が他医院・クリニックに流れてしまうという強迫観念もあり、高額な最新の医療機器をリースで使っています。リースは原則として中途解約できず、解約する場合は残余期間の

リース料を一括支払いするのが一般的のため、「リース＝債務（借入金）」と捉える必要があります。

【図表4-2】開業後年数別 借入金の有無（新規開業の場合）

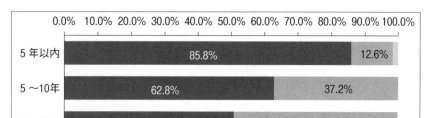

出典：社団法人日本医師会「開業動機と開業医（開設者）の実情に関するアンケート調査」（2009年9月）

　借入れにあたっては、自宅を担保とし、ドクターの夫人が連帯保証人になっています。連帯保証債務は相続を放棄しても消えないため、夫人をはじめとする遺族を守るためにも、高額な借入金返済に見合った生命保険加入は不可欠と考えています。

　開業間もない頃から、知り合いの生保レディなどから複数の契約に次々と加入しているドクターもいます。

　借入金の返済原資としては、保険料が割安な医師会、保険医協会などの団体定期保険（Bグループ保険）がメインとなります。不足分は10年定期、収入保障保険、逓減定期などに加入して借入金の返済原資を確保します。収入保障保険を提案する場合は、夫人もドクターであるか否かを必ずチェックします。

　夫人がドクターで収入があり、収入保障保険から支払われる年金と遺族年金を合算して850万円を超えると、遺族年金が受け取れなくなりま

す。そのため、収入保障保険の保険金一括受取りの選択をアドバイスしておきます。

「ドクターは寿司屋の大将と同じ」です。寿司屋の大将は腕一本で勝負しているので、倒れたら閉店するしかありません。ドクターも同様、就業不能に陥ったらクリニックは閉鎖するしかありません。そのため、就業不能保険、就業不能型収入保障保険、損保の所得補償保険、GLTD（団体長期障害所得補償保険）などへの加入が必須となります。

個人開業医の多くは世襲の意識が強く、子供を同じドクターにするために努力します。医学部を目指す場合、小学校4年生から私立中学の受験準備が始まります。私立中学受験塾、家庭教師、私立中・高校の学費等で、トータル1,000万円以上が優にかかります。

私立大学の医学部では、初年度納付金は、約1,000〜1,500万円、授業料などの教育費だけでも総額3,000万〜5,000万円弱にもなります。ドクターが、貯蓄に熱心なのもうなずけます。また、医学部の偏差値と学費が反比例の関係にあることは、よく知られています。

ドクターの多くは、実質的に出入れ自由な高利回り商品である「医師年金」「保険医年金」を利用していることが多いようです。

③一人医師医療法人

医療は国民の健康増進に資する事業であることから、租税特別措置法26条、通称「医師優遇税制」と呼ばれる制度が設けられています。1978（昭和53）年以前は概算必要経費率72％が認められていましたが、以後、段階的に制度は縮小されています【p230 図表4-3】。

引き替えに、医師一人でも医療法人の設立が認められることになり、病院（20床以上の入院施設を持つ）、診療所合わせて17万9,049施設のうち、4万5,541が一人医師医療法人です（2019年3月末現在）。

これら一人医師医療法人のうち、3万2,150がメディカル（医科）で、デンタル（歯科）は7,797となっています。医療法人の実数を聞いても

【図表4-3】医療法の制定と改正

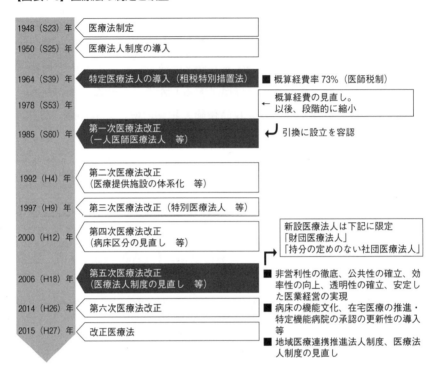

ピンときませんが、街に溢れるコンビニエンスストアが5万8,340店あり、医療法人数と拮抗しているといえばイメージが沸くでしょう。

　一人医師医療法人の実数を聞いてもピンとこないかもしれませんが、「コンビニくらいある」と言われると、提案先が潤沢にあることが分かります。昼夜働きっぱなしで、労働環境が厳しい割に儲からないとされるコンビニに対して、儲かっているから設立する一人医師医療法人が同じくらいあるのです。

　一人医師医療法人は、過去3度にわたる設立ブームがありました。

・1989（平成元）年：医師優遇税制の改正と一人医師医療法人設立認可

・1993（平成5）年：1992年の「みなし法人課税制度」の廃止

・2007（平成19）年：「持分の定めがある社団医療法人」の新設停止

　社会保険診療報酬の額、ドクターの夫人を医療法人の理事とするか否かなどの前提条件によって異なりますが、社会保険診療報酬が5,000万円超では、医師優遇税制の恩恵が受けられないため、一人医師医療法人の設立を検討することになります。

　言葉は悪いかもしれませんが、一人医師医療法人を設立している（看板に「医療法人社団○○会□□内科クリニック」などと表示している）ドクターは、"儲かっている" ということです。

■医療法人の特典を生かしアドバイス

　医療法人を設立すると、個人開業の場合に比べて所得が高額になるほど税制上有利（節税）となります。

　個人開業医の場合、所得は事業所得となって所得税・住民税が課せられます。一方で医療法人は、収益には法人税・住民税（医療法人の法人税・法人住民税の合計税率は課税所得800万円以下17.60％、800万円超27.21％）が、ドクターへの役員報酬には所得税・住民税が課せられることになり、ドクターの所得を分散させることができます。医療法人の保険診療部分は、法人事業税、特別法人事業税が課せられないため、一般法人よりも法人実効税率が低くなります。

　ドクター夫人が医療法人の理事（役員）に就任すれば、役員報酬を支払うことになります。具体的な職務内容にもよりますが、個人開業の場合の青色専従者給与に比べ、一般的には多くの報酬支払いが可能と言われます。青色専従者は、年間2分の1以上の勤務が必要とされるなど制限が多いことが嫌われています。

　個人開業医では、ドクターおよびドクター夫人に役員退職金を支給することはできませんが、医療法人になることで、ドクター（理事長）、ドクターの夫人（理事）各々に役員退職金を支給することが可能です。支給金額の計算は、中小法人の場合と同様に「役員退職金＝退職時の役員報酬月額×役員在任年数×功績倍率」です。

死亡退職の場合には、次の額が弔慰金として税務上損金として認められています。

・業務上の死亡…最終報酬月額×36ヵ月
・業務外の死亡…最終報酬月額×6ヵ月

役員退職金の支払いで注意したいのは、役員在任年数は医療法人設立時から計算し、個人開業の期間は役員在任年数に加算されない点です。医療法人設立後の在任年数が少ないドクターの場合、役員退職金が概して少なくなってしまうケースもあります。

このような場合には、次のようなアドバイスをします。

・社会情勢や業績の変化に応じて役員報酬をこまめに改定（増額）する
・役員退職金規程に「特別功労加算」の規定を設け30％上限とする上乗せ支給する

■役員退職金準備として長期平準定期保険などを提案

一人医師医療法人の設立はドクターにとってメリットが多い制度ですが、注意すべき点もあります【図表4-4】。

医療法人が行うことのできる業務については、本来業務が医療法39条で、附帯業務が医療法42条で定められています。

附帯業務とは次の業務を指しています。

・医療関係者の養成または再教育
・医学または歯学に関する研究所の設置
・医療法39条1項に規定する診療所以外の診療所開設
・保健衛生に関する業務

社団医療法人は株式会社と同様の運営がなされ、社員総会（出資者である社員で構成）が理事の選任を行い、理事会が最終的な意思決定機関となります。理事会で専任された理事長が法人代表者となります。一方、財団医療法人では社員総会はなく、理事会が最高意思決定機関となり、

【図表4-4】一人医師医療法人のメリット・デメリット

メリット	デメリット
□ 院長（理事長）および院長夫人等の従業員に給与を払うことで所得を分散できる ⇒ 節税となる ⇒ 法人・個人（所得控除）のダブルで経費	■ 法人に利益が出ても、自由に使えない ■ 決算報告などに行政手続が発生する ■ 接待交際費に限度がある
□ 院長（理事長）や院長夫人（理事）等に退職金を支払うことができる	■ 配当金が支払えず、内部留保が膨らむ
□ 社会保険診療報酬の10%源泉徴収がない ⇒ 資金繰りが楽になる	
	■ 医療法に規定されていること以外の業務を行うことができない（営利を目的とすることができない） ⇒ MS法人を設立することで代替は可能
□ 医療法人の欠損金は10年間繰越できる	
□ 対外的な信用力がアップする	■ スタッフは社会保険に強制加入となる
□ 生命保険料などが経費（損金）となる	■ 新型医療法人は持分払戻権がない ⇒ 後継者がいないなどで解散する場合、当初の出資金額のみが返済され、残余財産は国庫

評議員会という監督機関を置くこともあります。

　一人医師医療法人には、剰余金の配当支払いが認められていませんから、内部留保額が大きくなります。つまり、相続の場合に医療法人の持ち分の相続税評価額が高くなってしまいます。

　役員退職金準備と併せて、契約者を一人医師医療法人とした長期平準定期保険などへの加入を提案します。保険料の一定割合は、損金処理が可能ですし、ドクター（理事長）およびドクターの夫人（理事）の勇退時に解約して解約返戻金を勇退退職金として支払い、内部蓄積を大幅に圧縮することもできます。

■法人成りしたドクターにアプローチする

　ドクターの平均勇退年齢は70歳程度ですが、外科・歯科医は「手指の震え＝勇退」となるため、65歳をメドとするケースが多くあります。また、勇退時に契約者を一人医師医療法人からドクター（あるいはドクターの夫人）に変更すれば、役員勇退退職金を生命保険契約の現物支給で行ったことになります。

　この後、保険種類を長期平準定期保険などから一時払終身保険に変更します。一時払終身保険への変更にあたって健康状態は問われないため、激務で体調を崩したドクターに対しても、容易に相続税対策を打つことができます。ドクターの夫人については、二次相続対策としての提案に説得力があります。

　一時払終身保険は、契約（保険種類変更）後、2〜5年程度で解約返戻金が一時払保険料を上回りますから、この点もアピールしておきたいところです。長期平準定期保険などの提案においては前述のとおり、一般法人と実効税率が異なり27％で設計します。実効税率が低くなるため、提案内容によっては実質返戻率が100％超とならない、節税プランとなっていないケースもあり得る点に着目して既契約を確認します。

　ドクターの年齢が50歳を超えている場合などに逓増定期保険を提案するのは、一般法人と同じです。子弟の教育費の積立は、法人契約では準備できない点にも注意します。

　一人医師医療法人の設立には相当の知識が必要ですから、ドクターマーケットを専門あるいは得意とする税理士、会計士、医業コンサルタント等との提携が必要となります。ですから、すでに法人成りしたドクターを開拓する方が効率的でしょう。

④医業承継を検討するとき

　個人開業医の場合、終身保険を提案する理由は他の富裕層と同じです。ドクターの死亡時に、後継者と後継者以外の子弟間での"争族"防止と

【図表4-5】医療法人の種類

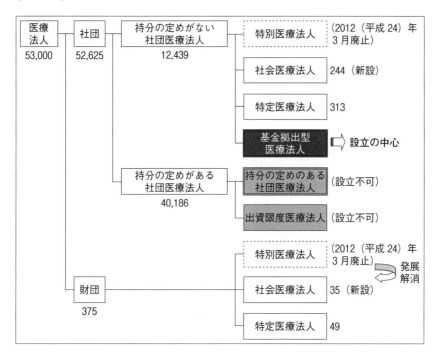

しての代償交付金準備、配偶者死亡時の二次相続対策などを念頭に提案
します。

　一人医師医療法人の場合も、基本は一般法人と同じですが、差異部分
に注意します。すでに設立されている一人医療法人の多くは「持分の定
めのある医療法人社団」がほとんどです【図表4-5】。

　理事長が死亡した（社員資格を喪失した）場合、医療法人を存続させ
るには次の理事長を決めて医療法人を継承しますが、理事長は原則とし
て医師または歯科医師に限られます。後継者が医学部医学科、歯学部歯
学科に在学中か、卒業後の臨床研修中などの場合は、医師または歯科医
師でない配偶者等が理事に就任することができます。

　医療法人の出資持ち分は、配当が禁止されているため評価額が高額と
なることがあります。評価方法は、一般法人と同様に「類似業種比準価

額方式」または「純資産価額方式」などに従います。

　医療法人を解散した場合の残余財産分配請求時も、一般法人と同様の取扱いとなります。

　2007（平成19）年4月以降に設立された「持分の定めのない医療法人社団」が解散した場合には、残余財産分配請求権がないため、残余財産は国または地方公共団体に帰属することになります。

　「基金拠出型医療法人」は、出資者の基金拠出で法人設立し、定款に定めます。解散時には、拠出額を限度に払戻しを受けることになります。この拠出額に対する利息等は付利されません。

■MS法人への生命保険提案時の留意点

　メディカルサービス法人（MS法人）とは、医療に関する営利事業を行う法人で、医療法人が設立することがほとんどです。

　業務内容は次のように多岐にわたります。

　・院外薬局

　・コンタクトレンズの販売（眼科）

　・化粧品の販売（皮膚科）

　・医療設備のリース、医薬品・医療器具の販売

　・病医院の建物を医療法人に賃貸

　・介護サービス事業

　医療機関は、化粧品などの販売といった収益事業が行えないために、MS法人を設立して販売しています。かつてはコンタクトレンズの販売もできないとされており、眼科ではMS法人を設立してコンタクトレンズの販売を行っていました。現在でも地方では眼科、MS法人ともコンタクトレンズの販売が大きな収益となっています。

　MS法人は、一般事業法人であり、原則事業内容に制限はありません。院長夫人、医業を継がない子弟などが代表者に就任します。院長自身は役職員にはなりません。医療法人は非営利団体であり、収益事業のMS

法人の代表を務めるのは利益相反行為とされる可能性が高いためです。

「持分の定めのない医療法人」では、解散時の残余財産分配請求権がないため、クリニックの建物等をMS法人から賃貸する提案も行われています。

MS法人への生保提案には、次のような注意すべき点があります。

　・節税や収益多角化のために設立したが開店休業状態の法人も多い

　・税務署は節税のために設立されていると認識している

提案には要件の充足など慎重に進める必要があります。業務に従事していない子弟を役員に据えるなどは避けましょう。

次に提案成功事例を見てみましょう。

子弟をMS法人の代表者または役員とし、役員報酬を支払うことで資産移転を図ります。長期平準定期、逓増定期などを提案することで、勇退退職金準備を兼ねた利益分散、積立にもなります。

生涯医業を現役で続けたいドクターの場合、医療法人を設立しないことがあります。勇退退職金を法人から受け取ることがないため資産移転ができません。院長夫人等がMS法人の役員となり役員報酬、勇退退職金を受け取ることで資産移転を図り、相続対策を行う提案も可能です。

医業後継者のいない50歳超のドクターの場合、MS法人からクリニック建物・設備一式を「持分の定めのない医療法人」に賃貸します。医療法人は賃貸・リース料が経費として収益蓄積をセーブし、残余財産を圧縮します。

（5）ドクター向けの保険商品

勤務医や医療法人の理事長などは、給与所得で厚生年金に加入していますが、個人開業医は事業所得で国民年金に加入しているため、社会保障は不十分であり、高額の保障を必要とします。

そのため、いきなり生命保険の高額契約提案となりがちですが、ドクターにはサラリーマンとは比較にならないほど有利な制度が整備されて

います。これらを補完するために、生命保険を提案するというスタンスが重要です。

　個人で大型保障を契約するよりも、団体定期保険（グループ保険）の方が保険料は割安なことは広く知られています。ドクターに大型保障を提案する前に団体定期保険の加入をヒアリングし、未加入であれば、加入を提案するとよいでしょう。

　取扱い生保会社が「全国医師協同組合連合会（全医協連）」あるいは「大阪医師協同組合」などの単医協の団体扱いが可能かどうかについても、あらかじめ調べておきます。

　全国医師協同組合連合会は、ドクターの便宜を図るために設立された協同組合の連合体で、医師会の裏方としてドクターとその関係者の福祉に寄与することを目的としています。その事業の一部として、生・損保保険料の団体収納を本体あるいは傘下の全国医師休診共済会で行っています。これらを収納団体とすることで、生命保険料は「団体Ａ」扱いとなり生保会社の多くで取扱いが可能です。

　ドクターの多くはこの制度を知っているため、通常の「口座月払」などで対応するとトラブルになります。

　団体扱いでは、日本医科歯科協同組合、東京都医師歯科医師協同組合などでも扱っています。GLTD（団体長期障害所得補償保険）のほか、独自の共済制度を扱っていますから、委託・所属する生命保険会社で扱えるか、どのような共済制度を提供しているかなどホームページで確認しておきましょう。

①団体定期保険（グループ保険）

　グループ保険は次のような複数の団体が募集しています【図表4-6】。

- ・医師会　　　　　1億円
- ・歯科医師協会　　1億円
- ・保険医協会　　　3,000万～8,000万円（医師・歯科医）

【図表4-6】ドクター向けグループ保険の例

	A県保険医協会・グループ保険	B市医師会協同組合・グループ保険	A県歯科医師会グループ保険
加入年齢	79歳6ヵ月まで	70歳6ヵ月まで （継続加入は80歳6ヵ月未満）	65歳6ヵ月まで （継続加入は70歳6ヵ月未満）
死亡保険金額	2000万円～1億円 （2000万円刻み） ～65歳 　：1億円まで ～70歳 　：8000万円まで ～75歳 　：4000万円まで ～79歳 　：2000万円まで	1000万円～8000万円 （1000万円刻み） ～60歳 　：8000万円まで ～66歳 　：5000万円まで 71歳～ 　：70歳時点の 　　1/2まで 76歳～ 　：1000万円まで	第1－4000万円 　　500万円～3000万円 　　（500万円刻み） 第2－1000万円～4000万円 　　（1000万円刻み） 　～65歳 　　：8000万円まで 　　（第1・2合算） 　～70歳 　　：4000万円まで 　　（　〃　）
災害保険金	死亡保険金額の20%増し	死亡保険金額の100%増し	死亡保険金額に1000万円を上乗せ（死亡保険金額1000万円以下は死亡保険金額の50%増し、特約部分は第1のみ）
障害給付金	災害保険金の10～100%	－	2000万円以上は100万～1000万円 1500万円以下は災害保険金の10～100% （第1のみ）
災害入院給付金	災害保険金の1.5／1000	－	2000万円以上…1日15000円 1500万円以下…災害保険金の1.5/1000 （第1のみ）
配偶者の加入	一律　2000万円	－	第1－会員と同額またはそれ以下 第2－一律　1000万円

（注）・都道府県単位で設立される保険医協会の一部は医科・歯科が分離している
　　　・府県単位の保険医協会により、グループ保険の加入最高金額は3000万円～5000万円（大阪、愛知、三重などは1億円）、未実施の協会もある
　　　・都道府県単位で設立される保険医協会の一部は医科・歯科が分離しているグループ保険は原則個人での加入に限定される
　　　・B市医師会協同組合のグループ保険は法人を契約者とし従業員を被保険者とする契約も可能

団体扱いかつ簡易告知のため、多くのドクターが加入しています。加入限度額は地域によって異なるため、ホームページで確認するか、親しいドクターからパンフレット等を見せてもらいましょう。

②所得補償保険、GLTD

グループ保険は、死亡・高度障害のみを保障するため、疾病、介護、障害などによる就業不能状態に備えるためには、別途保険に加入する必要があります。

「全国保険医団体連合会」の「休業保障共済」は、充実した保障を割安な掛金で確保することができます。ホームページでは丁寧に制度内容を解説しているので、確認しておきましょう。以前は、「全国医師協同組合連合会」の「全国医師休診共済会」があり、就業不能に備えることができましたが、こちらは共済制度と保険制度の整合性に関する見直しを契機に2007（平成19）年に廃止されています。

就業不能に対する提案としては、損保商品の所得補償保険、GLTD（団体長期障害所得補償保険）、または生命保険の就業不能収入保障保険を提案します【図表4-7】。

所得補償保険は1年更新ですが、GLTDは3・5・10年、70歳までの長期契約が可能です。免責期間も30・60・180・365（372）日型があり、保険は男女別、5歳刻みの年齢群団式となっています。

所得補償保険、GLTDの加入保険金額は、所得の60％かつ最高300万円以内（月額）となります。所得の考え方は次の通りです。

・勤務医　　　　……　病院等からの給与
・個人開業医　　……　固定費＋営業利益
・医療法人の理事　……　給与、役員報酬

ドクターとしての業務に全く従事できない（入院、治療、後遺障害）、または業務に一部従事するが所得喪失率が20％以上である場合に補償が得られます。

【図表4-7】GLTDの契約例／保険金額100万円／月、保険期間３年

免責期間	男　　性		女　　性	
	60日	372日	60日	372日
25　～　29歳	4,800	2,000	3,500	1,500
30　～　34歳	5,300	2,200	4,700	2,000
35　～　39歳	6,700	2,700	7,000	3,100
40　～　44歳	9,500	4,300	11,100	5,400
45　～　49歳	14,200	7,200	16,700	9,000
50　～　54歳	21,000	12,800	23,500	15,000
55　～　59歳	32,800	22,400	33,600	23,700
60　～　64歳	54,700	39,000	50,100	36,500
65　～　69歳	78,500	59,800	65,800	50,900

＊キャピタル損保の例（免責372日型、団体割引後）

　所得補償保険は１年更新がほとんどですが、一度でも給付金を受け取ると更新後はその疾病群が補償の対象外となる損害保険会社と、ならない損害保険会社とがあり、商品選択には注意が必要です。

　所得補償保険（填補期間１年タイプ）とGLTD（免責365日型）のセット加入がほとんどですが、この加入パターンにも注意が必要です【図表4-8】。

　就業不能となり所得補償保険から給付を受けたあと、再度就業不能状態になった場合、填補期間１年であれば、就業不能の途中でも給付は打ち切りとなります。保険会社によっては疾病群の不担保または更新不可となります。一方、GLTDの免責期間は365日ですから、２度目の就業不能状態から起算して365日間が免責期間となります。結果、長期就業不能状態となったにもかかわらず、長期期間の無補償（無給付）期間が発生してしまいます。

　所得補償保険には医療保険と同様の180日ルールが適用され、180日以内の就業不能は１つのものとみなされます。填補期間２年タイプであれば、就業不能（入院）②は就業不能（入院）①と合算され２年以内は給付が受けられることになります。

完全な就業不能状態を考えると、70歳まで補償されるGLTDへの加入を検討する必要があります。免責期間によっては保険料も相当高額となりますから、しっかりしたコンサルティングが必要となります。

給付の支払いが早い所得補償保険、GLTDはドクターという職業の特性上は必須の補償となりますが、上記のような欠点もあり、就業不能に備えるという観点からは、生命保険の就業不能型収入保障保険への加入も併せて検討しましょう。

所得補償保険、GLTDでは、所得が復旧した場合には補償が打ち切られますが、生命保険の就業不能型収入保障保険では、一度支払事由に該当すると保険金、年金が全額支払確定するタイプもあります。ドクターのニーズに合わせて商品を選択します。

【図表4-8】所得補償保険（填補期間１年タイプ）＋GLTD（免責365日型）のセット例

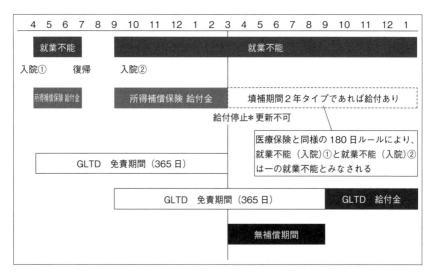

③医師年金、保険医年金

「医師年金」「保険医年金」の内容も確認しておきましょう。【図表4-9】にあるように、両年金とも実質的に出入れ自由な高利回り商品で

あり、子弟の教育費の準備、老後生活資金の準備として活用されています。

　日本医師会が実施する「医師年金」は、基本掛金として月払い1万2,000円、年払い13万8,000円に加入します。加算掛金は、月払い6,000円以上、随時払い10万円単位で上限なく追加加入が可能です。掛金の増減は随時可能で、満64歳6ヵ月未満まで加入できます。

　年金の種類は、養老年金（個人年金に相当）として、15年保証終身年金、5・10・15年確定年金があり、年金請求時に選択できます。年金の受取開始は最大75歳まで延長が可能です。養老年金以外にも、育英年金、

【図表4-9】ドクター向け個人年金

年金種類	実施主体	制度概要
医師年金	日本医師会	■基本掛金：12,000円（月払）or　138,000円（年払） ■加算掛金：6,000円（月払）、随時払　10万円単位で上限なし 　＊掛金の増減は随時可能で、満64歳6ヵ月まで加入可能 ■年金種類：養老年金（個人年金に相当） 　15年保証終身年金、5・10・15年確定年金 　＊年金種類は、年金受取請求時に選択 　＊年金受取開始は、最大75歳まで繰り下げが可能 　＊育英年金、傷病年金 　被保険者であるドクターが死亡した場合、遺族年金が支払われる
保険医年金	全国保険医団体連合会	■掛金上限：30口（30万円）/月 　50口（1口50万円、最高2,000万円）/一時払 　＊1回20口まで、初回のみ40口 　＊月払は、払込中断、払込再開が可能 　＊月払、一時払とも中途解約可能 ■年金種類：10・15・20年確定年金、15・20年逓増型確定年金 　＊年金種類は、年金受取請求時に選択

傷病年金があり、被保険者であるドクターが死亡した場合には遺族年金が支払われます。

　全国保険医団体連合会には「保険医年金」があります。月払い1人30口（30万円）、一時払い1人1回に50口（1口50万円、最高2,000万円）まで加入することができ、10・15・20年の確定年金を年金請求時に選択します。月払いは払込中断、払込再開の取扱いが可能で、月払い、一時払いともに中途解約ができるなど、こちらもドクターサイドに立った柔軟な運営が特徴です。

　最近でこそ利回りは低下しましたが、両者とも他の金融商品と比較すると今でも確定給付商品としては最高水準の利回りとなっています。多くのドクターは、資金に余裕ができると「医師年金」「保険医年金」に一時払いで加入しています。

④医師賠償責任保険、火災保険、店舗休業保険

　ドクター向けの保険提案というと生命保険がメインで、これに所得補償保険が加わるなど「人保険」が中心となりますが、実際には賠償責任保険や、火災・自動車保険など損害保険の分野も不可欠です。概要だけは把握しておきましょう。

　「医療賠償責任保険」は日本医師会や全国保険医団体連合会が扱っています。「日本医師会医師賠償責任保険」の例では、1事故1億円、保険期間中3億円、免責100万円ですが、加入率は相対的に低いようです。

　医療施設賠償責任保険を単独での契約を引き受けている損害保険会社は少なく、日本医師会医師賠償責任保険では、施設賠償責任保険がパッケージとなっています。

　店舗休業保険の未加入、火災保険も水災不担保など保険料の安さだけで安易に契約している事例も散見されます。生・損保合わせての総合コンサルティングを行うために、損害保険会社の研修会参加、損保代理店との提携なども視野に入れて活動していきましょう。

【図表4-10】ドクターのライフサイクルと保険商品

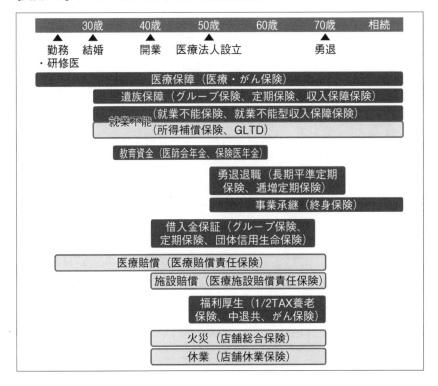

　ドクターのライフサイクルに対応した生・損保商品を一覧にしたのが
【図表4-10】です。提案するドクターのライフステージに応じて、保障
内容のチェックをしてみましょう。ドクター向けには、今まで解説した
ように、各種団体保険、共済制度があります。共済制度となっています
が、実際には生・損保商品の団体・集団扱いになっているものが多い点
も確認しておきましょう。

（6）借入状況やライフサイクルを考慮する

　ドクターに初めて生命保険を提案する際のポイントを解説します。

①医療・がん保険や個人年金などからアプローチ

　ドクターは高額所得者のため、あらゆる生命保険会社からアプローチされて辟易していますが、医療・がん保険など少額の契約、個人年金などの積立商品からアプローチする方法は効果的です。

　所属・委託する生命保険会社が医師会、全医協連、単医協、保険医協会の指定会社であれば、担当者として登録してもらい、「指定担当者」と名刺に刷り込みます。各協会の封筒使用が可能となることもあり、個人年金などのDMを送付できます。

　某社では、ヒット率30％を記録した事例があります（一般的なDMは５％程度）。ただし、欲張っていろいろな商品案内を封入しないことが肝要です。２～３商品に留めた場合が最も効果的でした。

　１本でも契約できれば、それ以後は受付でも電話でも「ご契約いただいている院長先生の生命保険の件で…」と堂々と言えるので、取り次いでもらえます。

②院長夫人・事務長がキーパーソン

　院長夫人に勇退退職金（院長夫人の退職金準備）などの提案を行うとよいでしょう。自分自身の退職金、自由に使える資金は魅力的です。

　ドクターが複数いる病医院では、親族以外の事務長を置くことがあります。この場合、提案等は事務長を通すことになるので特に親しくなりましょう。理事長を含めた従業員の退職金準備を併せて行うと説明するのも効果的です。事務長が理事に名を連ねていることもありますので、事前確認は必須です。

③医療保険の先進医療特約を勧める

　多くのドクターは「医者の不養生」と陰口を叩かれるのが嫌で、入院するときは遠方にある病院の特別室を希望します。また、がんの粒子線治療を受ける患者には、ドクターが極めて多いことが知られています。

先進医療特約には特に関心が高いようです。

　著名なFPは、「高額所得者に医療・がん保険は不要」と口を揃えて言います。先進医療を使うことは少ないかもしれませんが、治療法によっては300万円程度かかるものもあります。一方で、先進医療特約の保険料は100円程度です。まさに保険らしい機能を備えています。"わずか100円の大きなお守り"なら笑顔で頷かれます。

■業務スケジュール等への配慮が重要

　ドクターを訪問する際に気をつけたい点がいくつかあります。

①医師優遇税制については発言しない

　社会貢献性の高い医業に対する特例として認められた租税特別措置法26条（通称：医師優遇税制）も、1979（昭和54）年以降相次いで改定されていますが、現在でも社会保険診療報酬5,000万円以下については、概算経費の特例が認められています。このため、社会保険診療報酬が5,000万円を超えるころから、一人医療法人の設立を検討するドクターが多くなります。

　ここで大切なことは、医師優遇税制についての発言は控えることです。医師にだけ認められている特例について指摘されると、いい気持ちはしないため反発されることがあります。

②毎月1日から10日は訪問しない

　レセプト（診療報酬明細）の作成では、前月分を翌月10日頃までに作成し審査支払機関に提出することになっています。パソコンの導入により事務量は大幅に削減されましたが、この期間は訪問せずに提案書の作成に時間を割いた方がよいでしょう。

　土曜日の午後・日曜・祝日以外に、水曜日あるいは木曜日の午後を休診としている病医院もあります。これは地域医師会の会合、研修会が定

期的に開催されているためです。医師会の開催前に時間を割いてくれることもありますが、通常は週中の休息と研鑽の貴重な時間のため、面談を拒否されることもあります。

③訪問は午後３時頃がベスト

午前・午後の診察終了直前や診療中の訪問は最も嫌われます。「月曜日は休み明けで患者さんが多く避けてほしい」「火曜日は比較的時間が取りやすい」といったドクターの声も見逃せません【図表4-11】。

また、生命保険加入の決定権がドクター本人が大半という点も、サラリーマンとは異なります。

■獣医マーケットにも注目

獣医を医科（メディカル）、歯科（デンタル）に比べて一段低く見ていませんか。対象が人ではなく家畜・ペット相手だからかもしれませんが、これはとんでもない誤解です。確かに、ドクターに比べると平均年収などは低いですが、高収益を誇るマーケットなのです。高額契約の獲得を目指すセールスパーソンも意外なほど注目していません。

少子高齢化社会、"おひとりさま"の増加により、ペットを飼う人が増えており、26.6％の世帯が何からのペットと生活しています（出典：マーケティング・リサーチ会社のクロス・マーケティング実施調査「ペットに関する調査（2021年）。犬猫の飼育数では、犬849万頭、猫964万頭となっています。（一般社団法人ペットフード協会調査）。

ペットは自由診療で、治療には高額の費用がかかります。獣医は医師に比べて増加率が低いため、高収益を誇る動物病院と、地域密着の小規模動物病院の格差が大きいのが特徴です。

グループ展開していない動物病院が意外に収益を上げています。地域密着の小規模病院は、かかりつけ医のような存在です。ペットフードをはじめとするペット用品の販売も、獣医推薦ということで人気がありま

【図表4-11】 内科医の基本情報

診療時間	・一般的には　平日　９：００〜12：００、15：００〜18：００ 　　　　　　土曜　９：００〜12：００、午後休診
昼休み	・混雑時は昼休みが10分程度のこともある ・昼休み中に、往診や学校医等の仕事がある
診療時間外	・一般的には、木・土の午後は休診 ・在宅ケアを受けている高齢者、特別養護ホームへの往診を行う ・往診のない時は、学会・勉強会・医師会・MR（medical representa-tive：医薬情報担当者で製薬会社の営業担当者をいう。かつてはプロパーと呼ばれた）との面会
休日	・医師会に所属している場合、休日・時間外診療所当番医で日祝祭日もたまに外出する ・月１回程度、地元医師会主催の勉強会・講演会へ参加（木曜日の午後が多い）
月末月初	・レセプトはPC管理されているが、ドクターによる最終チェックがあり、最終日は忙しい ・レセプトは、翌月10日までに提出する ＊毎月末〜10日まで訪問しないのが、かつては常識といわれた
忙しさ	・１日の患者数は診療科目等によって異なるが、少ない日で20人、多い時期（冬で風邪が流行している時期）には150人程度。平均して50人程度 ・月曜日の午前中は、休日明けのため患者が多い ・土曜日は休日前のため、早めに診察を受ける患者が多い

す。獣医は、個人事業主の他、法人成りした場合には、有限会社、株式会社など利益法人となります。動物はモノとして扱われるため、医療法人にはなれない点に注意します。

　生命保険の提案にあたっては、医科（メディカル）、歯科（デンタル）のドクターと異なり、全医協連、単医協の団体扱いはできず、口座振替、クレジット扱いが基本です。

　獣医学部は医・歯・薬学部と同様に６年制です。私立大学の獣医学部は年間200万円、総額で1,300万円程度かかります。世襲制の強いドクターほど熱心ではありませんが、子弟の学費準備金の積立として、貯蓄商品志向が強いのは同じです。

　また、ドクターと同様に就労不能への不安感が特に強く、特定疾病終身保険、保険料払込免除特約の付保率が高いのも特徴です。

2．宗教法人への提案

（1）宗教法人と宗教法人マーケット

　高額契約の濃厚な見込先でありながら、普段の生活と馴染みにくいのか、敷居が高く感じるのか、宗教法人への生命保険の提案活動は意外なほど行われていません。

　一部の生保会社が、専用冊子の作成や府県仏教会の指定生命保険会社と刷り込んだ名刺を使っていることにひるむ必要はありません。過去の提案実績から得たノウハウはあるにしても、提案内容が大きく異なるわけでも、保険料が安いわけでもありません。もちろん、特定の生保会社、商品への加入が強制されているなどもありません。

　伝統仏教寺院は、地域の相談役となっていること、宗教家であることから人に会うことを厭いません。それがセールスであっても居留守を使われることはまずありません。伝統仏教寺院を中心に積極的な提案を行いましょう。

　ここで宗教法人について簡単に説明します。

　宗教法人とは「宗教の教義をひろめ、儀式行事を行い、及び信者を教化育成することを主たる目的とする団体」（宗教法人法2条）であり、都道府県知事もしくは文部科学大臣の認証を経て法人格を取得した団体のことをいいます。

　宗派、教派、教団などのいわゆる本山は「包括宗教法人」に分類され、その傘下にある寺社仏閣・教会などは「被包括宗教法人」と称されます。例えば、浄土真宗本願寺派（包括宗教法人）－西照寺（被包括法人）という関係で、各々が宗教法人格を得ており、保険提案の対象（単位）となります。

　単独で活動する法人は「単立宗教法人」に分類され、個別に宗教法人

格を得ています【図表4-12】。

【図表4-12】宗教法人の分類

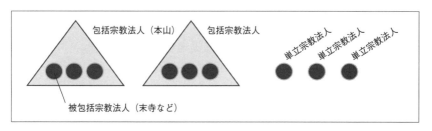

包括宗教法人（本山）　包括宗教法人　単立宗教法人　単立宗教法人　単立宗教法人

被包括宗教法人（末寺など）

（2）宗教別の基本情報

①神道

　信者数が多いのは、地域住民を氏子とみなして登録しているためです。ありていに言えば、初詣に出かける地元神社の氏子（信者）が皆登録されています。

　小規模で神主の常駐しないところも多くあります。神社本庁傘下の被包括神社のうち、別表神社（規模が大きく神社本庁より神職の人事等において特別な対応が行われる社で約350社）、勅祭社（祭礼の際に天皇の勅使が遣わされる16社）を中心に、規模が大きく神主、巫女などが常駐するところが生命保険提案の主な先となります。

②伝統仏教

　檀信徒数が減少傾向にありますが、最終的な宗教行事「葬式」を行うため、地域での親密度は高くなります。檀信徒の極端に少ない寺院では、住職が学校の教職員、公務員を兼務する例もあります。檀信徒が200家程度あれば、住職が教師などの公務員を兼職せずに済む安定ラインと言われています。

　ちなみに、信徒とは宗派の教えを信奉し寺院に所属する人をいい、檀徒とはそのなかでも、継続的にその寺院で仏事を営む人をいいます。両

方を合わせて檀信徒と呼称します。

医療法人53,944、コンビニエンスストア58,340に対し、仏教系の宗教団体は77,042（各データとも2019《令和元》年3月末）と、神社とともに数多くあります。ほとんどの寺院に住職が常駐しており、宗教法人への提案としては、身近でもあり最初に提案してみましょう。

③キリスト教

カトリックでは、宗教法人法上の宗教法人格を持つのは16の各教区（司教区）となっており、個々の教会は法人格を持ちません。司教区連絡組織としてカトリック中央協議会を設置しています。司祭（神父）、修道者はすべて独身であり個人に対して医療保険等の提案は可能ですが、死亡保険、法人保険の提案は難しいでしょう。

プロテスタントは、戦時下の1941（昭和16）年に政府の強い要請により、33教派が合同して成立した日本基督教団、聖公会（英国教会系）など一部を除き、単立教会（各教会が独立している）が中心となります。所属する信者は月収の1割を献金（欧州における教会税の考えを踏襲）することが一般的に奨励されており、各教会が単独で資金を管理しています。信者数が少ない小規模な単立教会（法人）が多いのも特徴です。

オーソドックス（正教会）は、信者数、教会ともに少ないため、信者の方が中心に提案を行っています。

④諸教（新宗教など）

新宗教とは、第二次世界大戦以後に興隆した宗教法人を一般的に呼称します。「新興宗教」という呼び方は蔑称であり、使用しないように注意します。2000年前後から急成長した宗教法人を「新新宗教」と称することもあります。お布施・献金など、信者からの浄財が教団本部にて一括管理・運用しているのが基本です。内情をうかがい知ることは難しく、信者でないと保険提案は難しいでしょう。

宗教別の概況は【図表4-13】【図表4-14】を参照してください。

【図表4-13】それぞれの宗教の内容

	宗教法人	教　師	信　者
神道系	84,648	71,697	87,219,808
仏教系	77,042	355,494	84,336,539
キリスト教系	4,704	31,619	1,921,484
諸教	14,271	200,848	7,851,545
計	180,665	659,658	181,329,376

出典：文部科学省「宗教年鑑（令和元年版）」

【図表4-14】宗教法人別信者数

順位	団体名	信者数	順位	団体名	信者数
1	神道（神社本庁）	7,724 万人	26	生長の家	49 万人
2	幸福の科学	1,100	27	天照皇大神宮教	48
3	創価学会	（827万世帯）	28	法華宗（本門流）	45
4	浄土真宗本願寺派（西本願寺）	792	29	円応教	45
5	真宗大谷派（東本願寺）	791	30	カトリック	44
6	浄土宗	602	31	金光教	43
7	高野山真言宗	381	32	阿含宗	36
8	曹洞宗	351	33	臨済宗醍醐寺派	36
9	日蓮宗	348	34	ほんみち	32
10	立正佼成会	270	35	真言宗智山派	30
11	真言宗豊山派	142	36	黒住教	30
12	天台宗	136	37	中山身語正宗	29
13	冨士大石寺顕正会	130	38	真言宗善通寺派	27
14	出雲大社教	126	39	臨済宗妙心寺派	27
15	霊友会	126	40	真言三宝宗	26
16	佛所護念会教団	119	41	臨済宗建長寺派	26
17	天理教	114	42	神理教	24
18	真如苑	92	43	善隣教	24
19	パーフェクトリバティー教団（PL）	89	44	真宗高田派	22
20	妙智會教団	67	45	天台寺門宗	22
21	日蓮正宗	67	46	妙道会教団	21
22	世界救世教	61	47	本門佛立宗	20
23	信貴山真言宗	58	48	大山阿夫利神社本庁	20
24	法相宗	52	49	光明仏身語聖宗	19
25	念法眞教	51	50	法華宗（陣門派）	19

出典：文部科学省「宗教年鑑（令和元年版）」を基に加工

（3）伝統仏教寺院の基本知識

①伝統仏教寺院の業務

　住職の一日は午前中に、朝のご供養（読経）、壇務（檀家にかかわる業務）や寺務（寺院運営にかかわる業務）を行い、午後は法要を行い、夕方のご供養（読経）で一日の業務は終了します。

　葬儀は友引以外の日に、民間の葬祭会館で行われることが多く、通夜・本葬と連続して外出となります。寺院の年間行事等には次のようなものがありますので、常識として確認しておきましょう。

- ・葬儀、戒名（法名、法号）、初七日、四十九日（満中陰）
- ・祥月命日、毎年の命日
- ・年忌（1、3、7、13、17、23、33、50年）
- ・盂蘭盆会、春彼岸、秋彼岸
- ・涅槃会（2月15日）、灌仏会（花まつり／4月8日）、成道会（12月8日）

　住職一家を「寺族」と称しますが、住職夫人は宗派によって裏方様、坊守様、寺庭夫人、大黒様などと呼ばれ、住職の子息（後継者）は若院様、若院主様などと呼ばれています。

　声かけは「ご住職」「奥様」「ご子息」と言えば失礼にはなりませんが、当該寺院の宗派での呼称が分かっていれば使いましょう。住職一家の住居は庫裏（くり）と呼ぶことが一般的です。

②伝統仏教系寺院の体制

　株式会社の組織にならって概要を確認すると分かりやすいです【図表4-15】。住職、裏方（住職夫人）または後継者、檀家総代で構成する責任役員会に権限が集中しており、あらゆる事項が決定されます。決定事項は、境内の掲示板、檀家向け会報誌・ニュース等で告知します。

【図表4-15】伝統仏教寺院の仕組み

株式会社	伝統仏教寺院	備　考
株主	総代（檀家）	・檀家は規定の檀家名簿に記載される ・信徒は信徒名簿に記載されるが、区別せず檀信徒と呼ばれることが多い ＊檀家とは、所属寺院に継続的にお布施を納める家（菩提寺、旦那寺）。浄土真宗系では門徒と呼ぶ 　信徒とは、特定の教団・宗派に属する人
株主総会	檀家総代会	
代表取締役 （社長）	代表役員	・住職 ・代表役員は対内的には宗教法人の事務を総括し、対外的には宗教法人を代表する
取締役	責任役員	・3人以上 ・株式会社の取締役会にあたる意思決定機関。事業の管理運営にまつわる事務の決定を行う ・住職、裏方（住職夫人、浄土真宗系では坊守）or後継者、檀家総代などで構成することが多い ・任期の定めは宗教法人法には規定されていない
取締役会	責任役員会	・ほとんどの事項を決定している ・決定事項は、境内の掲示板、檀家向けニュース等で告知するのが一般的

③宗教法人の税務

　前述のように、各寺院は本山の傘下にありますが、各々も被包括宗教法人として法人格を有しています。宗教法人は「収支予算」となっており、会計年度における活動計画を基に、将来の収入と支出を見積もり、その差分を確認しています。

　本来の活動である宗教活動については非課税です。収益事業は、法人の財政基盤を確保する、公共の利益を図ることを意図して、貸席業、旅館業、技芸教授業、物品販売業、出版業、料理・飲食業、不動産賃貸業など34種類が認められています。利益のうち20％は「みなし寄附」とされ損金に算入できます。その後の収益にも軽減税率が適用されます。

　宗教法人が収益事業を営んでいる場合、その割合を、従事割合、面積比、従業員数、資産割合などから合理的な基準をもって按分する必要が

あります。

　宗教法人の決算は、伝統仏教寺院と神道は３月が多く、キリスト教系は12月とする傾向があります。収益事業を営んでいない場合でも、年所得が8,000万円を超えると、収支計算書等の提出が必要です。収支計算書は、事業年度終了から４ヵ月以内に税務署に提出する必要があります。

　また、檀信徒から経理の開示を求められた場合には、閲覧させる必要があります。かつては、"どんぶり勘定"が当たり前でしたが、税務調査も頻繁に行われるようになってきました。

（４）伝統仏教寺院の悩み

①檀信徒の減少

　若者の宗教離れ、都会への人口移動、新宗教の台頭により、地方ほど檀信徒が減少しています。1990年代以降に葬祭ホールが全国に設立され、寺院葬は4.8％（出典：冠婚葬祭総合研究所の調査　2015《平成27》年）にまで低下しており、寺院にとっては大幅な収入減です。かつては、自宅または寺院での葬儀が多かった地方でも、ＪＡが葬儀会館を建てるようになり、ほとんどが葬祭ホールで行われています。

　人口の50％以上が65歳以上の高齢者で、冠婚葬祭などを含む社会的共同生活や集落の維持が困難になりつつある限界集落に限らず、廃寺あるは住職が複数寺院の祭儀を兼務する事例も多くなっています。

　住職が亡くなった場合の「寺葬」は、それなりの格式を持って執り行われます。本山から高僧など十数人が寺葬に派遣される宗派も珍しくありません。参列した僧侶たちには相応のお礼金が支払われます。檀信徒からの浄財が充てられますが、檀信徒の減少により、その負担感は大きくなっています。本堂・庫裏の改築費や住職葬儀用に、別途「護寺会費」などの名義で積立をしている寺院もありますが、それも十分な額とは言えません。

　檀家総代を中心に檀信徒へ高額のお布施を願うことになります。特に

葬儀の規模が大きいのが曹洞宗系、真言宗系です。

②後継者難

　女性が後継者となっている宗派もありますが、子供がいない寺院では後継者探しに腐心しています。また、宗派によっては結婚相談所を開設しているところもあります。自由恋愛とはいえ、他宗派、まして他宗教の信者との婚姻には寺院の継承を考えると難しいものがあります。

　後継者が僧籍を取得するまでに住職が死亡した場合、寺族（住職一家）は庫裏（住職一家の居住家屋）から退去する必要があります。庫裏は、宗教法人の所有であり、寺族は間借りしているという関係です。

　後継者がいない場合に、同じ宗派の近隣寺院の住職が兼務してくれるため遺された寺族が引続き庫裏に居住できる宗派としては、慣例として制度化されている浄土真宗本願寺派（西本願寺）などがありますが、新しい住職が本山から赴任するため、庫裏から退去を求められる宗派もあります。曹洞宗系、日蓮宗系は、住職の死亡により寺族が庫裏から退去させられたという事例をいくつか聞きます。両宗派とも戦前は、住職はカトリックと同様に独身者が基本だった影響とも言われています。

　他の宗派でも制度化されているところは少なく、本山、近隣寺院、檀家総代などの話し合いで決められているところが多いようです。遺された寺族に対して、宗教法人から引越し代と、新たに借りるマンションの敷金、わずかな生活費が支払われただけという痛ましい話もあります。

③宗教法人法の改正

　先述のとおり、収益事業に該当しなくても、収入金額8,000万円以上で「収益計算書等の提出義務があり、要求があれば、檀信徒に対して経理を公開する必要があります。

　税務当局による頻繁な税務調査が行われており、透明性ある経理が要求されています。中堅規模の寺院等では、TVの告発型番組で脱税の温

床として伝統仏教寺院、神社が頻繁に取り上げられていることに憤りを感じる一方で、戦々恐々としているのも事実です。

（5）伝統仏教寺院への保険提案

①生命保険の提案

■提案の内容（目的）

　日常生活も浄財からいただいているという意識が強く、住職一家の生活は概して質素です。個人で加入する生命保険も一般家庭と比べても差異はありません。

　医療・介護・就業不能、老後生活費準備は、宗教法人としての契約を望むものの、浄財を自身のために使うことが適切か、どういう保険に加入すべきか、檀家総代など檀信徒が納得するか、など逡巡し歳月が流れているという寺院も多くあります。

〈死亡退職金〉

　在職死亡の場合、残された遺族の生活費を準備しておきます。後継者がいない場合、庫裏から退去せざるを得ないケースもあります。個人で契約する死亡保険金は、特段高額なものではないため、法人契約の生命保険を締結し、死亡退職金を遺族に支給できるよう整備しておきます。

　介護、障害、就業不能なども、死亡に準じて準備しておく必要があります。勇退退職金準備と合わせて検討します。

〈医療・介護保障・就業不能〉

　医療保険や民間介護施設への入居を視野に入れた介護保険を検討します。長年供養などで奉仕いただいた住職が介護状態となったが、庫裏の暗い部屋で在宅介護となるのは忍びない、というのが檀信徒の心情です。

〈勇退退職金〉

　住職を退く（代表役員を勇退）のは70歳前後が多いですが、老後生

活資金という名目で、自由に使える資金が欲しいというのが本音です。

　宗教法人の公益事業（宗教活動）に関する制度であり、損金を考慮する必要はないため、利回り重視で提案します。檀信徒の減少傾向にあり、月・年払いのみで提案すると保険料負担が大きくなるため、一時払終身保険、終身保険の短期払保険料の全期前納などを組み合わせるとよいでしょう。月・年払契約は、積立として終身保険、逓増保険などを選択します。死亡退職金を兼ねて準備するという観点では、99歳、100歳といった長期平準定期保険も選択肢として有力です。

　変額、外貨建て商品は基本的に提案しません。檀信徒からの浄財という考えから、リスクの高い商品への抵抗感には極めて強いものがあります。積立利率変動型でも変動という言葉に拒否反応を示されることがあります。個人で株式、投資信託等に投資しており、リスクを取ってもよいという場合でも、宗教法人の浄財となると対応が一変します。

■提案する寺院

・本堂は古いが建て替える必要がない（預貯金が十分にある）

・住職が若すぎない（檀家総代と十分にわたり合える）、または先代が健在で、責任役員に名を連ねる檀家総代の説得が可能であることを念頭に選択する

■提案（檀家総代を納得させる）のポイント

・本堂・お庫裏の改築費、寺葬用に、「護寺会費」などの名義で積立をしている寺院もあるが不十分。寺葬となれば檀家総代は百万円単位の御布施となるが、あらかじめ積み立てておくことで負担を軽減

・住職が介護状態になった場合、民間介護施設への入居準備が必要。勇退退職金積立と介護保険への加入が必要

　このように、檀家総代の負担軽減、住職に対する敬意を明らかにする大切な契約である点を強調します。提案の手順は、株式会社の役員勇退（死亡）退職金の場合と基本は同じです。

・責任役員会で「役員退職慰労金規程」の制定を決議

・「檀信徒総代会」に諮問

・責任役員会「役員退職慰労金規程」を制定

・「寺院会報」等に掲載、寺院内掲示板への提示など檀信徒への開示

　このように、「檀信徒総代会」に諮問は省略することもあります。「責任役員会議事録」「代表役員退職慰労金（弔慰金）支給規程」などのひな形など必要書類、手続きなどを事前に準備して提示します。

②損害保険の提案

　複数建物がある比較的規模の大きい寺院でも、火災保険が個別契約のままで見直しの対象となります。特別財産（本尊・財宝）は、専門家の鑑定を受けずに付保しているケースが多く、一部保険の場合があります。財産目録を元に確認を依頼します。檀信徒や参詣者のケガ（施設管理者賠償責任保険）、法事の食中毒（生産物賠償責任保険等）を付保していないケースも多くあります。

【図表4-16】火災保険と火災補償の加入率

■真宗大谷派寺院の火災保険加入率

調査年	本堂	庫裏	その他	未加入	総回答総数
1992（平成4）年	58.2	65.2	11.4	24.2	8,672
2001（平成12）年	59.7	64	10.2	24.8	8,563
2012（平成24）年	58.8	65.9	12.4	25.9	8,469

出典：平成26年第7回「教勢調査」報告書

■曹洞宗寺院の火災補償の加入率

保険の種類	加入率	回答数
JA建物更生共済	61.1	7,778
損保　総合火災保険	25.1	3,193
損保　総合火災保険（満期返戻金あり）	6.2	790
損保　普通火災保険	9.2	1,168
未加入	15.7	1,992

出典：平成17年「曹洞宗宗勢総合調査報告書」

　幼稚園を経営する場合には、傷害保険の一括加入ができていないことがあり、不安視された事例もあります。

　伝統仏教寺院の火災保険はJA共済の契約が多くなっています。曹洞宗寺院の例では約6割を占めています【図表4-16】。

　JA共済「むてきプラス」の満期共済金は火災共済金額と同額～1/30まで設定可能で、満期共済金を本堂等の修繕費に充てる提案が行われていますが、満期共済金があるため掛金が高額となり負担軽減策として掛け捨て型の損保会社契約に切り替える事例が多くなっています。

（6）宗派別の共済制度の知識

　寺院を訪問し生・損保提案を行うと、「本山の共済制度に加入しているので、個別の保険契約は控えさせていただいております」とやんわりと、しかしはっきりと断られることがあります。

　宗派別に火災、災害、遺族などの共済制度を導入していますが、加入率は概して低く、制度維持のための加入率アップが宗門では課題となっています。日蓮宗では加入が義務付けられていますが、お付き合いで1口という契約が多いようです。

　【図表4-17】【図表4-18】は、宗派別の共済制度一覧、日蓮宗における主な共済金給付実績です。お付き合い加入の多さが歴然としています。宗派の共済制度加入を、むしろ生・損保提案の拒否材料としている事例も散見されます。共済制度は、あくまでも見舞い金程度の機能しかない点を理解しておきましょう。

　また、伝統仏教寺院において、総合的なリスクマネジメントが丁寧に行われている事例は少ないようです。地域に密着した檀信徒との関係で複数のセールスパーソン、代理店との取引となり、既契約の見直しで軋轢が生じるのをよしとしないためです。結果として、重複加入はまだしも、付保モレなども散見されます。リスクチェックの必要性は提案しておくべきです【図表4-19】。

【図表4-17】宗派別の共済・災害補償制度

宗派	制度の名称	保障（補償）内容、その他の保険など	災害補償や見舞金の平均額　等
天台宗	天台宗災害補償制度 ①火災 ②指定文化財 ③賠償責任 ④仏像盗難	加入は任意（加入率　43.7%） あいおいニッセイ同和損保と連携	過去5年間の災害補償 213件、1億9,203万円
高野山真言宗	①火災見舞金制度 ②慶弔見舞金制度	①は自家共済制度、任意加入（加入率33.95%） ②は賦課金徴収による義務加入	発足40年で24件、1億8,055万円を給付
真言宗智山派	真言宗智山派共済会 ①建物賠償 ②遺族生活 ③医療保障 ④賠償責任	加入は任意 損保ジャパンと提携し、集団扱いにより約▲15%	建物と構造などによって保険金が決定
真言宗豊山派	真言宗豊山派共済会（第一種、第二種）	義務加入 一種は本堂庫裏の損壊時給付、二種は死亡弔慰金	第一種は過去10年で122件、1億3,051万円を給付
浄土宗	①建物共済会 ②福祉共済会	自家共済制度 ①は1口が義務加入 ②は教師は義務加入、寺族は任意	①は過去10年で平均9.7寺、3,721万円を給付
浄土真宗本願寺派	①福祉共済年金制度 ②災害見舞金制度	①は任意加入の拠出型企業年金保険	②は全焼で最大1,600万円の見舞金
真宗大谷派	①第一種共済 ②第二種共済	義務加入＋任意加入（加入率　51%） ①は退職慰労金、弔問金、弔慰金、住職年金 ②は復興共済金	②の復興共済積立金は約66億3,145万円
臨済宗妙心寺派	①寺院建物共済組合 ②災害見舞金 ③本堂互助見舞金	自家共済制度 ①②は義務加入 ③は罹災、同派の寺院と住職に割り当て負担	過去10年で201件、8,433万円を給付
曹洞宗	①曹洞宗僧侶共済 ②曹洞寺院建物共済	義務加入 ①は団体給付金、慰労給付金、見舞金、特別弔慰金 ②は建物の坪数に応じて加入	②の給付額は1口あたり最高750万円
日蓮宗	福祉共済制度 ①寺院共済 ②教師および寺院共済 日蓮宗教師年金 災害救援基金	福祉共済制度は、自家共済制度で、義務加入 ①は建物災害見舞金 ②は退職慰労金、包臈年金、医療見舞金、死亡弔慰金、寺族見舞金 教師年金は、拠出型企業年金保険で、寺院契約と個人契約がある。 明治安田（幹事）、第一、太陽、ソニー、日生に委託	①は過去9年で13件、4,763万円

出典：「月刊住職（2015年9月号）

【図表4-18】日蓮宗の主な共済制度の給付状況

年　度	死亡弔慰金		退職慰労金		包蔵年金		建物災害見舞金	
2006（平成18）年	135件	9,422万円	61件	4,230万円	401件	2,887万円	5件	2,450万円
2007（平成19）年	122	9,464	62	4,330	420	3,024	0	0
2008（平成20）年	117	8,070	55	4,100	441	3,175	3	1,303
2009（平成21）年	117	8,970	55	3,880	455	3,276	1	3
2010（平成22）年	121	8,382	56	4,080	459	3,304	0	0
2011（平成23）年	131	8,954	52	3,920	472	3,398	1	497
2012（平成24）年	132	8,422	50	3,520	451	3,247	1	5
2013（平成25）年	110	7,594	59	4,370	455	3,276	0	0
2014（平成26）年	147	1億0,264	62	4,320	481	3,463	2	505

出典：「月刊住職（2015年8月号）

【図表4-19】伝統系仏教寺院のリスクマネジメント

	住職、家族の病気・ケガ	個人契約の生命保険
人リスク	住職、家族の老後生活	個人契約の個人年金 法人契約で勇退退職金が準備できないケースもある 一部の宗派では、共済年金があるが、加入していない場合も多い
	住職の勇退退職金準備	法人契約の生命保険
	住職の死亡退職金	法人契約の生命保険
物リスク	本堂・庫裏などの火災	火災保険 →損保契約の不備が多いが、知識不足でトラブルとなるケースが頻発している →1998（平成10）年の、損害保険料自由化以前からの継続契約は「時価契約」が多い →複数建物がある比較的規模の大きい寺院では、個人契約か包括契約かを確認する →宗派によっては、共済制度があるが、金額は低くすべてをカバーできない
	特別財産（本尊・財宝）	火災保険 →専門家の鑑定を受けずに付保しているケースが多く、一部保険の場合がある
	本堂・庫裏の建替補修	積立火災保険・法人契約の生命保険 →リスク分散を求めており、預貯金以外での運用に熱心
賠償リスク	檀信徒や参詣者のケガ	施設管理者賠償責任保険
	法事の食中毒	生産物賠償責任保険
	自動車・バイク・自転車	自動車保険、バイク保険、自転車保険
収益事業リスク	営利法人と同様のリスクをチェックする	
	幼稚園を経営する場合には、傷害保険の一括加入などを検討する	
	※収益事業を営んでいる場合、収益事業における勇退退職金を別途準備する提案も可能である	

3．社会福祉法人への提案

（1）社会福祉法人とは

　「人生百年時代」を迎え、少子高齢化社会の在り方が問われる昨今、福祉制度の充実が喫緊の課題ですが、その実務の中心を担うのが、社会福祉法人、社会福祉事業者です。

　社会福祉法人は、宗教法人などと並ぶ代表的な公益法人ですが、歴史的経緯もあり、いくつかの特色があります。身近な存在ではあっても、生・損保を含めた各種提案は宗教法人と並んで躊躇しがちですが、現状を把握し、取り巻くリスクと対応する保険の活用について確認します。

　社会福祉法人とは、社会福祉法にて「社会福祉事業を行うことを目的として、この法律の定めるところにより設立された法人」と定義されており、公益法人から発展した特別法人です。「社会福祉事業」は、同法2条で、第1種社会福祉事業と第2種社会福祉事業が定義されています。

　なお、社会福祉法人は、社会福祉事業の他に公益事業および収益事業も行うことができる点は押さえておきます。

①第1種社会福祉事業

　利用者への影響が大きいため、経営の安定を通じた利用者保護の必要性が高い事業（主として入所施設サービス）を担い、特別養護老人ホーム、児童養護施設、障害者支援施設、救護施設等があります。

　経営主体は、行政および社会福祉法人が原則であり、都道府県知事等への届出が必要となります。個別法により、保護施設並びに養護老人ホーム、特別養護老人ホームは、行政および社会福祉法人、日本赤十字社に限定されています。

　社会福祉法人の設立には、所轄庁である都道府県の認可が必要ですが、

市域を超えて事業を行わない場合には当該市が認可を行います。

②第 2 種社会福祉事業

　比較的利用者への影響が小さいため、公的規制の必要性が低い事業（主として在宅サービス）を担い、保育所、訪問介護、デイサービス、ショートステイ等があります。

　経営主体に制限はなく、（特例）有限会社、株式会社などの営利法人による経営も多くあります。

（2）社会福祉法人のマーケット

　独立行政法人福祉医療機構の集計（厚生労働省にデータ提供を行った11,488法人。2017（平成29）年10月31日現在の事業状況を概観してみましょう。

〈設立主体〉

　2017（平成29）年度には、20,645法人が認可されています。うち、一般法人が18,080法人（87.6％）と大半を占めており、その他では社会福

【図表4-20】社会福祉法人の設立主体

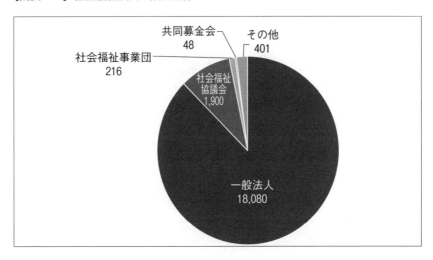

祉協議会（1,900法人）、社会福祉事業団（216法人）、共同募金会（48法人）、その他（401法人）となっています【図表4-20】。

〈事業区分別（公益、収益の併営）〉

　社会福祉事業のみ実施する法人が9,056法人（78.8％）と大半を占めますが、公益事業を実施する法人1,737法人（15.1％）、収益事業を実施する法人310法人（3.4％）、公益事業と収益事業を実施する法人385法人（2.7％）となっています。

〈事業区分（1種、2種の別）〉

　第1種を実施する法人988法人（8.6％）、第2種を実施する法人5,391法人（46.9％）、1種・2種ともに実施する法人5,109法人（44.5％）となっています。

〈事業区分（高齢、障害、児童関連の事業単位別）〉

　高齢関係事業を実施する事業所32,276事業）が最も多く、次いで、その他（22,086事業）、障害関係（21,117事業）、児童関係（14,558事業）となっています【図表4-21】。

〈事業歴（設立認可からの経過期間）〉

【図表4-21】社会福祉法人の事業区分

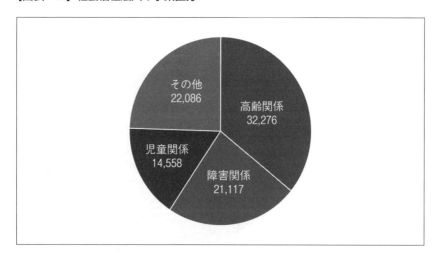

公的事業であることから、設立後長期間にわたって事業を継続してい
る法人の多いことに特徴があります【図表4-22】。

【図表4-22】社会福祉法人の事業歴

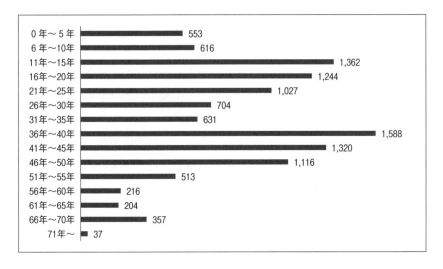

（3）社会福祉法人の歴史的経緯

　古来、社会的弱者に対する救済は、農村などの共同体で行われてきま
した。明治になり、近代国家としての福祉政策は、1874（明治7）年の
「恤救規則（じゅっきゅうきそく）」があります。これは窮民救済を目的
として布達した規則で、『済貧恤救は人民相互の情誼によるべしとし、
それで救済できない貧困者や70歳以上の労働不能の者、障害者、病人、
13歳以下の児童等に一定の米代を支給すること』を定めています。慈恵
的制限扶助的な救貧制度で、1931（昭和6）年の「救護法」の施行に
よって廃止されました。

　救護法では、貧困のため生活することができない65歳以上の老衰者、
13歳以下の幼者、妊産婦、不具廃疾、傷痍その他精神、または身体の一
時的な故障により業務の遂行が著しく困難な者を対象に、地方自治体が

対処するが、救護の方法は、被救護者の居宅において行うのを原則とし、居宅救護ができないとき、または不適当とするときは、養老院、孤児院、病院などに収容し、または私人の家庭その他に委託するとなっています。

　両制度・法ともに、制度の脆弱性もあり、社会的弱者への救済・保護は、キリスト教会や仏教寺院などの宗教団体、資産家による個人事業に負う部分も大きかったようです。

　大正時代に入り、個人事業から公益法人への転換が促進され、多くの事業が財団法人化されました。国の制度に歩調を合わせながら、独自性を発揮する団体も増加していきました。

　第二次世界大戦を終え、混乱する社会の体制整備は敗戦処理を中心に行われましたが、福祉制度も敗戦処理と無縁ではありません。

・1946（昭和21）年、まず復員軍人や遺族の経済問題に対処するためGHQ指導下「旧・生活保護法」が制定され、1950（昭和25）年に全面改訂した「生活保護法」となる

・1947（昭和22）年、戦争孤児救済のため「児童福祉法」が制定され、担い手となる児童養護施設が次々と民間事業として開設された

・1950（昭和25）年、傷痍軍人などを救済するために「身体障害者福祉法」が施行された

「福祉三法」と呼ばれるこれらの法律により、福祉制度の基本制度の骨子が確立し、1960年代に現在の「知的障害者福祉法」「老人福祉法」「母子福祉法（後の、母子及び父子並びに寡婦福祉法）」が制定され、「福祉六法」と呼ばれています。公的年金制度、医療制度、労働法なども同時並行に体制整備が行われています。

　本格的な少子高齢社会の到来を背景に、1997（平成9）年の児童福祉法の改正、2000（平成12）年には、高齢者向けの保健・福祉サービスを統合した「介護保険法」が施行され、2006（平成18）年には「障害者自立支援法」が施行されています。

（4）社会福祉事業法の制定と公益法人化

　大正時代に順次、財団法人化された社会福祉事業団体も、第二次世界大戦後のハイパーインフレ、新円切替えなどの経済混乱により、財団基金の価値が低下し、存続自体が困難な団体が続出します。多くの財団法人から国に対し、公的助成を求める嘆願が多く寄せられましたが、公費を私企業・団体に投入することは制度上できません。

　そこで、1951（昭和26）年、「社会福祉事業法」を制定し、公益法人から発展した特別法人として社会福祉法人を制定します。これにより、国は社会福祉法人に運営費用を「措置費」の名称で公金支出することが可能となりました。

　措置費とは、各法律に基づき、地方自治体がとるべき社会福祉行政事業を民間団体（社会福祉法人）に委託しており、その運営委託費用を支払うという考え方です。措置費は、社会福祉施設処遇に必要な人件費・維持管理費等を内容とする事務費と、利用者の直接処遇に要する生活費などの事業費からなります。

　従来は、事務費、管理費、事業費は個別費用積上げ方式により算出されているため、余剰という概念がなく毎年使い切ることが前提となっており、この3つの費用間の相互流用も容認されていませんでした。2000（平成12）年の介護保険法の制定を機に、措置制度は契約制度に大きく転換され、2005（平成17）年には、措置費に関する規制の事実上の撤廃となっています。

（5）社会福祉法人経営の実務と課題

　社会福祉法人は、6人以上の理事、理事の2倍超の評議員、監査機関として最低2人の監事の設置が必要です。

　実務を担うのは理事会で、予算、決算、基本財産の処分、事業計画および事業報告、定款変更、合併、解散、施設長の任免その他重要な人事、

役員報酬に関する事項などを決定しています。

　公益法人であることから事業自体は非課税であるなど、税制面では優遇されています【図表4-23】。

【図表4-23】社会福祉法人の仕組み

	社会福祉法人	株式会社
事業目的	社会福祉事業 （公益事業、収益事業なども可）	自由
所轄庁	都道府県や政令指定都市、中核市	なし
設立に必要な人数	理事6人以上 監事2人以上 理事の2倍超の評議員	1人以上
決算の公開	財務諸表を含む現況報告書を所轄庁に提出する	公告義務あり
資金	寄付金、補助金	株式・債券発行
残余財産の処分	提起の定めにより、帰属すべき者に帰属 それによって処分されない財産は国庫帰属	債務弁済後、株主に分配
法人税	原則非課税（収益事象で生じた所得は課税 ※所得の22%）	課税 （※所得の30%）
道府県民税	原則非課税	課税
市町村民税	原則非課税	課税
固定資産税	社会福祉事業用の固定資産は非課税	課税
事業税	原則非課税	課税
補助金 （施設整備費）	あり	なし
補助金（運営費）	あり	あり
自治体による 補助金加算	あり	対象外が多い
開設時の低利融資	医療福祉機構より低利融資あり	なし

　一方で、社会福祉事業の用に供する財産（基本財産）と、公益事業または収益事業の用に供する財産（運用財産）との分別管理の徹底が求められています。基本財産は法人存立の基礎となるため、その処分は所轄庁の承認が必要です。基本財産の管理運用は、安全・確実かつ換金性に問題のないことが求められています。

　運用財産についても、基本財産に準じていますが、財産の一部を株式、

債券、投資信託等による運用は容認されています。

　また、社会福祉法人は長らく措置制度による運営が行われてきたため、経営が硬直しているところが多くあります。施設の運営の大半は措置費で賄われているため施設管理が中心で、規模の拡大を模索する法人も多くありません。

　事業サービスについても画一的で、その質を問われることも少なく、周囲から問題視される施設もありました。一方で、措置費には、施設整備費用という概念がないため、老朽化した施設の改修のための借入れなどに苦労する法人も多くありました。

　元々が資産家の篤志事業としてスタートしている法人が多いため、設立以来、ほぼ同族が経営幹部に納まり、人材育成、就労環境整備が後手後手に回り、根本的な問題を抱える法人も多数ありました。措置制度から契約制度に転換したこと、民間企業の福祉事業への参入が相次いだことで、社会福祉法人の在り方が改めて問われる事態となっています。

　地方自治体の提供するサービスを代替する措置制度から、利用者が自らサービス提供先を選べる契約制度に転換したことで、サービスの質が問われるようになってきたのです。福祉事業に大手企業が参入したことで、就労者も職場選択の機会が増え、より待遇の良い職場を求めるようになり、人材育成、福利厚生制度の充実なども喫緊の課題です。

（6）理事長の勇退退職金

　社会福祉法人は、篤志家の事業化という設立経緯の団体が多いため、法人運営も同族者が太宗を占め、長期にわたりその構成者もほとんど変わらないところが多くあります。事業歴（設立認可からの経過期間）で見ても、30年以上という法人が半数以上を占めています【図表4-22】。

　いきおい、理事長の処遇と勇退退職金の扱いが、しばしば課題として浮上します。社会福祉法人の理事長の勇退、事業承継は、功績に対する慰労金という意味合いと、その職位を後継者に譲位する対価という2つ

の側面を持ちます。

営利法人においても、勇退退職金支払いのタブーとして、①赤字決算としない、②運転資金で支払わない、③借入金で支払わない、といった3つがあげられますが、これは社会福祉法人でも同じです。

勇退退職金の準備としては、現・預金の他、生命保険の活用が想定されます。勇退退職以外にも死亡退職もあるため、現・預金では十分な資金手当てができていないこともあります。また、現・預金は他の事業資金等に費消してしまうこともあるため、賢明な方法とは言えません。少なくとも一部は生命保険を活用すべきです。

社会福祉法人は原則非課税のため、運用利回り（解約返戻率）を重視して商品を選択することになりますが、基本財産、運用財産ともに、安全運用が原則であり、外貨建て商品、変額商品での提案は避けます。予定利率変動型などについても商品の仕組みを丁寧に説明し、誤解を招かないようにします。

生命保険を活用することで、中長期での計画的な準備が可能となり、死亡退職にも備えられ、契約者貸付などで資金需要にも備えることができます。

死亡・勇退退職金準備については、所轄庁である都道府県あるいは市に、報告と相談を事前に行うように求めている地域もあります。理事などの報酬とともに公表が求められています。

（7）従業員の退職金準備

「社会福祉施設職員等退職手当共済制度」は、全国の社会福祉法人の約9割が加入しています。公務員の退職金制度にならったもので、掛金は全額が事業主負担となっていますが、国・都道府県からの補助金があり、有利な制度です。

単位掛金額（1人あたりの年額）は4万4,500円です。退職金支給見込みは、5年50万円、10年115万円、15年270万円、20年572万円となっ

ています。

　しかし、社会福祉事業は身体的にも精神的にも負担の大きい業務であり、定着率が低いこと、民間事業者の参入、大規模事業者によるM＆Aなども頻繁に行われており、従業員の定着に向けた厚生制度の拡充を模索する事業者も増えています。最近では、がん保険、就業不能保険を全従業員に法人負担で付保する事例もあります。

（8）社会福祉法人の損害保険

　一般企業以上にリスクがあるのが社会福祉事業です。事業の特性からくる施設トラブル、サービス利用者とのトラブルに加え、加重労働による従業員の訴えなど、細部に至るまでチェックが必要です。以下、代表的なものを列挙します。

①施設

　高齢者、障害者などが入居、利用するため、一般施設に比べて事故が発生しやすいことがあります。火災・爆発、落雷、風水雪災害、漏水、電気的事故・機械的事故、盗難など、施設の損壊などには、企業財産包括保険、所有（管理）者賠償責任保険などで備えます。

　スプリンクラーの故障を放置していたことから、ボヤが大火災に発展し近隣家屋まで延焼した、施設内で使用していたリコール対象製品の家電が深夜に発火し建物が全焼した、入所者の規則違反による寝タバコが原因で出火し建物が半焼した、などの事例があります。

②労働災害

　交通事故や労働災害（職員の事故や被害）については、自動車保険、労働災害労働災害総合保険（労災上乗せ保険）、使用者賠償責任保険などで備えます。

　介護職員が利用者の入浴介助中に腰を痛め、数週間の自宅療養を余儀

なくされた、職員がフードスライサーで指を切断し、治癒に6ヵ月を要した、突然暴れだした入所者を落ち着かせようとした際、職員が顔を殴られ負傷した、などの事例があります。

③コンピュータ・ネットワーク障害・犯罪

　入居者のセンシティブ情報を多く保持するため、標的攻撃メール、ハッカー、ウイルス感染、情報漏洩等については、コンピュータ総合保険、サイバーセキュリティ総合補償などで備える必要があります。

　ウイルスに感染したメールを開封し入所者に関する全情報を消失、ハッキングにより病歴等の機微情報を多数含む個人情報が流出した、などの事例があります。

④施設の欠陥、管理不適業務・作業のミス

　福祉事業者総合賠償責任保険で、施設内での事故に備えます。

　"きざみ食"の大きさが適当でなかったため要介助者が食事の際に喉を詰まらせ死亡、入所者の自殺未遂により施設側の管理体制が問題となる、廃棄物処理を委託している業者が医療廃棄物の不適切な処理（不法投棄）を行ったなどの事例があります。

⑤ハラスメント

　各種ハラスメントに対しては業務災害補償保険等で備えます。上司にセクハラを受けたと相談したが具体的な対策をとらなかったため、上司と施設が提訴された、長時間労働と上司の言動が原因で家族が自殺したとして遺族が元上司と施設を提訴した、などの事例があります。

4．農業法人への提案

（1）農業経営の実態

　2017（平成29）年の農業就業人口は、181.6万人（2010年対比▲79万人）。そのうちの約65％（120.7万人）が65歳以上の高齢者で、農業者の減少と高齢化が進んでいます。農地面積も年々著しく減少し、「耕作放棄地」や「荒廃農地」が増加しています。日本の農業にとって、担い手不足と農地の荒廃は、正に待ったなしの危機的な状況にあります。

　農林水産省が2019（平成31）年2月に発表した「農業構造動態調査結果」を基に、日本の農業経営の実態を概観してみましょう。

　全国の農業経営体数は118万8,800経営体（前年比▲2.6％）。農業経営体とは経営耕地面積が30a以上規模や、露地野菜（15a以上）、果樹栽培（10a以上）、豚飼養頭数（15頭以上）などの農作物の栽培面積基準以上の規模の農業を行うものとされており、農業を主体あるいは準主体として収益事業を営んでいる個人、法人を指します。

　家族経営でない組織経営体は3万6,000経営体（前年比＋1.4％）、うち法人組織経営体は2万3,400（前年比＋3.1％）と、農業経営全体が縮小する中で、法人化による規模の大きな経営は拡大していることが分かります【p276　図表4-24】。

　農産物販売金額規模別に見ると、次のようになっています。

・「5,000万円以上」　　　　2万0,600（前年並）
・「3,000万円〜5,000万円」　2万0,300（前年比▲1.9％）
・「1,000万円〜3,000万円」　9万6,300経営体（同▲0.7％）

　農業のみの単一経営が79.6％、うち稲作主体が48.2％と、農業＝稲作は日本の農業を象徴していますが、果樹類、露地野菜など、米価引下げ、減反政策により、稲作以外の生産もある程度進行していることが分かり

【図表4-24】農業経営体の組織別割合

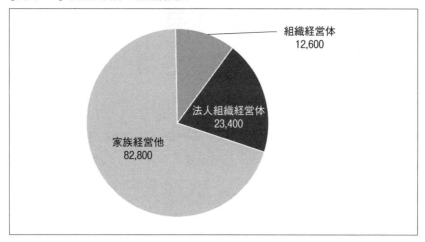

組織経営体
12,600

法人組織経営体
23,400

家族経営他
82,800

ます。一方、農業以外の事業も行う複合経営も20.4％を占めています。

（2）農業法人と農地所有適格法人

「農地所有適格法人（旧農業生産法人）」は、農業経営を行うため、農地法の許可を得て、農地買収や賃貸が認められた法人で、農地や採草放牧地を利用して農業経営を行うことのできる法人のことです。

認定の要件としては次のような項目を満たし、各市町村に設置されている農業委員会の許可を得る必要があります。

・農事組合法人、一般法人（株式会社は株式の譲渡制限があること）
・主たる事業が農業およびその農業に関連する事業であること（農業による売上が2分の1以上）
・農業者や農業関係者の議決権が2分の1以上であること
・役員の過半が、農業に常時従事する構成員であること。役員または主要な使用人（農場長など）のうち、1人以上農作業に原則として60日以上従事すること

2016（平成28）年の改正により、従来の「農業生産法人」は「農地所

有適格法人」に改称され、要件も緩和されています。

　野菜工場、きのこ工場、ハウスでの花卉（かき）栽培などの施設型農業、養鶏など、農地を利用しない経営の場合は、農地所有適格法人の要件を満たしている必要はありません。

　また、これらは農業法人自体設立しなくても農業に参入することは可能です。ホクト、雪国まいたけ、などのきのこ生産、大手スーパーの水耕栽培による野菜生産などが代表例です。

　農地を利用せずに農業を行っている「その他農業法人」と「農地所有適格法人」を合わせて、一般に「農業法人」と呼んでいます。

（3）会社法人と農事組合法人

　農業法人には、制度の上から大きく分けて2つの形態があります。1つは会社の形態をとる会社法人であり、もう1つは組合の形態をとる農事組合法人です【p278　図表4-25】。

　会社形態をとる法人は、普通法人（株式会社、合同会社、合資会社、合名会社）で、一般企業が農業を営みます。株式会社については、経営管理能力の向上や対外的信用の向上等に資する農業経営の法人化をより一層推進する観点から、2000（平成12）年、2001（平成13）年、2005（平成17）年の農地法の改正を経て、株式の全部について譲渡制限のある場合に限り、農地の権利を取得して農業経営を行うことができます。

　これにより、2005（平成17）年以降、大企業などが株式会社形態で農業法人に参入する事例が増えています。代表例としては、イオンによるイオンアグリ創造は、全国20ヵ所に直営農場を持ち、借地面積は約350ヘクタールにもなります。

　有限会社は、2006（平成18）年の会社法施行に伴い根拠法である有限会社法が廃止されています。以後は新設が認められておらず、既設会社は特例有限会社として存続しています。

　会社形態をとる農業法人の参入、あるいは個人経営者の法人成りが増

えているものの、小規模な農業法人では販路の拡大など、収益化に課題
を抱えているところが多いようです。
　一方、農事組合法人の制度は、1962（昭和37）年の農業協同組合法改
正により設けられました。

【図表4-25】会社法人と農事組合法人

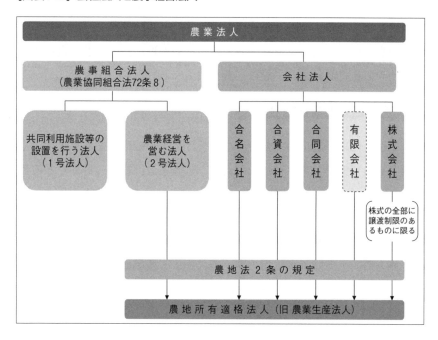

　JA（農業協同組合）と農事組合法人とでは、農民の協同組織という
点は同じですが、JAは主に流通面の事業を通じて組合員に奉仕するの
に対し、農事組合法人は、農業生産に直接関連する事業を行っています。
　農事組合法人には、事業のうえから共同利用施設の設置等を行う法人
（1号法人）と、農業経営を行う法人（2号法人）の2つがあります。
　組織法の上から2つの農業法人が存立しますが、会社法人は、営利を
目的とする一般の企業のために設けられたものであり、農事組合法人は
農業経営等を法人化し自立経営とともに協業の助長を促す農業独特のも

のとして設けられている点が相違点です。

（4）農業法人とJAの関係

「世界農業センサス（2010年）／農林水産省」によれば、JAに出荷している（販売事業を利用している）と回答した農業経営体の割合は、販売農家等を含む農業経営体では73.6％、組織経営体のみでは65.0％、法人のなかでも規模の大きい法人協会会員では48.6％と、規模が大きくなるにつれてその割合は低下しています。

生産物をそのままJAに出荷するのではなく、自らのブランドでの直接販売あるいは、加工して販売することで付加価値を追求したいという生産者が増加していることが分かります。

JAは、農業生産、肥料等の販売、生産物の買入れ、農機具販売、融資、保障と、農業経営体のすべてをサポートしてくれます。半面、硬直的な組織であり、多様化する消費者ニーズに応えつつ成長したいという若手農業経営者の意向とはズレも多く、若手や規模が大きくなるほどJA離れが顕著となっています。

信用事業についても、法人ではJA以外の金融機関の利用割合が高くなっています。特に規模の大きな法人では、地方銀行等のJA以外の金融機関を利用する傾向があります。事業規模が拡大すると直接商社などとの取引や、通信販売により消費者と直結するなど多様化した経営を模索しており、融資体制、口座の使い勝手が悪く映るようです。

地方銀行も、農業法人に対するサポートを積極的に行っています。動産担保を活用した融資手法（ABL）を推進する部署を設ける地方銀行も増えています。農業の集約化、大型化は、必然的にJA離れを加速することになっています。

対してJAでは、自ら農業生産を行う「JA出資型農業法人」の設立が急増しています。JAが農業経営を行い、生産や農地管理、農業の受託、援農派遣による労働力確保などを行います。農地を新規就農者に引き継

ぐことで、耕作放棄地の復旧にも積極的に関与しています。一般法人の農業法人設立に倣っている部分はあるものの、農業生産の維持が主目的になる傾向が強いようです。

（5）農業法人のメリット

個人経営の農家が農業法人を設立することには、次のようなメリットがあります。

〈対外的信用力のアップ〉

農業に限らず言えることですが、個人事業よりも「株式会社○○農園」という看板をホームページなどにも掲げることで、対外的信用力がアップします。

〈経営管理の適正化〉

家計と経営の分離が明確になります。貸借対照表、損益計算書などの決算書を作成するなど、透明性ある経理処理が求められることで、経営管理の適正化につながります。これにより地方銀行などからの融資、経営アドバイスも受けやすくなり、事業の拡大、多角化にも資することになります。

〈税務・資金繰り面のメリット〉

青色申告をしている個人事業主（青色申告）については、３年間の欠損金繰越控除が10年に延びます。また、日本政策金融公庫の「農業経営基盤強化資金（スーパーＬ資金）の貸付限度額が個人経営の３億円に対し、法人は10億円に増額されます。

〈人材の確保・育成にプラス〉

健康保険や厚生年金保険、政府労災保険などの社会保険への加入が義務付けられることで、従業員の採用と安定雇用につながります。ハローワーク、採用広告でも入社希望者の増加が期待されます。

〈保障制度の拡充〉

個人事業主は国民年金だけですが、法人化により厚生年金に加入する

ことになり保障面が拡充されます。また、生命保険を活用した死亡・勇退退職金準備も可能となります。

〈事業承継の円滑化〉

　個人経営では、農地は複数の相続人に分割され農業の継続が危ぶまれています。相続税の納付のために農地を分割し売却せざるを得ないケースもあります。法人化することで株式など持分の相続となり、農地の分割・売却を避けることができます。

〈規模拡大による事業の多角化〉

　法人成りすることで、対外的信用力のアップ、金融機関からの融資や人材確保が容易になることで、事業の多角化を図ることができます。

（6）事業の多角化

　農林水産業を1次産業、工業を2次産業、商業を3次産業と分類することは小学校の社会科で学びました。農業法人では、この3つを合わせた6（1＋2＋3）次産業化を目指す法人が増加しています。

　例えば、従来であれば、生産したオレンジの全量を地元のJAに指定された価格で出荷していました。種苗、肥料、農薬などもすべてJAからの購入です。

　農業法人では、良質のオレンジは大手スーパーへの直接販売と自社ホームページ、楽天などを通じた通信販売でブランド化と収益を追求できます。

　傷のあるオレンジ、価格調整で過剰とされたオレンジは、従来はJAの厳しい分別と管理下で破棄させられていましたが、今では自社工場でジュースに、皮はマーマレードにすることで大量の廃棄を避けることができます。加工することで付加価値を付け、高く販売することも可能となり生産意欲も高まりました。いずれも、JAとは異なる独自ルートで販売することで、中間マージンも省け利益率も高くなります。

　このように、独自に生産、加工、販売を行う6次産業を志向する農業

法人が増えているのもうなずけます。

（7）農業法人のリスク

JA共済連が2013（平成25）年〜2016（平成28）年に支払った2万件を超える共済金支払データの分析では、以下のように農業機械に関連し重症度の高い事故が多いこと、事故後すぐに発見されないケースもあることが報告されています（出典：「ニッキン」2018《平成30》年9月7日号）

　　・年間発生件数　　7万件
　　・死亡事故　　　　0.5%
　　・後遺障害　　　　1.0%
　　・傷害　　　　　　98.5%

①1次産業のリスク

自然を相手にするために「天候リスク」が大きく経営に影響します。台風、異常気象（異常高温・異常低温、大雨・少雨）、高潮・洪水、霜・雪災、噴火、津波などへの対応が必要です。また、関連して病害虫にも備える必要があります。

「風評リスク」としては、放射能汚染、感染症（鳥インフルエンザ）、O-157などがあげられます。

公益社団法人全国農業共済協会（NOSAI協会）は、農業保険法（旧農業災害補償法）に基づき、農作物（水稲、陸稲、麦）、畑作物、家畜、園芸施設、果樹、建物、農機具の各共済を行っています。例えば、農作物共済では、自然災害により基準収穫量を大きく下回った場合に補償が受けられますが、薬害等人為的な災害は対象外となっています。

収入保険も扱っており、自然災害による収穫量減、災害による作付け不能、市場価格の下落など幅広く保障されています。ただし、生産物の加工品については、精米、仕上茶、梅干しなど簡易な加工品に限られて

います。

　詳細について、同共済のホームページ等で確認しておきましょう。

②2次産業のリスク

　農産物を加工するため、「製造リスク」があります。

　・製造リスク

　　異物混入、製造物責任、リコールなど

　・製造・操業リスク

　　火災、爆発、破裂、漏水

　これらに伴う事業中断と復旧に関連した費用も保険で手当しておく必要があります。

　・雇用リスク

　　従業員の就業中の事故、労働災害、セクハラ・パワハラなど

③3次産業のリスク

　商品の販売におけるリスクは幅広い対応が必要です。

　・販売リスク

　　製造物責任、食中毒、リコール

　　販売代金の回収不能、ニーズ読み誤りによる在庫

　　通信販売などにおける顧客情報の流出

　・施設リスク

　　売店など販売所における火災、水災、盗難

　このように、1次産業としての特有のリスクに加えて6次産業を志向した場合は、総合的な生・損保のリスクチェックが必要となります。

（8）JA共済の商品内容

　農業法人を筆頭に、農家のJA離れが言われていますが、やはり農業経営体に対する強固な紐帯は侮れません。損害保険分野では、共栄火災

と連携して、生・損保分野を網羅した提案が行われています。

　JA共済の主力商品については、ホームページなどで概要を押さえておきましょう。

　JA共済は、co-op共済、こくみん共済co-opなど他の共済と異なり、民間生命保険会社と同様に、性別・年齢別掛金（保険料）制度を採用しています。販売している商品も、民間生命保険会社の新商品販売から２年程度後に同様の商品を販売しています。

〈終身共済〉

　定期共済を付加し、定期付終身共済となりますが、定期共済特約は更新型を基本的には販売していません。約款上は商品認可があるようですが、販売は行っていないようです。

〈定期共済〉

　逓増定期共済は販売していないため、短期の勇退退職金の準備などでは、民間生命保険会社の商品を検討します。

〈生活障害共済　働くわたしのささエール〉

　農業事故に備える死亡保障なしの就業不能共済です。病気やケガによる身体障害が残るとき、収入の減少や治療費等の支出の増加に備えることができます。身体障害者福祉法の身体障害状態に該当し、１〜４級の身体障害者手帳の交付を受けた場合を保障するなど、民間生命保険会社の商品よりも保障範囲は広めとなっています。

　定期年金型と一時金型から選択ができます。

〈農業者賠償責任保険〉

　JAと連携する共栄火災の商品で、JA組合員専用の団体保険です。農作業中の農薬飛散等の施設リスクをはじめ、食中毒等の生産物リスクや預かった農機具等に対する保管物リスクへの賠償事故を包括的に保障します。所有・使用している農地面積に基づいて掛金（保険料）を算出します。

〈農業応援隊〉

　JAと連携する共栄火災の商品で、JA組合員専用の団体保険です。農作業に伴う賠償事故への保障に加えて、加工品の回収リスク、労務管理リスク、休業リスク等、農業経営の大規模化や法人化、6次産業化に伴うリスクを包括的に保障されます。

　以上のように、農業法人への提案には、JA共済・共栄火災グループとの棲み分け、差別化が大きなポイントとなります。

5. 団体組織と専用商品 <small>(法人会・納税協会、TKC、商工会議所)</small>

（1）中小企業を対象とした団体組織

　中小企業を対象とした団体組織と専用商品があります。特に次の３つについては、中小企業の社長に生保提案をする際には理解しておきましょう。
　　・法人会・納税協会…「経営者大型総合保障制度」
　　・TKC全国会　　　…「企業防衛制度」
　　・商工会議所　　　　…「生命共済制度」「特定退職金制度」
　特定の生損保会社の商品を、専用ブランド名（ペットネーム）で販売していますが、税・会計士が販売を行う保険料も、団体扱いとすることで３～５％程度割安となっているのが魅力です。税・会計士代理店の販売をサポートするソリシター（代理店営業担当者）の名刺に「○○制度担当」「○○共済普及員」などと記入されている点も、信頼感の醸成につながっています。

（2）法人会・納税協会

　法人会・納税協会は、「良き経営者の団体」として、健全な申告思想や税務知識あるいは経営に関する知識の普及を目的とした自主団体で、税務、事業承継などの研修会も数多く行っています。
　法人会は、近畿２府４県を除く全国41都道県の税務署管轄単位に440設立され、上部組織として県法人会連合会、全国法人会連合会が設置されています。会員企業は約75万社です。
　納税協会は、大阪国税局管内（近畿２府４県）の税務署管轄単位に83設立され、上位組織として納税協会連合会が設置されています。法人会

が法人企業のみで構成されているのに対し、法人企業と個人事業者を会員としている点が異なります。会員数は、法人会員7万1,000人、個人会員6万9,000人の合計約14万人となっています。

　法人会・納税協会の会員を対象にした保険商品が、「経営者大型総合保障制度」で、定期保険（大同生命）に普通傷害保険（AIG損保／旧AIU）をセットした商品です。税理士・会計士事務所が代理店として販売していますが、保険設計書作成、診査手配などは大同生命の社員が積極的にサポートしています。

　定期保険は、10年・70歳・長期平準定期保険のほか、低解約返戻金型定期保険、重大疾病保障定期保険、逓増定期保険などもラインナップされています。

（3）TKC

　1966（昭和41）年に、栃木県宇都宮市に設立された「栃木県計算センター」が2004（平成16）年に、社名変更しています。税理士・会計士事務所の事務処理にパソコンを積極的に活用するように指導したばかりでなく、「巡回監査」「年13回監査」と呼ばれる関与先への徹底した指導で有名です。関与先のデータを集計した各種統計は、税理士・会計士のみならず、金融機関などでも幅広く利用されています。

　創業者の飯塚毅氏は、1946（昭和21）年に会計事務所を開業、1962（昭和37）年に米国で開催された「第8回世界会計人会議」に参加したことで、会計事務所専用の計算センター設立を決意。卓越した税務知識と徹底した関与先への指導、同業者への惜しみないノウハウの提供と、清廉潔白な性格で絶大なる信頼を得ていました。

　一方で、課税当局の不法・不当な課税処分には不服審査請求を提出しますが、その請求はことごとく認められることとなり、当初は国税当局からはその存在が疎まれ、私怨を抱く官吏もいました。

　「TKC全国会」の会員である税会計士事務所が1976（昭和51）年から

販売しているのが、「企業防衛制度」です。

　経営者大型保障制度とは異なり、AIG損保の普通傷害保険とのセット販売はせずに、大同生命の保険商品を単独で販売しています。「TKC全国会企業防衛集団」として集団扱いとなるため、経営者大型総合保障制度と同様に、割安な保険料で契約できます。

　【図表4-26】は、都道府県別の、税理士事務所数、TKC登録税理士事務所数、TKC登録税理士事務所のうち節税が得意とする事務所数の一覧です。「節税に強いイコール生命保険に強い」と言い換えてもよいでしょう。

【図表4-26】都道府県別税理士事務所一覧

	①	②	③	④	⑤		①	②	③	④	⑤
		TKC		節税対応				TKC		節税対応	
	事務所数	登録数	登録割合 ②/①	TKC内	全割合 ④/①		事務所数	登録数	登録割合 ②/①	TKC内	全割合 ④/①
北海道	907	377	41.6%	214	23.6%	滋賀	199	84	42.2%	55	27.6%
青森	151	63	41.7%	35	23.2%	京都	673	270	40.1%	189	28.1%
岩手	144	81	56.3%	58	40.3%	大阪	3,001	859	28.6%	461	15.4%
宮城	316	162	51.3%	96	30.4%	兵庫	1,140	393	34.5%	214	18.8%
秋田	155	59	38.1%	46	29.7%	奈良	155	53	34.2%	28	18.1%
山形	132	76	57.6%	51	38.6%	和歌山	162	65	40.1%	38	23.5%
福島	190	140	73.7%	97	51.1%	鳥取	90	55	61.1%	34	37.8%
茨城	382	171	44.8%	77	20.2%	島根	90	47	52.2%	35	38.9%
栃木	400	188	47.0%	108	27.0%	岡山	270	190	70.4%	127	47.0%
群馬	389	189	48.6%	99	25.4%	広島	651	248	38.1%	138	21.2%
埼玉	1,280	472	36.9%	219	17.1%	山口	204	103	50.5%	73	35.8%
千葉	827	296	35.8%	166	20.1%	徳島	119	46	38.7%	30	25.2%
東京	5,866	1,517	25.9%	689	11.7%	香川	212	64	30.2%	37	17.5%
神奈川	1,702	455	26.7%	254	14.9%	愛媛	236	96	40.7%	60	25.4%
新潟	419	236	56.3%	141	33.7%	高知	106	45	42.5%	25	23.6%
富山	203	82	40.4%	46	22.7%	福岡	1,008	286	28.4%	150	14.9%
石川	263	139	52.9%	99	37.6%	佐賀	119	36	30.3%	19	16.0%
福井	157	71	45.2%	52	33.1%	長崎	163	80	49.1%	47	28.8%
山梨	164	82	50.0%	46	28.0%	熊本	354	110	31.1%	68	19.2%
長野	529	249	47.1%	137	25.9%	大分	222	81	36.5%	54	24.3%
岐阜	500	154	30.8%	98	19.6%	宮崎	177	72	40.7%	47	26.6%
静岡	953	387	40.6%	254	26.7%	鹿児島	253	107	42.3%	76	30.0%
愛知	2,263	696	30.8%	383	16.9%	沖縄	196	117	59.7%	77	39.3%
三重	373	124	33.2%	71	19.0%						
						合計	28,465	9,973	35.0%	5,618	19.7%

出典：税理士事務所数：平成26年度 経済センサス基礎調査データTKC HP

　全国では約35％の9,973事務所がTKCに登録し、うち56％の5,618事務所が生命保険販売に積極的です。税理士事務所全体では、19.7％がTKCを通じて大同生命の「企業防衛制度」を積極的に販売していることが推計されます。

■10年定期から長期平準定期への切替えを提案

　経営者大型総合保障制度、企業防衛制度も、当初は5年・10年定期保険の販売がメインでした。更新ごとに新契約扱いとなり、代理店となっている税理士・会計士には販売手数料が自動的に支払われることになります。契約者である中小企業の社長から特にクレームのない限り、大半の税理士・会計士は自動更新させていました。

　提案する税理士・会計士からみれば、「経営状態が必ずしも磐石といえない中小企業が、無節操に損金を作りたがることこそ問題がある。常に資金繰りに余裕を持たせることを最優先すべきである。生命保険はできるだけ割安な保険料で必要な保障額を確保する10年定期がベスト」ということになります。

　ここにターゲットを絞って、契約見直しを積極的に提案したのが生保プロや外資系生保のセールスパーソンや代理店です。10年定期では勇退退職金の準備ができない点を積極的にアピールすることで、70・80歳定期あるいは長期平準定期への切替えは容易に行われました。中小企業の社長も、バブル経済の最中であり、高額な保険料に躊躇することは少なかったようです。

　1990（平成2）年頃より、経営者大型総合保障制度も中小企業の財務状況によっては、70歳定期への切替えを勧めるようになります。

　各生命保険会社で配付されている保険プランニングソフトでのシミュレーション、あるいは顧客に手渡されている「生命保険設計書（メリット表）」等で確認すると分かるように、「70歳定期」の解約返戻率が最も高くなる（全額損金タイプなので実質返戻率のピークも同じ）のは、契

約後7〜10年目です。

　70歳定期を長期平準定期への切替え提案を行う場合、解約返戻率がピークになるまで待つという方法もありますが、極めて稀です。70歳定期の解約返戻率がピークに達するまでに支払う保険料累計と解約返戻金額・率の増加を見ると、長期平準定期にすぐに切り替えることのメリットの方が大きいからです。

　経営者大型総合保障、企業防衛制度も、最近では提案する中小企業の財務状況に合わせ、10年定期あるいは長期平準定期を適切にセレクトして提案されていますが、企業財務から長期平準定期保険の活用が可能であっても、10年定期のまま自動更新という例もまだまだあるようです。

　中小企業の社長自体も、税・会計士事務所などを通じて契約していることから、契約内容に全幅の信頼を寄せており、多少の不満があっても解約は税会計士との関係を悪化させると解約を躊躇する事例、生命保険契約であること自体を理解していないケースもあるようです。

（4）商工会議所

　法人に特化した制度としては、アクサ生命が商工会議所の会員企業に対して集団扱いで生命保険制度を提案しています。

　アクサ生命の前身の1つに日本団体生命があります。日本団体生命は、1934（昭和9）年に商工会議所の前身組織である日本経済団体連合会（通称日経連。当時は全國産業團體聯合會）の協賛による法人・団体を専門とした生命保険会社として設立されています。日本団体生命は、第二次世界大戦後に、他生命保険会社に団体保険を開放する見返りに、個人保険にも進出することになりました。

　商工会議所との関係は設立経緯からも分かるように緊密で、2017（平成29）年現在で、全国515商工会議所のうち511ヵ所でアクサ生命の各種保険制度が採用されています（同社ホームページより）。

　旧日本団体生命時代から各地の商工会議所の会員事業所向け福利厚生

制度（共済制度）の一環として団体保険の普及に取り組み、1967（昭和42）年に「生命共済制度」（福祉団体定期）、1970（昭和45）年に「生命共済制度」（新企業年金）の販売を皮切りに、アクサ生命の各種保険を積極的に販売しています。

　医療保険の販売にも積極的で、アフラック生命が銀行窓販で医療保険を積極的に販売するまでは、医療保険のシェアは日本一を誇っていました。

　アクサ生命では、商工会議所共済制度や生命保険販売を推進するため、専門知識を持った専任の営業スタッフ（営業社員）体制を敷き、手厚いサポートを行っています。中小企業への生命保険提案にあたっては、こうした背景も理解しておくとよいでしょう。

6．税理士との提携

（1）税理士との提携形態と実態

　中小企業の社長の法人契約の際や、富裕層向けに相続対策プランを提案したときに、「顧問税理士の先生に相談してみます」「税理士の先生から同じようなプランを勧められているので…」といった断りを受けたことはありませんか。

　法人や富裕層への生命保険提案においては、顧問税理士を味方につけることが早道です。「提案の際には顧客に代わって税理士に面談し、先にお墨付きをもらっておけ」とも言われます。そこで、税理士と提携して顧客を紹介・共同開拓することを検討してみましょう。

①税理士と提携する方法

〈共同募集〉

　税理士あるいは税理士事務所が生命保険募集代理店登録をしており、その生保会社が自分の取り扱う生保会社と同じ場合、共同（分担）募集をし、手数料を一定比率で折半する方法です。

〈個別提携〉

　税理士と個別提携し、「事務委託手数料」「顧問料」等の名目で個別に手数料を支払う方法です。生保会社の定める紹介代理店手数料規定に縛られることなく柔軟な提携が可能ですが、無資格募集をはじめ法令等に違反しないよう慎重な対応が必要です。

　提携にあたっては、事前に双方が十分に納得のいくまで取り決めをしておかないと、後日思わぬトラブルになることがあります。

　その他、顧問先から保険相談を受けたときに、アドバイスしてくれるプロを探している税理士も多数存在します。こうした税理士からは、紹

介手数料、顧問料はいらないので、顧客本位のアドバイスをして欲しいと切望されることが多いようです。

　かつては、募集に従事することなく、単に見込客を紹介するにとどまる「紹介代理店」制度を採用している生保会社もありました。法人は、一社専属制や構成員契約規制を潜脱するおそれがあると考えられ、個人のみが紹介代理店として生保会社に登録できましたが、単なる紹介と募集一連行為との峻別が難しいこと、募集品質の確保などの観点から、現在ではこの制度は原則廃止されています。

②税理士事務所の実態を理解する

　税理士と提携するにあたっては、まず税理士事務所の実態について知っておくことが必要です。

　p294〜295の【図表4-27】【図表4-28】【図表4-29】【図表4-30】は、2014（平成26）年に日本税理士連合会が実施した「税理士実態調査報告書」からデータを抜粋したものです。日本税理士連合会は10年ごとに詳細な調査を実施しています。

　かつては、調査データは外部には公表されていませんでしたが、第6回の調査はインターネット上でも閲覧が可能です。以下、同調査報告書のうち、ポイントなるデータを概観してみましょう。

　税理士のうち88.0％が男性ですが、最近では女性税理士も増加傾向にあります。

　一般的な規模の事務所の収入は、1,000万円以下が39.6％もあります。この収入層は、税務署OBが退職後に個人で開業している場合が多いようです。2,000万円以上で職員を雇っている場合などは、給与支払いもあり、決して高収入とは言えないのが実態です。

　昨今の不況の影響も大きく、関与先（顧問先）数の減少や顧問料の低下が事務所経営にダメージを与えています。また、税理士資格を取得した職員が関与先を持って独立する際のトラブルも多発しています。

【図表4-27】開業税理士の年齢

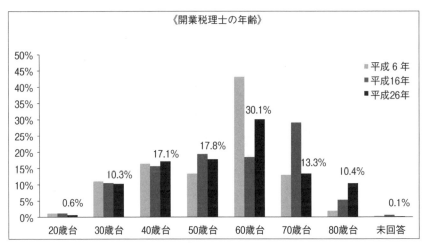

《開業税理士の年齢》

■ 平成 6 年
■ 平成16年
■ 平成26年

0.6%　10.3%　17.1%　17.8%　30.1%　13.3%　10.4%　0.1%

20歳台　30歳台　40歳台　50歳台　60歳台　70歳台　80歳台　未回答

出典：日本税理士会連合会「第 6 回税理士実態調査報告書」（平成26年）

【図表4-28】税理士の前職と資格取得方法

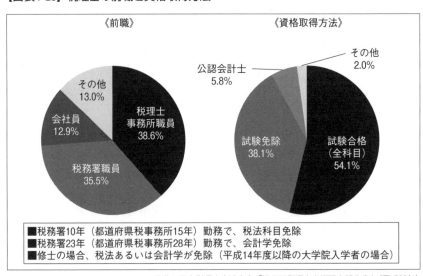

《前職》

その他 13.0%
会社員 12.9%
税務署職員 35.5%
税理士事務所職員 38.6%

《資格取得方法》

公認会計士 5.8%
その他 2.0%
試験免除 38.1%
試験合格（全科目）54.1%

■税務署10年（都道府県税事務所15年）勤務で、税法科目免除
■税務署23年（都道府県税事務所28年）勤務で、会計学免除
■修士の場合、税法あるいは会計学が免除（平成14年度以降の大学院入学者の場合）

出典：日本税理士会連合会「第 6 回税理士実態調査報告書」（平成26年）

【図表4-29】税理士業務による収入金額

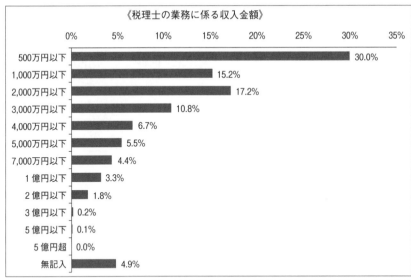

《税理士の業務に係る収入金額》

500万円以下	30.0%
1,000万円以下	15.2%
2,000万円以下	17.2%
3,000万円以下	10.8%
4,000万円以下	6.7%
5,000万円以下	5.5%
7,000万円以下	4.4%
1億円以下	3.3%
2億円以下	1.8%
3億円以下	0.2%
5億円以下	0.1%
5億円超	0.0%
無記入	4.9%

出典：日本税理士会連合会「第6回税理士実態調査報告書」（平成26年）

【図表4-30】税理士の報酬

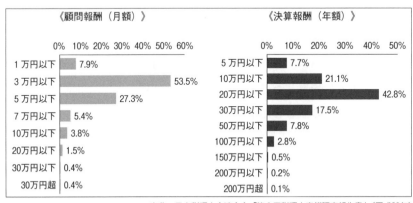

《顧問報酬（月額）》

1万円以下	7.9%
3万円以下	53.5%
5万円以下	27.3%
7万円以下	5.4%
10万円以下	3.8%
20万円以下	1.5%
30万円以下	0.4%
30万円超	0.4%

《決算報酬（年額）》

5万円以下	7.7%
10万円以下	21.1%
20万円以下	42.8%
30万円以下	17.5%
50万円以下	7.8%
100万円以下	2.8%
150万円以下	0.5%
200万円以下	0.2%
200万円超	0.1%

出典：日本税理士会連合会「第6回税理士実態調査報告書」（平成26年）

【図表4-31】税理士事務所の例（東京都）

規模	■職員２人、パート１人 ■関与先100件（うち法人顧問先55件）		
収支 関係	■顧問先からの報酬	所　長：関与先15社×顧問料（年100万円）＝1,500万円 職員１：関与先20社×顧問料（年 50万円）＝1,000万円 職員２：関与先20社×顧問料（年 50万円）＝1,000万円	
	■顧問先以外からの収入等		＝　300万円
	■総収入		＝3,800万円
	■諸経費	総収入×約70％＝2,650万円	
	■所長の収入		＝1,150万円

　【図表4-31】は首都圏の税理士事務所のモデルですが、所長を含めて３〜５人程度の事務所では収入増が最優先の課題です。とりわけ関与先の拡大が最大のテーマとなっていますが、現実には難しいようです。

③MAS業務に注目する

　そこで注目されるのが、MAS業務（マネジメント・アドバイザリー・サービス）です。これは、相続・事業承継を含め、中堅企業の"経営指導"を行うコンサルティング業務です。

　この手法を最初に導入したのが「TKC」です。TKCは旧社名を栃木計算センターといい、税理士事務所の事務処理についてパソコンを積極活用するように指導したばかりでなく、「巡回監査」「年13回監査」と呼ばれる関与先への徹底した指導で有名です。

　MAS業務のうち、関与先のリスクについては、経営者、幹部、従業員、家族に万一のことが発生した場合に備えて、企業の実態に即し加入状況にムリ・ムダ・ムラがないか、税法上の不合理な点はないか、社内規定や取締役会議事録等は整備されているかどうかなどを確認し、適切な付保をアドバイスすることになります。

　TKC全国会の会員となっている税理士は、生保を販売することに比較的抵抗感はないようです。先ほどp288の【図表4-26】で、都道府県別

の、税理士事務所数、TKC登録税理士事務所数、TKC登録税理士事務所のうち節税が得意とする事務所数の一覧を概観しました。

　税理士事務所全体では、19.7％がTKCを通じて大同生命の「企業防衛制度」を積極的に販売していることが推計されました。一方で、「関与先から顧問料をもらっているうえに生保販売手数料をもらうのは後ろめたい」「生保販売まで手を広げたくない」「生保販売は難しい」と公言する税理士が多いのも事実です。

　もちろん、だからといって提携をあきらめる必要はありません。

　「関与先から生保提案について照会を受けますよね。関与先のことを一番よく理解しているのは先生です。やはり先生の行うリスクマネジメントが、関与先に一番信頼されるのではありませんか。生保販売手数料は、そのコンサルティングフィーとして支払われるのです。正当な報酬です。生保コンサルティングと事務処理等は、生命保険のプロである私がお付き合いさせていただきます」などのアプローチが有効です。

　モデルケースのような規模の事務所では、生保販売の手数料の高さは魅力です。税理士事務所の経費率は60〜70％程度ですから、例えば年間100万円くらい生保販売手数料を得られるなら、関与先2〜3社分にも相当します。

　税理士のなかには、生命保険販売の重要性を認識していても、事務処理等の煩雑さに辟易しているケースもあります。事務処理等の多くを肩代わりしてもらえ、企業財務分析を通じてのリスクマネジメント、付保プランニングに特化できる提携は、税理士にとっても魅力があります。

（2）提携相手の税理士の発掘

　提携する税理士としては、以下のようなことが目安となります。

・30〜40歳台前半

・2代目

・試験合格者（税務署OBではない）

・事務所の員数が３〜５人程度

【図表4-27】で見たように、税理士の平均年齢は年々高くなっており、50歳以上が71.6％を占めています。高齢の税理士は、概して現状維持で満足しており、生命保険募集など新たな業務には消極的です。

30〜40歳台前半の税理士や２代目は、業容の拡大にも積極的ですから、リスクマネジメントとしての生命保険募集にも前向きです。

税理士試験をパスするためには、必修となる会計学２科目（簿記論および財務諸表論）と税法３科目（所得税法、法人税法、相続税法、消費税法または酒税法、国税徴収法、住民税または事業税、固定資産税の中から選択。所得税法または法人税法のどちらか１科目は必ず選択）の計５科目に合格しなければなりません。

ただし、税務署に一定期間勤務した場合は、「国税従事者の免除制度」によって税理士試験科目が一部免除されます。税務署10年、都道府県税事務所15年勤務すると税法試験が免除され、税務署23年、都道府県税事務所28年勤務して指定研修を修了すれば、会計学を含む全科目が免除され、税理士資格を取得することができます。

この税務署OB税理士は概して保守的です。税務署で資産税をメインに担当し、該当事案を数多くこなしてきた人以外は、生命保険の活用全般に対して消極的な立場をとることが間々あります。試験免除までの期間が長いこと、60歳などで退職してから開業するケースが多いことから、高齢の税理士が多くなります。税務署OBが所属する団体に、「桜美会」があります。

大学院に進学し科目免除制度を利用すると、会計科目の免除申請の場合は１科目、税法科目の免除申請の場合は２科目の科目試験が免除されます。必要な科目を履修して単位を取得し、学位論文を作成し、国税審議会へ科目免除の申請を行います。

この試験免除により税理士資格を取得した税理士も38.1％います。税務署OBを非難する発言はご法度ですが、試験免除についてもあえて語

る必要はありません。

■知識習得意欲の高い税理士が狙い目

　税理士事務所に勤務しながら試験を受けた税理士、特に若手は知識習得意欲が高いうえに、事務所の規模拡大が急務ですから、生命保険募集にも積極的です。

　職員数が10人を超えるような大型事務所では、MAS業務の別法人を設立し、その法人で生・損保代理店を営んでいるケースが大半です。生・損保募集専任者を置いているところもあり、収益管理も徹底しています。

　モデルのような小規模事務所では、通常業務に忙しく生命保険募集業務に手が回らないのが実情です。生命保険募集代理店手数料に魅力を感じながらも、次のような理由で逡巡している税理士事務所との提携が最も効果的です。

・生命保険募集業務にかかる知識に不安がある

・セールスが苦手

・多忙で生命保険募集業務に時間が割けない

・関与先に生命保険の募集を行うことに抵抗感がある

　提携にあたっては、企業の紹介を依頼するだけでなく、所長を含めた職員に生保業務の知識を身に付けてもらうことも重要です。知識習得意欲の高い人たちですから研修会には前向きです。研修会では反応が薄く不安になることもありますが心配は無用です。コツコツと事務作業をこなすことを得意とする人たちのため、単に反応が少ないだけです。

　研修実施後に個別に質問されることがありますから、すぐに帰らず雑談しながら質問を受けるようにします。定期的な研修会を実施していれば、具体的な企業紹介にもつながります。この研修会は、委託生命保険会社のソリシター（営業担当者）あるいはインストラクターに研修を依頼してもよいでしょう。

（3）税理士との提携交渉における注意点

税理士事務所を訪問する際には注意点もあります。【図表4-32】にあるように、12〜5月の繁忙期には、提携交渉等は原則避けます。税理士会では比較的時間的余裕のある6〜8月に新税制などの研修会を開催しています。提携交渉などはこの時期が狙い目です。また月末の訪問も避けましょう。それ以外の夕方5時以降であれば比較的時間に余裕があり面談は可能です。

【図表4-32】税理士業務の1年

	業務	案件	←生保案件の多く出る時期は、業務多忙期とも重なる
1月			■ 年末調整（関与先の従業員） ・1月20日　7〜12月分の源泉所得税と年末調整を合算し税務署に報告と納税 ・1月中　　市民税の報告、法定調書合計表の作成 　　　　　償却資産税・固定資産税の申告（市区町村）
2月			■ 確定申告 ・2月1日〜3月31日　贈与税 ・2月15日〜3月15日　所得税
3月			・2月1日〜3月31日　消費税
4月			
5月			■ 労災の申告手続き　＊関与先についてのみ ■ 3月決算企業の税務申告（税務署および都道府県＜地方税＞）
6月			
7月			■ 7月10日　1〜6月分の源泉所得税を税務署に納税
8月			■ 8月10日　社会保険料（厚生年金保険料・健康保険料）の算定基礎届　＊関与先についてのみ
9月			
10月			
11月			■ 3月決算企業の中間決算（9月末）
12月			■ 年末調整（関与先の従業員）

＊1〜5月・12月は、業務が特に多忙な時期
＊労災の申告手続き、社会保険料の算定基礎は、関与先についてのみ行うが、社会保険労務士からは業務浸食と批判されている

1〜3月は特に忙しい時期ですが、3月末決算企業に対する節税策を講じる時期でもあります。税理士は、3月決算企業に対して9月末に中

間仮決算を行い、11月頃その結果を経営者に報告します。中小企業の経営者はその結果を見ながら、年間の収益を年末から正月にかけて予測します。

　1～2月頃には当該年度の決算概要がある程度分かるので、資金繰りの状況を見ながら、生保の契約を前向きに検討しやすい時期でもあります。

　不況、節税商品への課税強化、法人税率の引下げ、さらには節税プランの封印で、税理士・会計士事務所での生保契約は大きく落ち込んでいます。しかし、企業の成長を財務面で支え不測の事態に陥った場合に、対金融機関との交渉などで真っ先に相談を受けるのは税・会計士事務所です。法人生保の提案でこれら事務所との提携は不可欠でしょう。

　提携税理士に対しては、月ごとの決算企業を教えてもらい、帝国データバンク等の企業情報と併せて打ち合わせるとよいでしょう。

　生命保険会社の多くは「乗換募集」を嫌い、現契約と同様の契約に切り替えた場合、募集手数料を大幅にカットする会社があります。例えば、10年定期から70歳定期・長期平準定期保険への切替えなどが手数料カットの対象となっています。複数の生保と代理店委託をしている乗合代理店の場合、A生保の70歳定期をB生保の長期平準定期保険へ切り替えれば問題は生じません。

　職員数が3～5人程度の小規模な税理士事務所では、乗合代理店となっていないうえ委託生命保険会社に適切な商品がない場合もあります。このようなケースにも、業務提携のアプローチは効果的です。

■コロナ禍のゼロゼロ融資への対応策

　2019（令和元）年から大流行する新型コロナウイルスの猛威によって日本経済は疲弊し、中小企業の大量倒産が懸念されました。政府は、実質無利子、無担保のゼロゼロ融資を積極的に推進していますが、融資である以上は返済が必要です。新規借入時の審査が厳しくならないように、

返済据置期間を１年とする企業が６割を占めており、借換え条件変更が行われています。

　これら企業の経営者が死亡すると、どんな影響があるでしょうか。資金繰りに困窮し、あるいは予防策として融資を受けているわけですから、経営自体が安定しているとは言いがたい状況です。融資資金の回収に金融機関は動きます。

　税理士が不測の事態対策の必要性を伝え、連携したセールスパーソンが保険料の割安な10年定期保険の追加提案、既契約の見直しによる保険料削減提案などを行います。

■勘定科目をチェックしてもらう

　税理士は毎日のように財務諸表を作成しチェックしています。その財務諸表の中で生命保険に関する勘定科目を確認してもらうよう、具体的にお願いします。

　バレンタインショック以前の契約では、長期平準定期保険は保険料の２分の１が「前払保険料」として資産に計上されています。言い換えれば、全額損金の逓増定期保険で勇退退職金を準備しているケースを除き、貸借対照表上の「前払保険料」という勘定科目がなければ、生命保険で勇退退職金の準備ができていない可能性が高くなります。

　提携税理士と事務所職員には、「前払保険料」という勘定科目がない企業のリストアップを依頼します。バレンタインショック以前の契約がまだ大量にあります。勘定科目から勇退退職金の準備ができているか否かを推測します。新たな知識を研修等で得た後は、特に熱心に探してくれます。

　ハーフタックス養老保険なども同様です。保険料の２分の１が損益計算書で「福利厚生費」として損金処理され、残り２分の１が貸借対照表で「保険料積立金」として資産計上されるので、福利厚生費の勘定科目があれば、ハーフタックス養老保険に加入しているケースが想定されま

す。

　ただし、保険税務に詳しくない税理士・会計士の場合、ハーフタックス養老保険の勘定科目を福利厚生費でなく保険料で処理している例も散見されるので、保険関係の総額を確認するとよいでしょう。

　普遍的加入の要件を充足しているか、関与先の社長に確認してもらいましょう。要件を充足していないのであれば、すぐに充足しないと2分の1損金処理の"特例"が認められないことを伝えてもらい、具体的な提案につなげます。

■法人生保提案における税理士対策

　法人生保を提案すると、中小企業の社長の多くは顧問の税理士に相談するといって、提案内容を保留することがあります。法人生保の提案では、個人に比べて保険料が高額になること、税務面にも配慮する必要があること、などから即断即決とはいきません。

　実際に提案内容や保険料支払いが可能かどうか税理士に確認するケースもありますが、売上拡大、資金繰り、従業員の採用・育成などを常に考えており、生命保険の付保は検討事項の最後で、現状に特段の不安・不満がない限り断りたいというのが本音です。

　大半は面倒なので断りたいが、ストレートに言いづらいので「税理士に聞く」と言っていることが多いのです。そこで確認のために税理士に聞くと言われたら、「税理士先生に確認されるのは何でしょうか。商品内容、支払保険料の件などであれば、私が直接、税理士先生に説明させていただきます」と社長に申し出ます。

　税理士に説明する場合は、保険料仕訳などの資料を元に、提案主旨、保障内容、支払保険料と仕訳などを説明します。「社長は本提案に納得いただいております。ここに提示した仕訳に従って、○○税理士先生には処理をお願いします」と丁寧に話します。税理士事務所に訪問するのではなく、提案先企業に来社いただく方がよいでしょう。

いったん納得しても、税理士が生命保険代理店を兼業している場合には、後で社長に「うちでも同じ保険を扱っている」と言うことがあります。親しい社長なら、「税理士先生にも納得いただきました。今後も定期的に保障内容等を適切に検証し、アドバイスさせていただきます。よく、税理士先生から「同じ保険があるからうちで入れば」と言われることがありますが、私が提案するまでなぜ提案されなかったのかと、憤ることがあります。餅は餅屋と言います。今後も保険のことはお任せください」などと牽制しておくことも必要です。

7．保険窓販と金融機関別働体の知識

（1）金融機関による保険窓販とは

　来店型ショップの普及で、保険相談は窓口でというのが、新たなトレンドになりつつありますが、一方で、募集手数料の高い商品を推奨されているのではないかという、疑念を抱く消費者も増加しているようです。

　金融機関に対する信頼度は高く、押し付けられないなら話を聞いてみたいという声も多くあります。外貨建て保険・年金に対する苦情が一時話題となりましたが、消費者からの信頼は一朝一夕で築かれたものではありません。厚い顧客の信頼に支えられた保険窓販ですが、大手生保の既存チャネルであるセールスレディを守るために設けられた各種規制はとてつもなく高い壁となっています。

　保険窓販に関する一連の規制は、個人保険のみならず法人生保についても大きな影を落としています。まず、保険窓販の全体像、規制について概観しておきましょう。

　金融機関の業務拡大は、1983（昭和58）年の国債窓販から始まりました。大量発行された国債の消化を主目的とされましたが、1998（平成10）年の投資信託解禁で証券業務は株式、デリバティブなどのハイリスク商品を除き一気に拡大します。

　保険窓販は、2002（平成14）年に第1次解禁されましたが、翌2002（平成15）年の個人年金解禁が実質的なスタートとなります。定額個人年金が預金業務と親和性が高いことから、最初に取扱いが開始されました。

　変額個人年金の販売で先行した証券会社に続き、メガバンク、地方銀行が積極的に取り扱うことで、個人年金市場は急拡大します。特に相続税対策として、「500万円×被保険者の法定相続人の数」の非課税枠を活用していない富裕層への提案、死亡保険金（年金受取総額）が、一時払

保険料以上となることから、元本保障の投資信託というイメージも一役買っていました。

　しかし、2008（平成20）年のリーマンショックで、投資信託とともに、変額個人年金は販売が低迷します。ハートフォード生命（オリックス生命と合併）、アリアンツ生命（イオングループ傘下入りでイオン・アリアンツ生命）、東京海上日動フィナンシャル生命（東京海上日動あんしん生命と合併）など、新規募集業務停止あるいは他社との合併と、以後、変額個人年金は長い影を引きずることになります。

　2005（平成17）年の第３次解禁では、一時払終身保険が解禁となり、低金利の預貯金との利回り比較で、富裕層、退職金運用等で販売量を急拡大させていきます。

　2007（平成19）年の全面解禁では、医療、がん保険の販売が開始され、保険窓販に慎重だった信用金庫、信用組合でも積極的に販売されることになります。

　一方で、低金利対応として変額終身保険、外貨建て個人年金、外貨建て終身保険の販売量も急増しますが、同時に十分な説明をせずに高齢者に募集したことでトラブルが多発し、金融業界、生保業界が連携して外貨建て保険の販売試験などが創設されました。

　今後の展開で注視すべきは「金融サービス仲介業」です。2021（令和３）年11月に施行された「金融サービスの提供に関する（金融商品販売法の改正）」により、銀行、保険、証券の３分野で契約締結を仲介する場合は個別に登録する所属制が敷かれていたものを、すべての分野の仲介が可能になりました。高度な知識を必要とする一部商品を除外してのスタートであり、具体的な動きはこれからですが、保険窓販を超越する金融フルサービスの展開が注目されています。

（2）金融機関の融資先規制の内容

　金融機関が保険商品を扱うにあたり、外務員制度（セールスレディ）

を主力チャネルとする大手生保からは猛烈な反発がありました。主張の主旨は、融資の前提条件としての圧力募集が強く懸念されること、顧客の疾病等の罹患歴などセンシティブ情報を保持することの是非です。

　この解決策が、融資先規制、タイミング規制と呼ばれる一連の募集規制です【p308 図表4-33】【p309 図表4-34】。融資先規制は、他金融機関へのメインバンクの切替えが可能である、圧力に対抗できる従業員51人以上の企業にはかけないが、それ以下には、手数料を得た募集の禁止、募集金額の上限設定など、細かなルールが定められました。

　この規制について異を唱えたのが全国信用金庫協会です。信用金庫をはじめとする協同組織金融機関は相互扶助の精神に基づいており、組合員への圧力募集はあり得ないと主張します。この主張を覆す理論武装には無理があり、信用金庫、信用組合については事業性資金融資先への募集には販売金額に制限は設けるものの、基本ルールよりも緩い規制が課せられることになりました。

　同様に、リレバン（リレーションシップ・バンキング）により、地域企業の創業・新事業支援機能等の強化、取引先企業の経営相談等の強化、早期事業再生に向けた取組みなど、地域密着型金融の一層の推進を図っているとして、地方銀行にも一定の緩和策がとられることになりました。

　金融機関の系列、資本関係のない証券会社は、これらの規制を一切受けておらず、取扱いの差異に対する改善策要求は強いものの、いまだ実現には至っていません。

　中小企業への法人生保では、1,000万円では話にもなりません。融資を行っていないか従業員数51人以上の企業にしか、金融機関本体では法人生保の提案はできません。地方銀行では、支店単位で有力取引先を経友会、オレンジ会などの名称を冠した親睦団体を設置し、各種セミナー、ゴルフコンペなどを開催し、有力企業のつなぎ留めを行っています。この親睦団体に加入する中小企業の4割は融資を行っていないので、生命保険の有力な提案先となります。

【図表4-33】 金融機関の融資先規制

■事業性資金融資先での募集制限

			基本ルール	特例地域金融機関			
				地方銀行		協同組織金融機関特例 （信金・信組など）	
				担当者分離	担当者分離 の代替措置	会員等	非会員等
事業性融資先法人等	法人およびその代表者 個人事業主		×	×	×	△	×
	役員（代表者を除く）従業員	従業員数 20人以下	×	×	×	△	×
		従業員数 21～50人	×	△	△	△	△
		従業員数 51人以上	○	○	△	△	△
上記以外	法人およびその代表者、個人事業主、役員、従業員		○	○	○	○	○

○…募集可 、 △…1,000万円まで・第三分野は下図参照 、 ×…手数料を得ての募集不可

■担当者分離代替措置（事業性融資担当者（渉外行員等）の保険募集体制）

	非融資先	事業性融資先	
措置Ⅰ	○	×	事業性融資先への保険募集を行わない
措置Ⅱ	○	○	事業性融資先の役員・従業員への保険募集を行った場合、「法令等適合性個別確認者」が圧力募集等がなかったことを確認する

■構成員契約規制と融資先募集規制

	融資先募集	構成員契約
個人年金	○	×
医療・がん保険	規制あり	○
その他	規制あり	×

＊構成員契約規制は、別働体と呼ばれる関連会社経由でも適用

■地域金融機関特例における第3分野の制限

	給付限度額		主要商品	備考
診断給付金	疾病診断・要介護の給付金	100万円	がん保険 介護保険	がん診断給付金
入院	①入院給付金	5千円／1日	医療保険	
	②特定疾病の入院給付金	1万円／1日	がん保険	
	かつ ①＋②	1万円／1日	医療保険＋ がん保険	特定疾病とは、悪性新生物（がん）・心臓疾患・脳血管疾患のうち、少なくとも1つを含み、10を超えない疾病を対象とするもの
手術給付金	①　手術給付金	20万円／1手術	医療保険	
	②　特定疾病の手術給付金	40万円／1手術	がん保険	
	かつ ③　①＋②	40万円／1手術	医療保険＋ がん保険	
疾病・要介護年金	疾病診断・要介護の年金給付	5万円／月	介護保険	

＊通院給付金、先進医療特約にかかる給付金は制限なし

■タイミング規制

事業性融資の申込から実行までの間、保険募集は不可
　⇒　「非事業性資金」の融資申込者に対する募集規制は撤廃　　住宅ローン申込者に対する保険募集が可能

【図表4-34】金融機関の販売規制

		個人年金	終身保険（一時払）		終身保険（平準払）		学資保険	医療保険・がん保険	定期保険（収入保障）
ニーズ	ニーズ	老後生活	相続（争族）対策	資産運用	相続（争族）対策	資産運用	教育費	医療	遺族生活費
	年齢	40歳以上	40歳以上	30歳以上	40歳以上	30歳以上	20〜30歳代	全年齢層	20〜40歳台
	属性	資産形成・運用層	富裕層	資産運用層	富裕層	資産形成・運用層	資産形成層 祖父母の贈与	全	資産形成層
販売規制	構成員契約規制	○	○	○	○	○	○	無	○
	タイミング規制	無	無	無	○	○	○	○	○
	融資先規制	無	無	無	○	○	○	○	○
	担当者分離	無	無	無	○	○	○	○	○

（3）医療保険・がん保険への規制内容

　特定地域金融機関特例を採用した場合、医療・がん保険などの第三分野商品の販売にあたっては、入院日額、診断給付金等において、医療5,000円、がん10,000円、両方合わせて10,000円という金額制限が設定されています。

　従来、がん保険の入院日額10,000円を基本としていたアフラック生命は、がん保険の入院日額5,000円での契約を可能とし、医療保険とのセット募集に対応するなど、第三分野で先行する同社の商品戦略にも保険窓販規制は影響を与えています。

　医療・がん保険、介護保険も入院日額、給付金などに厳しい金額制限が課せられています。また、金融機関によっては、行職員の知識レベル、販売の煩雑さから一部特約を除いて販売していることが多々あります。

（4）タイミング規制と構成員契約規制の内容

　融資の審査中は保険募集を認めないという、タイミング規制も設けられ、住宅ローンの申込者にも適用されていましたが、2012（平成24）年に住宅ローンは除外されました。

　人生最大の買い物と言われる住宅、より良い物件を購入するため、無理なローン設定をしがちですが、ローン返済の軽減に生命保険の見直しという、王道提案が可能となりました。以後、住宅ローンセンターに併設する形で、資産運用・保険相談コーナーが設置されるようになっています。

　また、保険窓販に限った規制ではありませんが、募集代理店と資本・人的関係のある企業に勤める従業員への募集を規制する構成員契約規制も存在します。保険窓販開始に際し一部規制緩和されましたが、募集における大きな障壁として存在しています。

　構成員契約規制は法（施行規則234条1項2号、監督指針Ⅱ-4-2-2(11)）に基づいていること、大手生保はセールスレディの職域募集を死守したいことから、募集環境に特段の変動がない限り、規制緩和は望み薄でしょう。

（5）金融機関別働体の特徴

　別働体には親金融機関の支店長クラスが営業部長として出向・転籍して、最後の奉公をするというのが、本人そして周囲の見方です。財務・会計には詳しいですが、生命保険、損害保険の知識は長年募集業務に励んできたプロに比べると希薄な面がどうしてもあります。法人生保はバレンタインショック以後の販売量が大幅に減少していますが、事業保障の必要性に対する提案に大きく舵を切っています。財務、経理に詳しい点が生命保険提案にも生かされつつあります。

　相続・事業承継対策に関心が強く、相続税試算ソフトの活用、関連コ

ンサルティング会社でのシミュレーションの実施には熱心です。しかし具体的な対策にまで至っていない事例が多く、中長期での取組みが期待されています。提案案件は親金融機関の融資先規制の対象となる企業のトスアップが基本です。

　親金融機関の業績評価ポイントに、法人案件のトスアップがあれば数字は必然的に出ます。勤務経験のある部支店に顔を出しますが、業務多忙なため案件紹介が少なかったり、十分な配慮のない対応をされることも間々あります。

　元部下の支店長、融資課長との人間関係に腐心しながら、案件の創出に尽力しています。トスアップされた企業の法人生保から従業員の個人契約、損保契約への深耕が課題となっています。

　法人生保（外売り）は親金融機関からの出向・転籍者、医療・がん保険と自動車保険の職域募集はプロパー社員という棲み分けをしている別働体が大半です。

　医療・がん保険はプロパー社員による職域募集が大半で、外売りができていないのも特徴です。親金融機関からの出向・転籍者、プロパー社員、損保部門の３者間の情報連携が希薄なためです。危機感から年に数回の情報交換会議を開催しているところもあります。

　収益目標がしっかりしているのも、金融機関系列らしいところです。不動産賃貸等を兼務していることが多いのですが、不動産部門が長らく停滞しており、生保手数料の寄与率は高いためです。そこで、社長や保険部門長などからトップダウンで目標が下りてきます。ときには生命保険会社別目標が明示されています。

　顧客からの高い信頼、財務・会計に詳しい、という周囲から見れば羨ましい限りですが、そのリソースを十分に生かし切れていないところが多いのはもったいない限りです。募集人から出るのはバレンタインショックを契機とした新たな提案への脱却、税理士・会計士事務所の生保募集に対する横やりへの不満です。

この点は、生保プロ、セールスレディ、損保代理店と何ら変わりはありません。唯一違うのは、親金融機関からの出向・転籍者は居ても数年という意識が強く、生保獲得への執着心が希薄な点です。

8．かんぽ生命、共済制度の知識

（1）かんぽ生命

　町や村の隅々にまで立地する郵便局。他金融機関の預金引出し等も可能なゆうちょ銀行のATMが備えられているほか、かんぽ生命（旧簡易保険）の販売窓口にもなっています【p314 図表4-35】【p316 図表4-36】。

①かんぽ生命の歴史

　簡易保険は1916（大正5）年に国営の小口生命保険として開業しました。当時の民間生保が、地域の名士を代理店にして資産家向けに年払契約を販売していたのに対し、「小口・月掛・無診査」で広く大衆に普及させ、国民生活の安定を図ることを目的としており、民間生保とは一定の補完関係にありました。

　第二次世界大戦後は、民間生保は戦災未亡人（生保レディ）を強力な販売手として月掛保険の普及に努めることになります。定期付養老保険を主力商品としたこともあり、競合関係が際立つようになってきました。

　加入限度額や保険種類の制限を簡易保険に課したものの、政府による支払保証があり、また、法人税も免除されるなど競争上有利な特典が目立ちます。

　直近では2016（平成28）年4月、30数年ぶりに、契約後4年以上経過した場合に追加で1,000万円の加入が可能となりました。なお、これについては、新契約時に2,000万円の加入ができるわけではありませんので注意しましょう。

　国営生保としての影響力は計り知れないという声もありますが、過去の加入限度額引上げ時を見ると、民間生保の保有契約の伸び率の方が大きく、簡易保険の影響度は限定的にも見えます。しかし、約3,300万件

【図表4-35】 日本郵政グループの概要

■日本郵政Gの概要

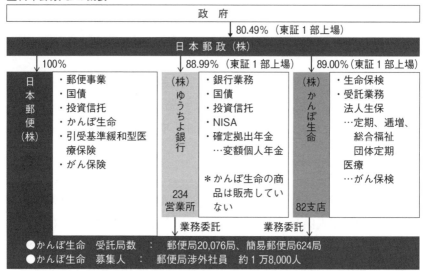

```
                        政　府
                          │80.49%（東証1部上場）
            ┌─────────────┼─────────────┐
        日本郵政（株）
            │100%          │88.99%（東証1部上場）  │89.00%（東証1部上場）
```

日本郵便（株）	・郵便事業 ・国債 ・投資信託 ・かんぽ生命 ・引受基準緩和型医療保険 ・がん保険	（株）ゆうちょ銀行	・銀行業務 ・国債 ・投資信託 ・NISA ・確定拠出年金 　…変額個人年金 ＊かんぽ生命の商品は販売していない	（株）かんぽ生命	・生命保険 ・受託業務 　法人生保 　…定期、逓増、 　　総合福祉 　　団体定期 　　医療 　…がん保険
		234 営業所		82支店	

業務委託　　　業務委託

- ●かんぽ生命　受託局数　：　郵便局20,076局、簡易郵便局624局
- ●かんぽ生命　募集人　：　郵便局渉外社員　約1万8,000人

■かんぽ生命・郵便局のネットワーク

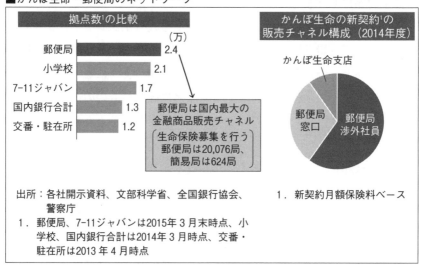

拠点数¹の比較

	（万）
郵便局	2.4
小学校	2.1
7-11ジャパン	1.7
国内銀行合計	1.3
交番・駐在所	1.2

郵便局は国内最大の金融商品販売チャネル
生命保険募集を行う郵便局は20,076局、簡易局は624局

かんぽ生命の新契約¹の販売チャネル構成（2014年度）

かんぽ生命支店
郵便局窓口
郵便局渉外社員

出所：各社開示資料、文部科学省、全国銀行協会、警察庁
1. 郵便局、7-11ジャパンは2015年3月末時点、小学校、国内銀行合計は2014年3月時点、交番・駐在所は2013年4月時点

1. 新契約月額保険料ベース

出典：かんぽ生命「2016年3月期 中間決算説明会資料」（2015年11月20日）
＊出典の貼付であり、受託販売会社、その他データは現在と異なる点に注意。

の保有契約、約85兆円の総資産（かんぽ生命と旧簡易保険の合算、2014
《平成26》年年度末）を誇り、民間生保最大の日本生命を凌駕する世界
トップクラスの存在は、郵便貯金とともに、業界および国際的にも様々
な軋轢を生じます。

　小泉政権による郵政民営化方針により、郵政3事業の主体は郵政省か
ら郵政事業庁、日本郵政公社を経て、最終的には日本郵政(株)と傘下3
事業会社に再編されました。新たに民間会社としてスタートした「かん
ぽ生命」は、新規契約のみを扱うこととなり、旧簡易保険の契約は「独
立行政法人郵便貯金・簡易保険管理機構」に引き継がれ、政府保証は継
続されています。

　機構は旧簡易保険契約の保険責任すべてをかんぽ生命に出再していま
す。また、旧簡易保険の保全業務については引続きかんぽ生命が担って
います。

②かんぽ生命の販売チャネル

　かんぽ生命は、82支店に約1,000人の営業職員が配置されていますが、
主力となる販売チャネルは郵便局です。郵便局20,076局と簡易郵便局
624局を合わせた20,700局の窓口と、約1万8,000人の郵便局渉外社員に
よる販売が全体の8割以上を占めています。

　かんぽ生命の営業職員は法人契約をメインとしており、自社の養老保
険（ハーフタックス養老養老）を中心に販売しています。郵便局と棲み
分けて従業員数30人以上の中小企業には、民間生保9社の定期、逓増、
総合福祉団体定期などの受託商品を販売しています。

　郵便局も、かんぽ生命の商品に加えて比較的小規模の中小企業に民間
生保7社の商品、引受基準緩和型医療保険（住友生命）、がん保険（ア
フラック生命）、変額個人年金（日本生命、三井住友海上プライマリー
生命）も販売しており、全国津々浦々に広がるネットワークを活かした
その販売動向に注目が集まっています【図表4-36】。

【図表4-36】日本郵政グループの受託商品販売

	郵便局（日本郵便）	ゆうちょ銀行	かんぽ生命
定期	日本、第一、住友、エヌエヌ、東京海上日動あんしん、三井住友海上あいおい		日本、第一、住友、エヌエヌ、東京海上日動あんしん、三井住友海上あいおい
逓増定期	日本、第一、明治安田、エヌエヌ、東京海上日動あんしん、三井住友海上あいおい		日本、第一、明治安田、エヌエヌ、東京海上日動あんしん、三井住友海上あいおい
災害保障期間付定期	日本、ネオファースト		日本、ネオファースト
総合福祉団体定期	メットライフ		メットライフ
緩和型医療保険	住友		
がん保険	アフラック		アフラック
変額個人年金	日本、三井住友海上プライマリー	住友、第一フロンティア、メットライフ、三井住友海上プライマリー、ソニー	

＊ゆうちょ銀行は、かんぽ生命の商品を販売していない。

　日本郵政グループの不適切な保険募集について厳しく糾弾されましたが、かんぽ生命、郵便局に対する信頼感の厚さに、民間生保会社も驚愕するほどです。

　「週刊ダイヤモンド」2019年10月5日号に掲載されたアンケートによれば、不適切募集が大きく取り上げられた最中の調査のため、付き合いたくない生保のトップですが、付き合いたい生保でも3位にランクインしています。

③かんぽ生命の商品

　「かんぽ生命（簡易保険）＝養老保険＆学資保険」というイメージがすっかり定着しています。2014（平成26）年度の新契約に占める商品分類では、次のように終身、定期、収入保障、医療などをバランスよく販

売する民間生保とは大きな違いがあります。

　・養老保険、定期付養老保険　47.1%
　・学資保険　　　　　　　　　28.0%
　・終身保険、定期付終身保険　24.8%

　養老保険（ハーフタックス養老保険）の販売先に、民間生保会社の商品（受託商品）を上乗せ販売しており、その成約率は極めて高くなっています。

（2）共済制度

　生・損保と似た制度に「共済」があります。共済事業は「一定の地域または職域に関係する者によって構成される団体が、相互扶助を目的として、組合員の死亡・退職・火災等に際して一定の給付を行う」事業のことを言います。

　根拠法は農業協同組合法、消費生活協同組合法などで、監督官庁も厚生労働省、農林水産省など、金融庁以外が担っています。

　民間保険では、生・損保事業は分離されていますが、共済事業では、少額短期保険とともに生命と損害の兼営も認められ、セット商品も提供しています。

　都道府県民共済、こくみん共済、co-op共済などは、年齢群によって保障額は異なりますが、掛金は年齢を問わず同一という点に特徴があります。

①こくみん共済co-opとは

　CMで認知度の高い全労済（全国労働者共済生活協同組合連合会／愛称：こくみん共済co-op）は、生命共済、火災共済、マイカー共済など幅広い共済制度をラインナップしており、生協法による共済事業では最大規模を誇ります。

　元々は、労働組合の組合員を対象に、団体生命共済を中心に普及活動

を行っています。2014（平成26）年度末の同共済の保有契約は約36.9兆円にもなります。

　団体生命共済は、死亡・重度障害を保障する「基本契約」に、「障害特約」「病気入院特約」の付加を団体ごとに選択します。新手術特約、身体障害特約、重度障害支援特約、がん等重度疾病診断一時金特約を個別の付加することも可能です。

　加入方法には次の2種類があります。

　・全員加入…20人以上の団体で、その構成員が全員加入
　・集団加入…団体の構成員の60％以上（最低20人）または300人以上の構成員が加入

　掛金は、年齢群団ごとに決められていますが、民間生保に比べて割安です。中規模以上の企業勤務者については、団体生命共済の加入有無をヒアリングすることが肝要です。同商品をドアノックとして、各種生・損保共済を拡販しています。

　法人生保の提案では、中小企業の社長への提案に留まることが多いのですが、職域募集を含めて総合提案が重要です。中規模以上の企業では、こくみん共済co-opとバッティングすることが間々あります。

②JA共済とは

　民間生保の商品を後追いする形で、ほぼ同様の商品を揃えています。基本的には組合員を対象としていますが、特例として、JAごとに組合員の2割までの員外契約を認められています。

　かつては、稲作の売上げが農家に入る晩秋に大規模な募集キャンペーンを行っていましたが、今では通年募集となっており、地方では、かんぽ生命同様に存在感があります。最近では、大都市周辺部の農協を中心に法人契約の獲得にも力を入れています。

　終身共済は、民間生保の定期付終身保険と同様の保障内容ですが、定期特約に10年更新型はなく、歳満了型（ハコ定）のみとなっています。

また、逓増定期保険の取扱いがないのも特徴で、バレンタインショック
の影響をほとんど受けていません。

●著者略歴

嶋田 雅嗣（SHIMADA Masatsugu）

CFP®　1級ファイナンシャル・プランニング技能士
MASTER OF TLC／認定生命保険士（CLU）
日本保険学会、生保経営学会、日本FP学会

1983（昭和58）年　日本勧業角丸証券（現 みずほ証券）
1986（昭和61）年　エクイタブル生命保険（現 アクサ生命保険）
1992（平成4）年　住友海上火災保険（現 三井住友海上火災保険）
1996（平成8）年　住友海上ゆうゆう生命保険
　　　　　　　　　　（現 三井住友海上あいおい生命）出向
2020（令和2）年　トライエージェンシー
　　　　　　　　　　オフィス マーベラス

法人生保提案の技術

2022 年 4 月 27 日　初版発行
2024 年 11 月 14 日　第 3 刷

著　者————嶋田 雅嗣
発行者————大畑 数倫
発　行————株式会社近代セールス社
　　　　　　〒165-0026　東京都中野区新井 2-10-11 ヤシマ 1804 ビル 4 階
　　　　　　電　話　03-6866-7586　Ｆ Ａ Ｘ　03-6866-7596

装　丁————樋口たまみ
印刷・製本——三松堂株式会社

ISBN978-4-7650-2333-7